南宁海关年鉴

2023

《南宁海关年鉴（2023）》编纂委员会　编

中国海关出版社有限公司

·北京·

图书在版编目（CIP）数据

南宁海关年鉴.2023/《南宁海关年鉴（2023）》编纂委员会编.—北京：
中国海关出版社有限公司，2024.5
　　（中国海关史料丛书）
　　ISBN 978－7－5175－0787－1

　　Ⅰ.①南…　Ⅱ.①南…　Ⅲ.①海关—南宁—2023—年鉴　Ⅳ.①F752.55-54

中国国家版本馆 CIP 数据核字（2024）第 086304 号

南宁海关年鉴（2023）

NANNING HAIGUAN NIANJIAN （2023）

作　　　者：《南宁海关年鉴（2023）》编纂委员会
责任编辑：夏淑婷
责任印制：孙　倩
出版发行：中国海关出版社有限公司
社　　　址：北京市朝阳区东四环南路甲 1 号　　　　　邮政编码：100023
编 辑 部：01065194242-7539（电话）
发 行 部：01065194221/4238/4246/5127（电话）
社办书店：01065195616（电话）
　　　　　　https://weidian.com/?userid=319526934（网址）
印　　　刷：北京新华印刷有限公司　　　　　　　　经　　　销：新华书店
开　　　本：889mm×1194mm　1/16
印　　　张：18.25　　　　　　　　　　　　　　　字　　　数：430 千字
版　　　次：2024 年 5 月第 1 版
印　　　次：2024 年 5 月第 1 次印刷
书　　　号：ISBN 978－7－5175－0787－1
地图审图号：GS 京（2022）1441 号
定　　　价：240.00 元

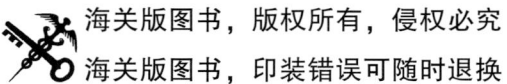

《南宁海关年鉴（2023）》
编纂委员会

主 任 委 员　王味冰

副 主 任 委 员　杨保清　龙卫东　梁小锋　陈　竹　蓝华坚
　　　　　　　　卓汉涛　施惠祥　孙德顺　朱国伟

编纂委员会委员　丘俊强　王希龙　张　玞　何剑森　蒋志环
　　　　　　　　高浩华　张　潇　方　敏　许　清　谢　津
　　　　　　　　邓　华　孙迎红　刘丽琼　宋京芸　张　琪
　　　　　　　　卢　炜　沈国栋　龙　涛　许桂民　张晓东
　　　　　　　　梁汝新　苏　和　吕春秋　覃杨光　蒋发军

编辑说明

一、《南宁海关年鉴》在海关总署的指导下，由南宁海关组织编纂，是全面、客观、系统记载南宁海关发展历程的编年史料，是集权威性、综合性、实用性为一体的资料性工具书。自 2022 年起，每年出版一卷，本卷为第 2 卷。

二、《南宁海关年鉴（2023）》以习近平新时代中国特色社会主义思想为指导，载录 2022 年度南宁海关工作的基本情况，包括南宁海关发展过程中的重要举措、重大事件以及成绩和经验，以资政育人，凝心聚力，为建设社会主义现代化海关提供精神动力和史实支撑。

三、《南宁海关年鉴（2023）》记述时间为 2022 年 1 月 1 日至 12 月 31 日，记述范围为南宁海关机关各部门、隶属海关单位、直属事业单位和社会团体管辖的事务。

四、《南宁海关年鉴（2023）》所用稿件由南宁海关各单位、部门经审核后提供，由《南宁海关年鉴（2023）》编辑部统稿编纂。

五、《南宁海关年鉴（2023）》采用分类编辑法，设类目、分目、条目 3 个层级，有特载，专记，大事记，党的建设，业务建设，综合保障，隶属海关，直属事业单位、群团组织，荣誉·名录，海关统计资料 10 个类目，部分设次分目，以条目为基本记述单元。

六、《南宁海关年鉴（2023）》统计数据和单位名称以及标点符号均按国家有关规定执行，计量单位采用国家法定计量单位和国际单位，称谓、时间表述、图（照片）、表、技术规范、专业名词等从规范要求。涉及货币单位"元"，未标明币种的，均指人民币。

七、《南宁海关年鉴（2023）》所使用的国民经济和社会发展相关数据以国家统计部门公布的数据为准，统计部门未统计的，采用业务部门的统计数据。

图　例

⊗	直属海关单位	⊙延布	外国首都	———·———·—	地级市界
⊚	隶属海关	——	自治州行政中心 地区、盟行政公署驻地	·············	县（区、市）界
⊛	派出机构	⊙东城区	县（区、市）政府	———————	铁路
⊙	海关特殊监管区域	○庞各庄镇	乡（镇）政府、街道办事处	—〔330〕—	高速公路及编号
●	口岸	⊕北京首都 国际机场	机场	——————	国道
🚆	铁路口岸	▲雾水尖 1528	山峰　高程	——————	省道
⚓	水运口岸	⊢—·—·⊣	国界	——————	其他道路
✈	航空口岸	⊢— — —⊣	未定国界		河流　湖泊
🚚	公路口岸	— — — — —	地区界		沟渠
●	境外口岸	·············	军事分界线		桥梁　渡口
◉北京市	首都	—·—·—·—	省界		港口　码头
◎石家庄市	省政府	— — — — —	未定省界		长城
◎廊坊市	地级市政府	—·—·—·—	特别行政区界		珊瑚礁

注：本马中的关境图，不包括香港，澳门，台湾、澎湖、金门、马祖单独关税区。

∧ 2022 年 2 月 12 日，南宁海关召开关区工作会议暨全面从严治党工作会议

∧ 2022 年 7 月 1—2 日，南宁海关组织参加 2022 年全国海关年中工作会议

< 2022 年 11 月 16 日，南宁海关召开党委理论学习中心组（二十大专题一）学习会，以"深刻领会'两个确立'的决定性意义"为主题进行研讨交流

> 2022 年 6 月 17 日，南宁海关党委书记、关长王味冰（中）在广西南国铜业有限责任公司调研

< 2022 年 9 月 23 日，南宁海关党委书记、关长王味冰（左三）在梧州市调研

> 2022 年 10 月 12 日，南宁海关党委
书记、关长王味冰（左三）在百色市
那坡县走访调研扶贫点

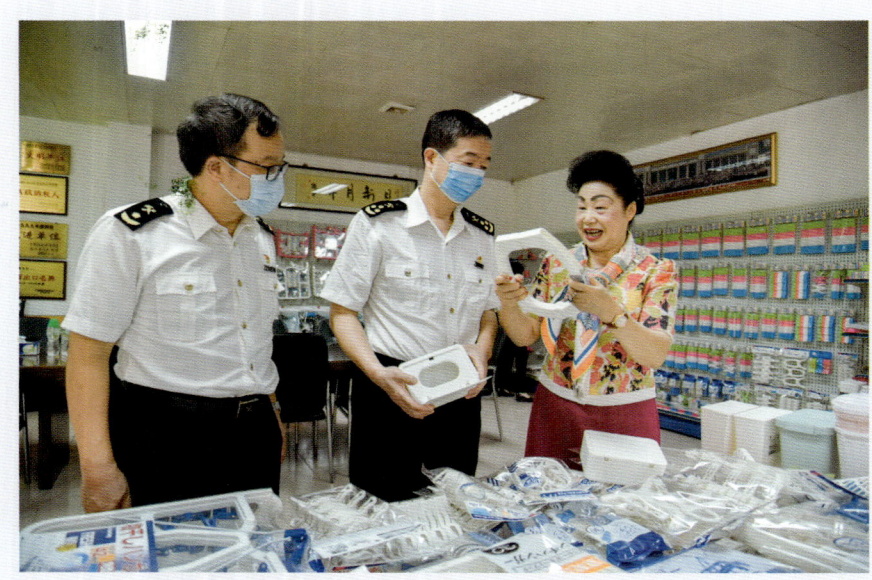

< 2022 年 5 月 18 日，南宁海关党委
委员、政治部主任陈明（中）在
梧州市调研

> 2022 年 6 月 28 日，南宁海关党委
委员、副关长杨保清（右二）在
北海铁山港调研

< 2022 年 8 月 16 日，南宁海关党委委员、纪检组组长龙卫东（左三）在广西南南铝加工有限公司调研

> 2022 年 8 月 16 日，南宁海关党委委员、副关长梁小锋（右三）在贵港市调研

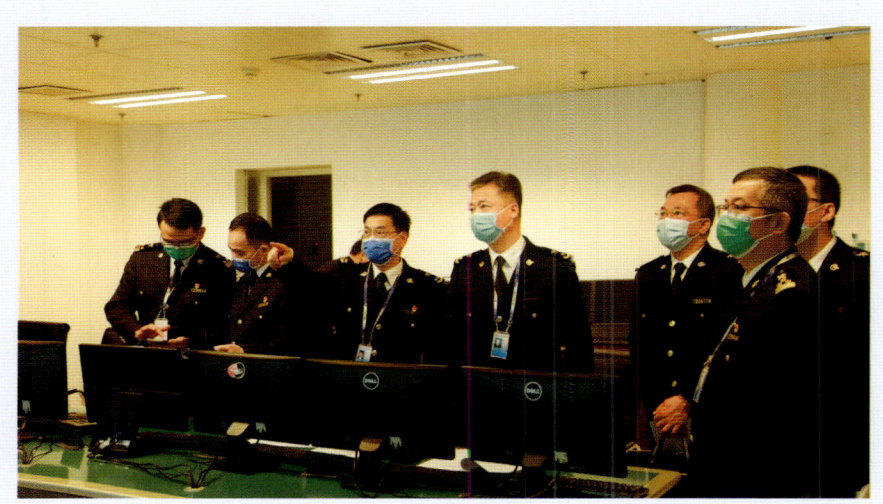

< 2022 年 1 月 28 日，南宁海关党委委员、副关长陈竹（左四）在南宁吴圩机场海关调研

> 2022 年 5 月 5 日，南宁海关党委委员、
> 副关长蓝华坚（右三）在钦州港调研

< 2022 年 8 月 17 日，南宁海关缉私局
政委孙德顺（右二）在东兴市调研
反走私综合治理工作

> 2022 年 11 月 22 日，南宁海关一级
> 总监朱国伟（左二）在钦州市调研

∧ 2022 年 4 月 27 日，南宁海关组织参观红军长征湘江战役纪念馆，到觉山铺阻击战旧址进行现场学习

> 2022 年 5 月 13 日，南宁海关组织开展"喜迎二十大　永远跟党走　奋进新征程"青年理论学习交流会

∧ 2022 年 6 月 17 日，南宁海关所属邕州海关组织党员唱红歌庆祝中国共产党成立 101 周年

∧ 2022 年 6 月 29 日，南宁海关所属防城海关组织开展庆"七一"
重温入党誓词

∧ 2022 年 7 月 13 日，南宁海关"RCEP 党员工作室"举办
研究团队培训班

∧ 2022 年 7 月 14 日，南宁海关举办"喜迎二十大 建功新时代"——"七一"专题党课暨先进典型报告会

∧ 2022 年 3 月 29 日，南宁海关办公室党支部开展重温入党誓词活动

> 2022 年 9 月 23 日，南宁海关参加广西壮族自治区区直、中直驻桂单位党组（党委）书记抓机关党建工作座谈会，并作为唯一中直单位代表作经验交流发言

^ 2022 年 10 月 15 日，南宁海关所属硕龙海关组织开展学习党的二十大精神主题党日活动

∧ 2022 年 10 月 16 日，南宁海关组织收看党的二十大开幕会直播

∧ 2022 年 10 月 20 日，南宁海关所属东兴海关举办"庆祝二十大·诗歌诵中华"主题朗诵比赛

∧ 2022 年 11 月 7 日，南宁海关所属柳州海关举行党的二十大精神应知应会知识竞赛

< 2022 年 11 月 18 日，南宁海关举办基层党支部书记学习宣传贯彻党的二十大精神暨综合能力提升专题培训班

< 2022 年 12 月 1 日，南宁海关与财政部广西监管局党组开展理论学习中心组（扩大）联学活动，邀请党的二十大代表进行交流分享

> 2022 年 3 月 22 日，南宁海关所属
> 南宁吴圩机场海关关员对进境航班
> 登临检疫

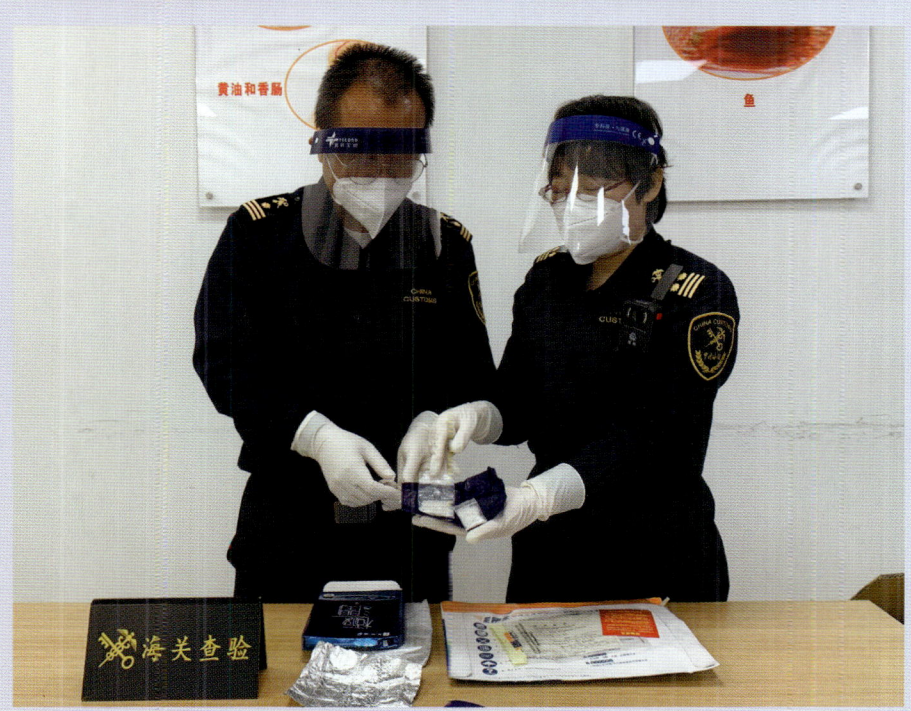

∧ 2022 年 5 月 19 日，南宁海关所属南宁邮局海关关员查获夹藏的冰毒

∧ 2022 年 9 月 17 日，南宁海关驻中国—东盟博览会现场工作组在展会现场开展巡查

∧ 2022 年 2 月 16 日，南宁海关所属钦州港海关关员现场监管"阿联酋—钦州—兰州"海铁联运首发班列

∧ 2022 年 1 月 4 日，南宁海关所属防城海关关员签发关区内首票《区域全面经济伙伴关系协定》原产地证书

∧ 2022 年 12 月 13 日，南宁海关所属峒中海关关员在防城区那良镇大村心远利养合作社沃柑种植基地进行属地查检

< 2022 年 9 月 19 日，全国首票越南榴莲从友谊关口岸进口

< 2022 年 5 月 1 日，南宁海关所属凭祥海关关员监管首列"柳州—同登"中越跨境班列（柳工专列）出境

< 2022 年 1 月 16 日，南宁海关所属硕龙海关关员在关区果园帮助企业解决出口难题

> 2022 年 7 月 22 日，南宁海关所属龙邦海关关员
> 监管验放龙邦边民互市贸易区全国海关边民互市
> 贸易管理统一版系统首票申报单

> 2022 年 8 月 2 日，南宁海关所属平孟海关关员
> 开展知识产权宣传

∧ 2022 年 12 月 2 日，南宁海关所属贵港海关关员对智慧卡口进行验核

∧ 2022 年 6 月 17 日，南宁海关缉私局工作人员破获一起海关监管渠道走私固体废物案

< 2022 年 5 月 16 日，南宁海关关员现场监督涉案财物销毁

< 2022 年 9 月 13 日，南宁海关关员对所属水口海关开展经济责任审计现场检查

< 2022 年 11 月 18 日，南宁海关在全国海关风险防控"一会两机制"经验交流会上作经验交流

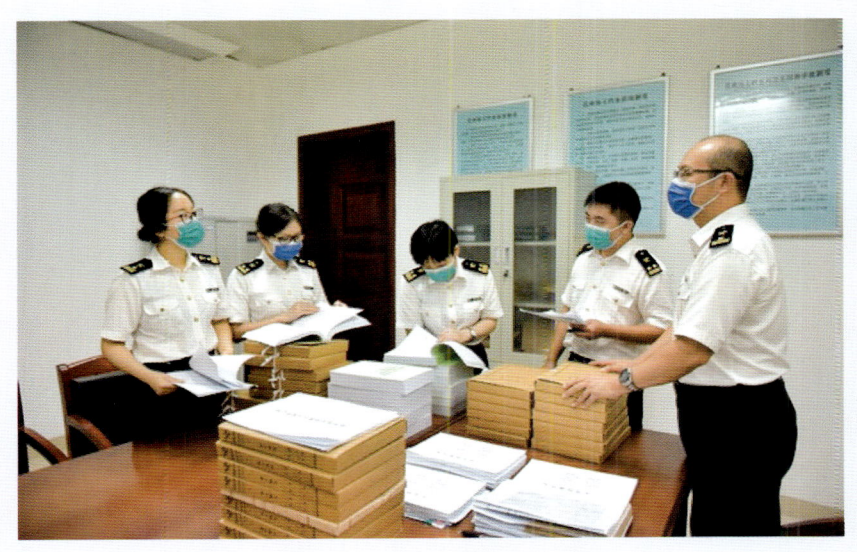

< 2022 年 9 月 13 日，南宁海关组织开展党的二十大保密专项检查

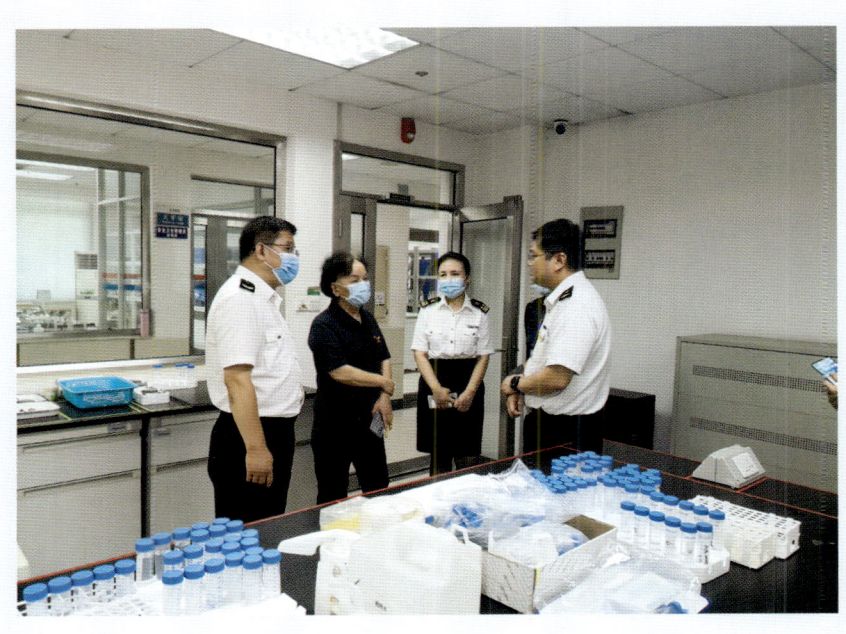

< 2022 年 9 月 6 日，南宁海关对技术中心和实验室运行管理开展调研

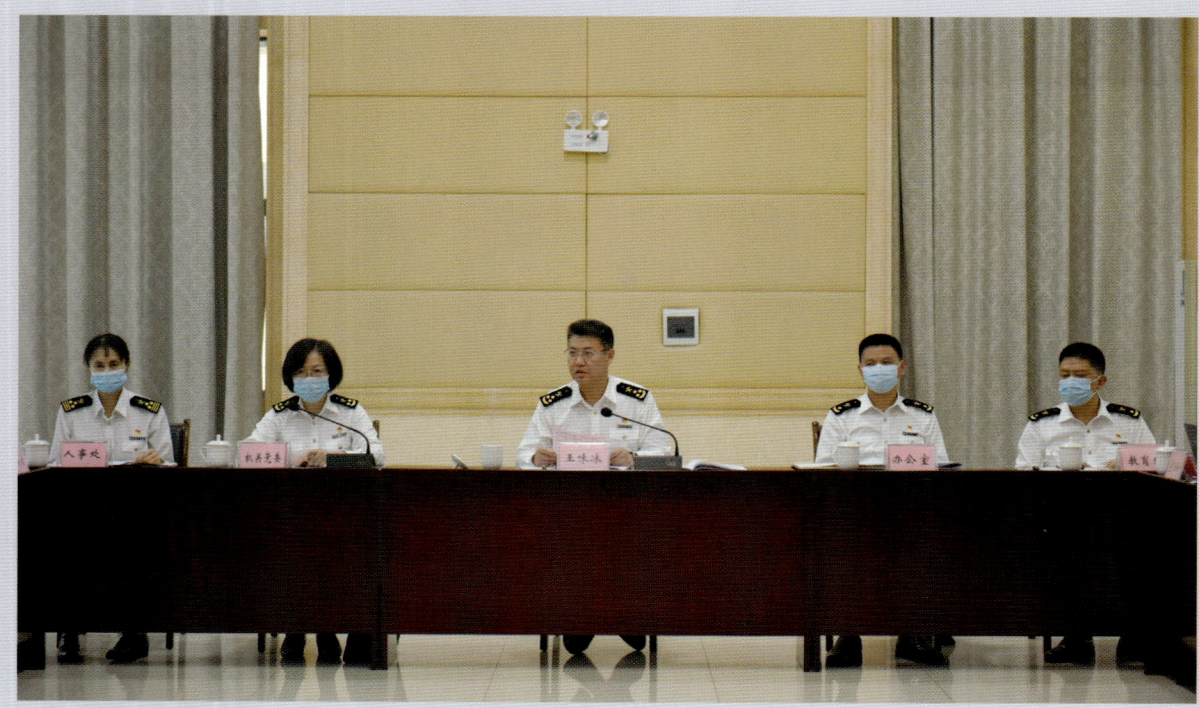

∧ 2022 年 11 月 18 日，南宁海关举办基层党支部书记学习宣传贯彻党的二十大精神暨综合能力提升专题培训班

> 2022 年 6 月 28 日，南宁海关为离退休人员颁发"光荣在党 50 年"纪念章

∧ 2022年4月7日，南宁海关所属东兴海关"青年突击队"到一桥口岸开展卫生检疫工作

∧ 2022年10月26日，南宁海关所属南宁邮局海关开展基层党建工作培训

^ 2022 年 11 月 13 日，南宁海关所属峒中海关开展主题党日活动

^ 2022 年 1 月 4 日，南宁海关所属贺州海关举行升国旗仪式

目　录

第一篇　特　载

南宁海关概况 …………………………………… 3
在 2022 年南宁海关工作会议上的讲话 ……… 4
强化政治机关建设　深化全面从严治党　为关区
　事业发展提供坚强政治和纪律保证 ……… 16

第二篇　专　记

南宁海关政治机关建设专项教育活动和
　"学查改"专项工作 ……………………… 27
南宁海关安全生产大检查暨风险隐患专项排查
　整治工作 …………………………………… 30
南宁海关"口岸危险品综合治理"百日专项
　行动 ………………………………………… 33
南宁海关 2022 年警示教育月活动 ………… 36

第三篇　大事记

2022 年南宁海关大事记 …………………… 41

第四篇　党的建设

党建工作 …………………………………… 69
　概况 ……………………………………… 69
　学习宣传 ………………………………… 69

作风养成 …………………………………… 70
精神文明建设 ……………………………… 70
思想政治建设 ……………………………… 71
基层组织建设 ……………………………… 71
党风廉政 …………………………………… 72
派驻监督 …………………………………… 72
干部管理监督 ……………………………… 72
正风反腐 …………………………………… 72
警示教育 …………………………………… 73
清廉文化建设 ……………………………… 73

巡视巡察 …………………………………… 74
　概况 ……………………………………… 74
　巡视整改集中清查 ……………………… 74
　巡察工作 ………………………………… 74
　巡察整改 ………………………………… 74
　巡察监督工作 …………………………… 75
　巡察队伍建设 …………………………… 75

纪检监察 …………………………………… 76
　概况 ……………………………………… 76
　监督检查 ………………………………… 76
　从严治党 ………………………………… 77
　专项整治 ………………………………… 77
　执纪问责 ………………………………… 77
　作风建设 ………………………………… 77
　警示教育 ………………………………… 77
　队伍建设 ………………………………… 77

队伍管理 ·· 79

概况 ·· 79

疫情防控组织保障 ························ 79

干部人事管理 ···························· 79

干部监督管理 ···························· 80

教育培训 ·· 81

概况 ·· 81

专项教育 ·································· 81

培训考核 ·································· 81

教育培训 ·································· 82

团队建设 ·································· 82

实操实训 ·································· 82

离退休干部管理 ······························ 83

概况 ·· 83

党建工作 ·································· 83

服务管理 ·································· 84

文化教育 ·································· 84

第五篇 业务建设

法治建设 ·· 87

概况 ·· 87

政治学习 ·································· 87

法规管理 ·································· 87

行政执法 ·································· 87

法治监督 ·································· 88

普法宣传 ·································· 88

业务改革与口岸运行 ······················ 89

概况 ·· 89

业务改革发展 ···························· 89

对外平台建设 ···························· 89

通关运行管理 ···························· 90

贸易管制与技术规范 ···················· 90

知识产权海关保护 ······················ 90

口岸开放发展 ···························· 90

技术性贸易措施研究 ···················· 90

优化口岸营商环境 ······················ 90

自贸区和特殊区域管理 ···················· 92

概况 ·· 92

自贸试验区制度创新 ···················· 92

特殊监管区域管理 ······················ 92

关税征管 ·· 94

概况 ·· 94

税则税政 ·································· 94

估价管理 ·································· 95

税收征管 ·································· 95

税收风险防控 ···························· 95

减免税管理 ······························ 96

原产地管理 ······························ 96

卫生检疫 ·· 97

概况 ·· 97

全球传染病疫情监测与评估研判 ········ 97

口岸疫情防控 ···························· 98

口岸保畅保通 ···························· 98

防疫机制 ·································· 98

多病共防 ·································· 98

个人安全防护 ···························· 98

口岸无接触式检疫 ······················ 98

生物安全宣传 ···························· 98

特殊物品卫生检疫监管 ·················· 99

疾病监测 ·································· 99

口岸公共卫生核心能力建设 ············ 99

国际合作 ·································· 99

动植物和食品检验检疫 ···················· 100

概况 ·· 100

动植物疫情疫病防控 ···················· 100

"智慧动植食"建设 …………… 101
检验检疫基层基础建设 ………… 101
进口冷链食品新冠疫情防控 …… 101
进出口食品安全全链条监管 …… 101
扩大食品农产品进出口 ………… 102
支持边民互市产业发展 ………… 103

商品检验 ……………………… 104
概况 …………………………… 104
危险品检验监管 ………………… 104
再生金属原料检验监管 ………… 105
进出口商品质量安全风险预警 … 105
商检改革升级 …………………… 105

口岸监管 ……………………… 106
概况 …………………………… 106
口岸货物监管 …………………… 106
口岸物流监管 …………………… 106
边境贸易监管 …………………… 107
新贸易业态监管 ………………… 107
行李物品监管 …………………… 107
场所（场地）监管 ……………… 108
安全生产 ……………………… 108
口岸监管环节反恐 ……………… 108

统计分析及政策研究 …………… 109
概况 …………………………… 109
统计分析 ……………………… 109
统计数据管理和运用 …………… 110
政策研究 ……………………… 110

企业管理和稽查 ……………… 111
概况 …………………………… 111
企业管理改革 …………………… 111
保税监管 ……………………… 111
稽查业务 ……………………… 112
核查业务 ……………………… 112

属地查检 ……………………… 112
审核管理 ……………………… 112

查缉走私 ……………………… 114
概况 …………………………… 114
专项打击 ……………………… 114
重击团伙 ……………………… 114
全员打私 ……………………… 115
夯实打私基础 …………………… 115
反走私综合治理 ………………… 115

风险管理 ……………………… 117
概况 …………………………… 117
风险预警和分析 ………………… 117
大数据应用 …………………… 118
口岸风险联合防控 ……………… 118

第六篇　综合保障

政务管理和国际合作 …………… 121
概况 …………………………… 121
应急值守 ……………………… 121
政务信息 ……………………… 121
会议管理 ……………………… 122
公务处理 ……………………… 122
督查督办 ……………………… 122
建议提案办理 …………………… 122
保密管理 ……………………… 122
档案管理 ……………………… 123
政务公开 ……………………… 124
信访工作 ……………………… 124
新闻宣传 ……………………… 124
外事管理 ……………………… 124

财务管理 ……………………… 126
概况 …………………………… 126

政府采购管理 …………………… 126
预算管理 ………………………… 126
做好缉私部门财务保障 ………… 127
机关财务管理 …………………… 127
涉案财物管理 …………………… 127
企事业财务管理 ………………… 127
基建管理 ………………………… 127
装备管理 ………………………… 128
资产管理 ………………………… 128

科技发展 …………………………… 129
概况 ……………………………… 129
技术支撑 ………………………… 129
安全保障 ………………………… 130
科技创新 ………………………… 130
基础建设 ………………………… 130
规范管理 ………………………… 130
实验室管理 ……………………… 130
科研管理 ………………………… 131

督察内审 …………………………… 132
概况 ……………………………… 132
配合国家审计 …………………… 132
督察监督 ………………………… 132
内部审计 ………………………… 133
内控建设 ………………………… 133
执法评估 ………………………… 133

第七篇　隶属海关

南宁吴圩机场海关 ………………… 137
概况 ……………………………… 137
政治建设 ………………………… 138
业务建设 ………………………… 138
政务及后勤保障 ………………… 139

南宁邮局海关 ……………………… 140
概况 ……………………………… 140
政治建设 ………………………… 140
业务建设 ………………………… 141
政务及后勤保障 ………………… 142

邕州海关 …………………………… 143
概况 ……………………………… 143
政治建设 ………………………… 143
业务建设 ………………………… 144
政务及后勤保障 ………………… 145

北海海关 …………………………… 146
概况 ……………………………… 146
政治建设 ………………………… 146
业务建设 ………………………… 147
打击走私 ………………………… 148
反走私综合治理 ………………… 148
政务及后勤保障 ………………… 149

钦州海关 …………………………… 150
概况 ……………………………… 150
业务建设 ………………………… 150
疫情防控 ………………………… 151
打击走私 ………………………… 151
反走私综合治理 ………………… 151
政务及后勤保障 ………………… 152

钦州港海关 ………………………… 153
概况 ……………………………… 153
政治建设 ………………………… 153
业务建设 ………………………… 154
政务及后勤保障 ………………… 154

防城海关 …………………………… 156
概况 ……………………………… 156
政治建设 ………………………… 156
业务建设 ………………………… 157

口岸开放工作 ……………………… 157
优化口岸营商环境工作 ………… 157
税收征管 …………………………… 157
商品检验 …………………………… 157
动植物检疫 ………………………… 157
保税监管 …………………………… 158
智慧海关建设 ……………………… 158
打击走私 …………………………… 158
政务及后勤保障 …………………… 159

东兴海关 …………………………… 161
概况 ………………………………… 161
政治建设 …………………………… 161
业务建设 …………………………… 162
支持开放开发 ……………………… 163
打击走私 …………………………… 163
反走私综合治理 …………………… 163
政务及后勤保障 …………………… 164

峒中海关 …………………………… 165
概况 ………………………………… 165
政治建设 …………………………… 165
业务建设 …………………………… 166
政务及后勤保障 …………………… 167

爱店海关 …………………………… 168
概况 ………………………………… 168
政治建设 …………………………… 168
业务建设 …………………………… 169
政务及后勤保障 …………………… 169

友谊关海关 ………………………… 170
概况 ………………………………… 170
政治建设 …………………………… 170
政治监督 …………………………… 171
队伍建设 …………………………… 171
疫情防控 …………………………… 172

海关监管 …………………………… 172
保通保畅 …………………………… 172
科技工作 …………………………… 173
政务及后勤保障 …………………… 173

凭祥海关 …………………………… 174
概况 ………………………………… 174
政治建设 …………………………… 174
业务建设 …………………………… 175
打击走私 …………………………… 175
反走私综合治理 …………………… 176
政务及后勤保障 …………………… 176

水口海关 …………………………… 178
概况 ………………………………… 178
政治建设 …………………………… 178
业务建设 …………………………… 179
打击走私 …………………………… 179
政务及后勤保障 …………………… 180

硕龙海关 …………………………… 181
概况 ………………………………… 181
政治建设 …………………………… 181
业务建设 …………………………… 182
政务及后勤保障 …………………… 183

龙邦海关 …………………………… 184
概况 ………………………………… 184
政治建设 …………………………… 184
业务建设 …………………………… 185
打击走私 …………………………… 186
政务及后勤保障 …………………… 186

平孟海关 …………………………… 187
概况 ………………………………… 187
政治建设 …………………………… 187
队伍建设 …………………………… 188
海关监管 …………………………… 188

疫情防控 …………………… 188
政务及后勤保障 …………… 189

贺州海关 …………………… 190
概况 ………………………… 190
政治建设 …………………… 190
业务建设 …………………… 191
业务改革 …………………… 191
反走私综合治理 …………… 192
供港澳蔬菜 ………………… 192
政务及后勤保障 …………… 192

梧州海关 …………………… 193
概况 ………………………… 193
政治建设 …………………… 193
业务建设 …………………… 194
新冠疫情防控 ……………… 194
业务改革 …………………… 195
打击走私 …………………… 195
反走私综合治理 …………… 195
政务及后勤保障 …………… 196

桂林海关 …………………… 197
概况 ………………………… 197
政治建设 …………………… 197
业务建设 …………………… 198
打击走私 …………………… 199
政务及后勤保障 …………… 200

玉林海关 …………………… 201
概况 ………………………… 201
政治建设 …………………… 202
业务建设 …………………… 202
服务地方发展 ……………… 203
政务及后勤保障 …………… 203

贵港海关 …………………… 205
概况 ………………………… 205

政治建设 …………………… 205
基层党组织建设 …………… 206
党风廉政建设 ……………… 206
干部队伍建设 ……………… 206
内控机制建设 ……………… 206
业务建设 …………………… 207
优化营商环境 ……………… 207
安全生产 …………………… 208
疫情防控 …………………… 209
打私工作 …………………… 209
大案要案侦办 ……………… 209
政务及后勤保障 …………… 210

柳州海关 …………………… 211
概况 ………………………… 211
政治建设 …………………… 211
业务建设 …………………… 212
打击走私 …………………… 213
政务及后勤保障 …………… 213

河池海关 …………………… 215
概况 ………………………… 215
政治建设 …………………… 215
队伍管理 …………………… 216
业务建设 …………………… 216
政务及后勤保障 …………… 217

第八篇　直属事业单位、群团组织

南宁海关后勤管理中心 …………… 221
概况 ………………………… 221
政治建设 …………………… 221
业务建设 …………………… 222
后勤保障 …………………… 222
食堂服务 …………………… 222

基建、采购管理 ……………… 223

下属企业发展 ………………… 223

南宁海关技术中心 ……………… 224

概况 …………………………… 224

政治建设 ……………………… 224

业务建设 ……………………… 225

业务改革 ……………………… 226

广西国际旅行卫生保健中心（南宁海关口岸
门诊部） ……………………… 227

概况 …………………………… 227

政治建设 ……………………… 228

纪律作风建设 ………………… 228

业务建设 ……………………… 229

内部疫情防控 ………………… 229

政务及后勤保障 ……………… 229

中国电子口岸数据中心南宁数据分中心 … 231

概况 …………………………… 231

政治建设 ……………………… 231

业务建设 ……………………… 232

队伍建设 ……………………… 232

南宁海关学会 …………………… 234

概况 …………………………… 234

政治建设 ……………………… 234

理论研究和征文 ……………… 234

关志编纂和关史研究 ………… 235

组织建设 ……………………… 235

队伍建设 ……………………… 235

第九篇　荣誉·名录

2022 年南宁海关获评省部级及以上表彰集体、
人员名录 ……………………… 239

第十篇　海关统计资料

2022 年南宁关区进出口商品国别（地区）
总值表前 30 位 ………………… 245

2022 年南宁关区进出口商品分贸易方式
总值表 ………………………… 247

2022 年南宁关区进出口商品分运输方式
总值表 ………………………… 248

2022 年南宁关区进出口商品分月度总值表 … 249

2022 年广西与 RCEP 贸易伙伴分贸易方式
统计表 ………………………… 250

2022 年广西与共建"一带一路" 国家
（地区） 分贸易方式统计表 ………… 251

"中国海关史料丛书"编委会

"中国海关史料丛书" 编委会 ………… 253

第一篇

特　载

南宁海关概况

南宁海关成立于 1951 年 10 月 9 日，关区范围为广西壮族自治区（以下简称"广西"或"自治区"）全境，面积为 23.57 万平方千米。关区点多、线长、面广，海岸线长 1629 千米，陆路边境线长 696.125 千米，直达港澳内河长 600 千米。下辖南宁吴圩机场海关、南宁邮局海关、邕州海关、北海海关、钦州海关、钦州港海关、防城海关、东兴海关、峒中海关、爱店海关、友谊关海关、凭祥海关、水口海关、硕龙海关、龙邦海关、平孟海关、贺州海关、梧州海关、桂林海关、玉林海关、贵港海关、柳州海关、河池海关 23 个正处级隶属海关和风险防控分局 1 个。

2022 年，南宁海关坚持以习近平新时代中国特色社会主义思想为指引，围绕迎接宣传党的二十大，忠诚捍卫"两个确立"，坚决做到"两个维护"，认真落实"疫情要防住、经济要稳住、发展要安全"重要要求，按照海关总署党委工作部署，统筹推进口岸疫情防控和促外贸稳增长，抓基层、打基础、守底线、创佳绩，从严管理队伍、从紧推动落实、从实细化执行，推动各项工作取得新成效。

2022 年，南宁海关建立全领域、全渠道、全链条风险防控体系。税收入库 445.98 亿元，同比增长 10.65%，完成预算目标。建立外来有害生物和动物疫病监测网络，检出检疫性有害生物 4181 种次，居全国海关第五位。推动越南鲜食榴莲等 7 种农产品实现输华准入，保障 11.5 万头活猪安全供应港澳。严把进出口商品质量关，开展重点敏感商品风险监测 126 批次，检出不合格 25 批次。属地查检运行机制初步形成，涉检行政处罚职能承接有序推进，办结涉检案件 706 起，居全国海关第三位。深入开展"国门利剑 2022"专项联合行动，强化风控、稽查、缉私协同联动，加强口岸一线监管和缉私专业打击，严防走私反弹回潮。立案查办各类案件 3386 起，案值 106.95 亿元。突出破大案、打团伙、摧网络、除链条，立案侦办走私大要案 39 起，获批海关总署缉私局挂牌管理案件数居全国海关第二位。

在 2022 年南宁海关工作会议上的讲话

关长、党委书记 王味冰

（2022 年 2 月 12 日）

同志们：

这次会议的主要任务是：以习近平新时代中国特色社会主义思想为指导，深入贯彻党的十九大和十九届历次全会精神，增强"四个意识"、坚定"四个自信"、做到"两个维护"，认真落实全国海关工作会议、全面从严治党工作会议精神，总结工作，分析形势，部署安排，推动落实。

一、2021 年关区工作回顾

过去一年，关区上下坚决贯彻习近平总书记重要指示批示精神，认真落实海关总署党委工作部署，深化"五关"建设，强化监管优化服务，统筹推进口岸疫情防控和促外贸稳增长，各项工作取得了新的成绩。

一年来，我们坚持高站位推进政治建设，践行"两个维护"坚定坚决。

学习贯彻习近平新时代中国特色社会主义思想不断深入。党委带头加强政治理论学习，持续在学懂弄通做实上下功夫，推动广大党员干部在学思用贯通、知信行合一上有了新的提高。认真落实"第一议题"制度，讲政治、见

行动，坚决迅速、持续有力贯彻落实习近平总书记重要指示批示精神。全年立案查办野生动物、濒危物种及其制品案件 57 起，案值 7.31 亿元，其中刑事立案数、案值分别排名全国第四、第二；立案查办"洋垃圾"案件 18 起，涉案固体废物 1110.81 吨。大力支持乡村振兴，促进边疆民族地区繁荣稳定。

口岸疫情防控有力有效。认真落实"外防输入、内防反弹"总策略，严格执行口岸疫情防控制度，全面细化关区防疫实施方案，统筹推进口岸防控、个人安全防护、人员调配保障等工作，织密织牢"水陆空"立体防控网。全年冷链疫情防控工作检出涉及 11 批次进口货物样本核酸阳性 15 例，截至 2021 年 12 月底在海关总署疫情专项考核排名全国海关第八。关区广大干部职工弘扬伟大抗疫精神，舍小家为大家，奋战在抗疫一线，用绝对忠诚和专业执法，坚决守牢外防输入关口。

党史学习教育扎实开展。推动各级党组织和广大党员认真落实习近平总书记"七一"重要讲话精神，深入学习贯彻党的十九届六中全会精神，把党史学习教育同学习贯彻习近平新

时代中国特色社会主义思想贯通起来，做到学史明理、学史增信、学史崇德、学史力行。组织 6 期 400 余名党员赴湘江战役遗址现场教学，开展各类红色主题教育 153 次，"十大惠企利民工程""10+N"民生工程扎实推进，2 个案例获评海关总署"我为群众办实事"百佳项目。

巡视整改成果持续巩固。把巡视整改作为长期的政治任务，抓好中央巡视、海关总署巡视任务整改工作。年内对 4 个单位开展疫情防控和涉案财物管理专项巡察以及巡视巡察"回头看"，对 6 个单位部门开展常规巡察。

一年来，我们坚持高标准把好国门安全，牢牢守住监管底线。

风险防控效能不断提升。推进大数据建模和大数据综合应用，开展"云擎"模型建设，各业务领域职能监控、作业管理、分析研判的智能化、精准化水平明显提升。建成海关风险情报工作站（南宁），探索构建非贸一体化防控体系，10 个大数据模型建设取得成效，关区高质量人工分析查获占比达到 62.25%，排名全国海关第一。

监管效能持续强化。创新互市智能审图应用，打造海港和边境 2 个口岸物流智能管控"样板间"，优化拓展互市 2.0 系统功能，监管智能化水平有效提升。监管作业场所建设管理更加规范，解决查验作业规范性不高、困扰现场查验等痛点难点问题 39 个。全年共监管进出口货物 1.59 亿吨，货值 8539 亿元，同比分别增长 14.1%、34.6%；监管进出境运输工具 135 万辆（艘、架），同比增长 135.1%。严防重大动植物疫情传入，截获检疫性有害生物 5375 种次，排名全国第三。强化进出口食品全链条监管，严格处置问题企业，协助海关总署暂停 20 家境外食品生产企业输华资质。加强烟花爆竹、危险化学品等重点敏感商品检验监管。知识产权海关保护查获侵权货物货值排名全国第十。

综合治税水平稳步提升。强化涉税风险分析，推进多元化税收担保改革，推动各项税收优惠政策、措施落实到位。关区自报自缴率达 99.3%，较 2020 年提高了 11.2 个百分点，在全国海关中排名第一。全年入库税收创历史新高，达 403.04 亿元，同比增长 53.12%。

企业管理和后续监管更加有效。推动稽核查、审核监督、查检业务改革和专项行动任务实施。全面推广企业集团加工贸易监管模式改革，试点"保税维修+保税加工"新模式，办结主动披露作业 120 起、补税 3372 万元，同比分别增长 55.8% 和 2.7 倍，均创历史新高。加大 AEO 认证培育力度，新增高级认证企业 8 家。

打击走私取得积极战果。推进专业缉私、全员打私、综合治理三轴联动、同向发力，始终保持高压严打态势。深入推进"国门利剑2021"联合行动，全年立案查办各类走私违法犯罪案件 4827 起，案值 102.46 亿元。其中侦办"GN"系列走私大要案 25 起，案值 42.32 亿元，海关总署挂牌督办案件数量列全国第三。

一年来，我们坚持高水平推进改革创新，重点改革全面深化。

推进"五项创新"改革落地见效。"两步申报"应用率提升 29 个百分点，"两段准入"实现净增长。海运、公路口岸进出口货物"提前申报"模式应用率超 9 成。"两轮驱动"持续深化应用，"两区优化"相关措施落地实施。

关区特色改革持续巩固深化。对近年来开展的改革项目进行整体优化与系统集成，在全关区进行复制推广。协同推进制度建设，规范改革项目组织管理，大力推进改革问题清零，解决问题31项。年内新推进的进境粮食、水果监管模式改革等6项改革项目取得显著成效。

科技支撑能力大幅提升。打好"科技兴关"3年规划收官战，建成3个"智慧南关"样板间，9个信息化系统建成应用。"1+N""大中心"运行机制初步建立，实验室全年新增检测能力1357项，完成国家标准制修订3项，获省部级科技奖励二等奖1项。信息系统安全稳定，在网络攻防演习中成功发现海关演习史上首个"零日漏洞"。

一年来，我们坚持高质量推动开放发展，服务大局积极有为。

助力开放平台建设取得成效。深化新通道"13+2"海关协作，推进"西部陆海新通道'陆海通'互联互通信息系统"立项。支持南宁国际铁路港封关运营，保障全国首趟"铁路快通"中越班列顺利开通。参与建立广西综合保税区综合治理体系，配合起草、完善综合保税区高质量发展3年行动计划，推动钦州综合保税区封关运营，梧州综合保税区获国务院批复建设。大力支持防城港国际医学开放试验区建设。推动龙邦公路口岸获批扩大开放，北海港、钦州港口岸5个泊位对外开放完成验收。

自由贸易试验区海关监管制度创新加快推进。新增1项创新举措获海关总署批复备案，至此已有5项创新举措获海关总署认可，在全国21个自由贸易试验区中居第二位。24项海关改革试点经验和最佳实践案例入选自治区级自贸创新成果，通关创新领域的4项创新举措被评为"全国首创"。

促进广西外贸实现较快增长。落实"六稳""六保"部署，出台促进广西外贸高质量发展12项措施和助推广西抢抓RCEP机遇12项措施。持续优化口岸营商环境，关区进口整体通关时间在全国31个省（自治区、直辖市）中排名第一。支持广西特色产业发展，推动保税混油、保税混矿2项新业务成为外贸新增长点，服务柳工、玉柴等先进装备制造业做优做强，帮扶螺蛳粉、六堡茶等优质产品"走出去"。争取海关总署特批越南羊开口准入进口开展定点加工。促进边民互市贸易健康规范发展，2项措施被商务部推荐为典型经验做法，推动边民互市贸易进口商品落地加工。全年广西外贸进出口5930.6亿元，同比增长21.8%，增速高于全国、西部地区平均水平。其中，边民互市贸易进出口419.7亿元，同比增长48.3%。

政策研究及统计工作水平不断提升。深入开展宏观经济、外贸形势和重点商品分析研究，编制关区贯彻落实"十四五"海关发展规划实施意见，首次编制发布中国—东盟贸易指数。年内8篇报告获中央领导同志批示，牵头2项、参与7项署级研究课题。加强业务数据安全管理，严把统计数据质量关。

一年来，我们坚持高要求落实全面从严管党治党责任压紧压实。

"两个责任"持续强化。制定党委、机关党委、党支部3张清单，建立巡察、人事、监察"三支笔"联动政治画像机制，建成"党委纪检组+监察室+党委派驻纪检组"的监督执纪问责工作机构，深化应用"两横两纵"党风廉政建设责任制考评，制定"一把手"和领导班子监督工作指引。建立派驻监督工作月报直报党委制度，强化特约监督员等外部监督，形成全覆盖、无禁区、无死角的监督体系。

基层党建强基提质。出台关区"党建质量提升年"具体措施，推进党建高质量发展统筹考核，并入选全国海关"书记项目"试点。深化"强基提质工程"建设，建立常态化检视机制，综合运用"智慧党建"平台，提升党建整体规范化水平。先后打造党员工作室 114 个，评选工作室示范点 36 个，有力促进党建与业务融合发展。获评全国海关党建品牌 5 个，特别是关区基层支部首次获评"自治区先进基层党组织"，实现省级以上"两优一先"零的突破。

清廉海关建设推向深入。保持惩腐高压态势，加大案件查办力度，全年共处置问题线索 57 条，严肃查处"4·11"等案件。扎实开展"现场监管与外勤执法权力寻租"专项整治，建立"围猎"警示名单信息互通机制，开展边境地区领导干部配偶、子女及其配偶从业情况专项整治。持续用好"一案双查"，探索与地方纪委监委建立线索"双向移"的工作新模式。深化清廉文化建设和廉政警示教育，开展"明纪法、知敬畏、守底线"专题警示教育活动。关区领导干部个人有关事项报告如实报告率达 100%。

高素质队伍建设全面加强。选优配齐领导班子，年内选拔任用处级领导 24 人，选拔 2 名执法一线科长担任隶属海关党委委员，晋升二级巡视员及相当层次职级 8 人，晋升 1 级至 4 级调研员及相当层次职级 79 人。注重在执法一线、抗疫一线、改革攻坚一线培养锻炼干部，选人用人重实干、重实绩的导向更加鲜明牢固。科学调配人力资源，开展机关遴选、机关与基层"双向轮岗"、内陆海关与边境海关"换防式"干部交流。实施"136 人才团队工程"，探索创新"1+N"专业人才团队培养模式。开展全员资质培训考核，关区获得一线执法岗位资质人员占比 94.5%，较机构改革前增长近 12 倍。年内选派各类专家参加全国海关岗位练兵技能比武取得优异成绩，准军建设保持 3 年被海关总署"零通报"，获评建关以来首个自治区"道德模范"，新获评 4 项全国级荣誉、31 项自治区级荣誉。

综合保障水平显著提升。全年制修订规章制度 25 项，行政诉讼案件保持"零败诉"，建成广西首个边境口岸法治宣传教育基地。机关运转更加顺畅，信息宣传、政务公开、值班应急、档案综合管理等工作更加规范，加强国家安全人民防线建设，12360 海关热线满意率、海关政务服务"好差评"系统好评率均达到 100%。财务后勤保障更加有力，落实"过紧日子"要求，预算管理、政府采购、节能减排等工作水平进一步提高，后勤保障服务水平持续提升。公务接待费同比压减 65.24%，公务用车运维费同比压减 17.66%；完成关区民生项目 68 个。积极配合完成国家审计，持续抓好重大决策部署专项督察、领导干部经济责任审计和专项审计，审计监督作用进一步发挥。工青妇、离退休工作水平不断提升。

过去一年取得的成绩，是以习近平同志为核心的党中央坚强领导的结果，是海关总署党委正确指挥和自治区党委政府大力支持的结果，是关区全体干部职工勠力同心、艰苦奋斗的结果。在此，我代表关党委，向关区广大干部职工、离退休干部及家属表示衷心的感谢，向所有奋战在口岸疫情防控一线的同志们致以亲切的慰问和崇高的敬意！

在肯定成绩的同时，我们也要清醒看到当前关区工作还存在很多问题和不足：政治机关建设还存在短板，从讲政治的高度审视和检验工作的意识还有待提升；防范化解风险能力还不强，风险研判机制不健全，见微知著和透过现象发现隐藏风险的敏锐性还需增强；执行制度的刚性不够，现场执法不规范、落实不到位的问题不同程度存在；改革创新的系统性、协同性、精准性还不够，科技支撑引领作用还有较大提升空间；干部队伍能力素质有待进一步提升，严谨、高效、细致的工作作风仍需加强；廉政风险隐患依然存在，全面从严治党、党风廉政建设和反腐败斗争任务依然繁重、任重道远。这些问题必须引起我们高度重视，下一步工作中要有针对性地加以解决。新一届党委班子要切实按照海关总署党委要求，以政治机关建设为统领，把讲政治要求落实到工作各领域、全过程，强化对重大政治风险的分析和防控，守住防范执法、廉政、管理风险基本盘，努力提升党员干部政治意识、提升队伍精气神，加强执行能力建设，不断夯实基层基础。

二、准确把握形势，理清工作思路

当前，国内外形势都在发生深刻复杂的变化，对海关工作提出了新的更高要求。我们要坚持以习近平新时代中国特色社会主义思想为指导，牢记初心使命、牢记"国之大者"、牢记监管职责，以更高标准、更严要求、更实举措，更好服务经济社会发展大局。

（一）捍卫"两个确立"、做到"两个维护"、强化政治机关建设认识必须更加深刻

习近平总书记指出，"旗帜鲜明讲政治、保证党的团结和集中统一是党的生命，也是我们党能成为百年大党、创造世纪伟业的关键所在"。中央和国家机关首先是政治机关，都不是单纯的业务机关，必须旗帜鲜明讲政治。

党的政治建设是党的根本性建设，决定党的建设方向和效果。党的十八大以来，党和国家事业之所以能够取得历史性成就、发生历史性变革，根本在于有习近平总书记作为党中央的核心、全党的核心掌舵领航，根本在于有习近平新时代中国特色社会主义思想的科学指引。当前，我国发展面临的形势之复杂、风险之多、挑战之大前所未有，越是在严峻复杂的形势面前，越是在艰巨繁重的任务面前，越要坚决捍卫"两个确立"，做到"两个维护"，自觉在思想上、政治上、行动上同以习近平同志为核心的党中央保持高度一致。

海关首先是政治机关，我们要以开展捍卫"两个确立"、做到"两个维护"、强化政治机关建设专项教育活动为重要契机，深入查摆问题、剖析根源，补短板、强弱项，不断提升队伍政治判断力、政治领悟力、政治执行力，推动政治机关建设往实里走、深里走。必须始终把学习贯彻习近平新时代中国特色社会主义思想作为首要政治任务，准确把握这一思想的科学内涵、核心要义、实践要求，更好地用党的科学理论武装头脑、指导实践、推动工作。必须始终将"两个维护"作为最高政治原则和根本政治规矩，坚持和完善"第一议题"制度，不折不扣贯彻落实习近平总书记重要指示批示精神，切实把"两个维护"落实到行动上，体

现在落实党中央决策部署上，体现在履职尽责、做好海关监管服务的实效上。必须从政治层面强化业务工作，要深刻汲取国家审计发现的有关海关监管问题的教训，时刻关注党中央关心什么、强调什么，深刻领会什么是党和国家最重要的利益、什么是最需要坚定维护的立场，切实把讲政治从外部要求转化为内在主动、形成自觉，确保执行不偏向、不变通、不走样。

（二）落实总体国家安全观，夯实监管基础、把好国门关口需求必然更加迫切

习近平总书记指出，"越开放越要重视安全""着力增强自身竞争能力、开放监管能力、风险防控能力"。要提高政府监管效能，加快建立全方位、多层次、立体化监管体系，实现事前事中事后全链条全领域监管、堵塞监管漏洞。

当前和今后一个时期是我国各类矛盾和风险易发期，口岸面临的政治、意识形态、社会、生态等输入性风险挑战不断增大。南宁海关地处把守我国南疆国门的"第一线"，新冠疫情从海陆、边境输入的压力有增无减，国门生物安全威胁与日俱增，重点涉税商品和各类违禁品走私屡禁不绝；陆路边境和北部湾走私态势虽然得到有效控制，但反走私斗争形势依然严峻，维护国门安全面临更多挑战。

海关承担着为国把关的重要使命，任何时候都要牢记严格监管是本职，放松监管就是失职渎职。必须增强忧患意识，坚持底线思维，落实总体国家安全观，强化对重大政治风险的分析研判和防控，制定政策、推出改革都要以强化监管为首要目标，未雨绸缪、抓早抓小、综合施策。必须把规定动作 100% 做到位，严

格对标海关总署要求，强化制度执行的刚性约束，有规定必须严格执行，不允许打折扣、搞变通。必须以系统思维夯实监管基础，以问题为导向，优化监管理念模式和监管设施设备配置，强化科技支撑引领，做好政策配套和制度衔接，夯实基层基础、筑牢监管根基。

（三）落实"建设新时代中国特色社会主义壮美广西"重要指示，服务高水平开放、高质量发展任务必然更加繁重

习近平总书记指出，广西要构建面向东盟的国际大通道，打造西南中南地区开放发展新的战略支点，形成 21 世纪海上丝绸之路和丝绸之路经济带有机衔接的重要门户；要在推动边疆民族地区高质量发展上闯出新路子，在服务和融入新发展格局上展现新作为，在推动绿色发展上迈出新步伐，在巩固发展民族团结、社会稳定、边疆安宁上彰显新担当。

当前，广西外贸发展质量不高、结构性短板问题依然比较突出，对外开放布局仍需优化，西部陆海新通道潜力有待进一步发掘，在 2021 年高基数上要实现外贸增速 7% 的目标面临较大难度。同时，要看到广西发展潜力在开放、后劲在开放、未来在开放的特征没有改变，促进外贸稳中提质的有利因素正在集聚。

海关处在国内国际双循环的交汇枢纽，我们要坚持辩证思维，既要看到严峻挑战，又要看到有利的一面，稳字当头、稳中求进，发挥职能作用，促进外贸量稳质升。要推动共建"一带一路"高质量发展，以东盟国家为重点深化海关国际合作，积极参与国际规则标准研究制定，大力推广"三智"合作理念和项目落地，以推动高水平开放促进高质量发展。要持续优化口岸营商环境，落实跨境贸易便利化专

项行动部署，精准施策、积极支持中国（广西）自由贸易试验区等开放平台建设，稳妥推进市场双向开放，促进外贸新业态新模式发展，提升跨境产业链竞争力和稳定性。要积极落实区域重大战略和区域协调发展战略，研究出台差异性支持措施，服务广西对接好粤港澳大湾区建设等国家战略，支持西部陆海新通道高质量发展，助力广西把独特区位优势转化为开放发展的新优势。

（四）落实全面从严治党要求，推进清廉海关建设向纵深发展的目标必然更加具体

习近平总书记在十九届中央纪委六次全会上指出，要保持反腐败政治定力，不断实现不敢腐、不能腐、不想腐一体推进的战略目标。我们必须清醒认识到，腐败与反腐败较量还在激烈进行，并呈现出一些新的阶段性特征，要永远吹冲锋号，牢记反腐败永远在路上。

海关的工作性质和行业特点，决定了我们全面从严治党的任务依然艰巨繁重。党的十八大以来，在几届南宁海关党委（党组）的共同努力下，关区党风廉政建设和反腐败工作取得明显成效。但随着监督执纪不断推进和专项整治深入开展，从暴露出来的案件看，不收敛不收手、顶风违纪问题仍在发生，基层执法领域违纪违法问题依然突出，非执法、非职务领域违纪违法问题也逐渐凸显。

深入推进清廉海关建设，我们必须以更高的标准落实全面从严治党要求，坚持严的主基调不动摇，持续深化不敢腐、不能腐、不想腐一体推进，保持反腐败政治定力，坚持以零容忍态度惩治腐败；构建强有力的权力运行监督机制，强化各类监督贯通协同，推动各项监督更加有力有效；加强队伍教育管理，深化整治

形式主义、官僚主义，持续增强基层党组织政治功能，推动全面从严治党向基层延伸、向纵深发展，为抓基层、打基础、守底线、创佳绩提供坚强保障。

面对新形势、新任务、新要求，关党委研究确定2022年关区工作总体思路是：以习近平新时代中国特色社会主义思想为指导，深入贯彻党的十九大和十九届历次全会精神，坚决捍卫"两个确立"、做到"两个维护"，认真落实全国海关工作会议、全面从严治党工作会议部署，统筹发展和安全，纵深推进"五关"建设，以政治机关建设为统领，"抓基层、打基础、守底线、创佳绩"，从严管理队伍、从紧推动落实、从实细化执行，强化监管优化服务，守护好祖国南疆国门，服务好新时代中国特色社会主义壮美广西建设，以优异成绩迎接党的二十大胜利召开。

三、稳字当头、稳中求进，扎实做好2022年工作

（一）强化政治机关建设

学深悟透习近平新时代中国特色社会主义思想。坚持第一时间学习好习近平总书记重要讲话和重要指示批示精神，认真落实"第一议题"制度。常态化长效化开展党史学习教育，扎实开展党委理论学习中心组学习，落实意识形态等领域工作责任制，抓好处级以上领导干部专题培训，分级分类做好党的十九届六中全会精神轮训，做好迎接党的二十大宣传引导和精神学习贯彻。

扎实开展捍卫"两个确立"、做到"两个维护"、强化政治机关建设专项教育活动。围绕"查、转、提"3个关键环节，认真抓好学

习提高、查找问题、整改落实、拓展巩固等各项任务落实，持续提高各级领导干部的政治判断力、政治领悟力、政治执行力。切实从政治层面强化业务工作，始终从政治上观察和处理问题、谋划工作，准确把握中央各项重大决策部署战略意图，全面排查、评估、防控关区各领域重大风险隐患，发现一个问题，举一反三解决一类问题，以有针对性的制度机制巩固整改成果，加大督导检查力度，确保不留死角。要实施"项目制"，对照海关总署重大部署，建立动态调整机制和跟踪评价体系，形成上下贯通、执行有力的抓落实格局，不断提高抓落实的成效。

（二）抓好新冠疫情常态化口岸防控

要把疫情防控作为当下工作的重中之重，坚持不懈精准科学实施口岸疫情防控。当前，越南北部疫情态势还很严峻，近期国内疫情多点散发，2 月 4 日以来广西本土确诊病例持续攀升。面对来势汹涌的疫情，我们要毫不动摇贯彻好"外防输入、内防反弹"总策略，不获全胜、决不收兵，始终绷紧疫情防控这根弦，绝不能出现麻痹思想、厌战情绪、侥幸心理、松劲心态。要随时掌握疫情变化情况，及时研究防控策略，做到"一关一策"甚至"一场景一策"，只有通过不断细化具体的措施，才能实现"打胜仗、零感染"的目标！

要坚持"四个一定要""四个是否"，从严顶格抓好执行落实。一定要在规范执行上下真功夫，严格规范执行防控措施，从高从严抓好内部安全防护，严格执行一线高风险岗位封闭管理，把规定动作 100% 落实到位；一定要落实各级领导管理责任，各单位部门"一把手"要对疫情防控工作进行再动员、再部署、

再检查、再推动，确保每项工作、每个环节都要责任到人、落实到位；一定要突出监控检查的刚性作用，继续发挥"挑毛病"专家组作用，及时发现口岸现场在疫情防控、安全防护等方面存在的不规范问题，对整改不力、屡错屡犯、造成不良影响的，依纪依法依规严肃处理；一定要把"打胜仗、零感染"作为工作的重中之重完成好。在突出监控检查刚性作用方面，重点围绕检查是否做到了对同台作业人员的全覆盖、是否做到了全流程各环节的追踪倒查、是否检查了作业单证和工作档案、是否检查了现场安全监督落实情况和处科级巡视带班执行情况。疫情防控工作是一项重大的政治任务，是检验我们干部能力的试金石，新一届党委成立后，抓的第一件事情就是疫情防控，从机关到基层，我们都要通过这项工作，衡量我们的干部是否勇于担当，是否善于作为，也借此之力、以此为基，推动全关区的管理理念、制度、机制和落实措施的整体提升。

（三）夯实监管基础，提升监管效能

要始终牢记监管是海关最基本、最重要的职责，任何时候都不能以牺牲监管为代价去服务，要加强监管体系和能力建设，夯实监管之基，严格依法履职，坚决把牢国门关口。

大力推进风险防控一体化。南宁关区最鲜明的特点就是业务门类齐全，相应风险防控形势也更加复杂。要深入落实全领域、全渠道、全链条一体化风险防控要求，将风险管理理念覆盖、贯穿到关区工作全过程。持续推进"两轮驱动"改革，不断完善布控规则，落实现场即决式布控部署，提升人工分析精准度，稳步提高查获率。加强重大风险隐患排查，完善风险情报收集渠道和网络，持续加强大数据应用

支撑保障能力建设。推进风险防控协同共治，完善内外部联防联控机制。

筑牢国门生物安全屏障。东盟是动植物疫情高发地区，广西毗邻东盟，动植物疫情疫病防控任务十分艰巨。要结合口岸特点，建设关区智慧动植物检疫监管体系，强化风险监测和预警，加强进境种畜、粮食、水果等高风险农产品检疫监管，强化入境旅邮检、跨境电商等非贸易渠道动植物检疫监管，严防非洲猪瘟、高致病性禽流感、牛结节性皮肤病、沙漠蝗等高风险重大疫情传入。

加强口岸正面监管。南宁关区点多、线长、面广，海陆空铁邮口岸众多，要求我们切实夯实监管基础，提升监管效能。要大力推动地方完善海关监管场所基础设施和设备的建设配置。进一步提升口岸检查作业的规范化水平，优化机动查验和复查复验工作机制，持续加强现场作业视频监控和管理。增强口岸查发能力，重点做好反宣和毒品、枪爆等违禁物品查缉工作，严厉打击进出口侵权货物违法行为。落实食品安全"四个最严"要求，提高处置进出口食品安全风险事件能力水平。严格落实进出口食品安全管理办法，推进境外食品企业全面注册管理。严把进出口商品安全关，增强关区进出口商品质量安全风险预警和快速反应能力，压紧压实危险化学品等重点商品监管责任。

深化综合治税。精准分析研判关区税收形势，持续做好税收监管服务工作，全力完成全年税收预算目标。强化税收风险防控，加大重点涉税商品和重大涉税风险研判处置。持续深化税收征管改革，全面推进落实属地纳税人管理。继续做好税政调研以及 RCEP 项下原产地

管理等工作。

提升企业管理及后续监管水平。深化企业信用制度改革，以质量为导向，加强认证培育，推进便利措施落实。深化稽查改革，完善稽查运行机制，深入开展涉税、涉检稽查，强化贸易调查，提升稽查查发能力。构建关区属地查检运行机制，探索建立基于企业信用的差异化监管模式。推进"多查合一"和核查分类改革，优化核查作业模式。

（四）保持打击走私高压态势

要深刻认识打击走私是习近平总书记高度关注的工作，是党中央交给海关的重大政治任务，海关总署党委历来高度重视南宁关区打私工作，我们必须锲而不舍、一以贯之保持高压严打态势，以打促税、以打促管、以打促安，看牢、守住、管好重点区域、重点商品、重点环节。要深入开展打击走私"国门利剑2022"联合专项行动。在坚决打击象牙等濒危野生植物及其制品、"洋垃圾"、"水客"、冻品、毒品等走私方面持续用力，继续严厉打击各类重点涉税商品走私，突出"破大案、打团伙、摧网络"，坚决铲除走私"购、运、储、销"全链条，保持高压严打态势。要强化全员打私意识，压紧压实打私责任。各单位各部门一把手要树牢"打私第一责任人"意识，健全完善"海关查发绩效"考评机制，更好发挥考核指挥棒作用。健全完善常态化、制度化、规范化的关警协作机制，形成打私合力。加大海关查发移交案件力度，通过案件查办摸清走私风险点和监管薄弱环节，反哺海关正面监管。要坚持系统观念，持续深化反走私综合治理。积极推动地方政府落实反走私综合治理主体责任，加强与公安、海警、边检等部门的协同配合，

实施联防联控、联查联动。

（五）服务高水平开放、高质量发展

促进扩大对外开放。贯彻落实中央稳外贸决策部署，出台细化落实措施。严格执行减税降费政策，为企业减少税负成本。优化口岸营商环境，维持稳定向好的通关秩序和效率，严格规范关区涉企收费管理。支持自由贸易试验区建设，形成新一批高质量创新成果。对标先进地区助推综合保税区绩效提升。积极助推西部陆海新通道建设，助力广西建设高质量实施RCEP示范区、防城港国际医学开放试验区等开放平台。支持口岸建设，推动重点边境口岸基础设施升级。推动边民互市贸易进口商品落地加工，支持跨境电商、市场采购等贸易新业态健康发展。

纵深推进改革创新。全面落实全业务领域一体化改革工作部署，推进关区业务管理与海关总署业务改革有机衔接、同频共振，围绕有利于风险防控、有利于节约人力资源的目标，对关区改革项目进行系统性、协同性的升级调整，形成符合关区实际且精准高效的改革体系。推进西部陆海新通道风险防控一体化改革。加大科技业务一体化推进力度，加强新技术应用研究。优化实验室布局，探索实验室协同发展模式，实现关区实验室优势互补、错位发展。加强科研攻关，争取获批1~2项省部级科研项目。

深化海关国际合作。发挥"三智"国际合作示范项目效益，持续提升中国—东盟SPS信息合作网的影响力。完善与越南"两国四方"会晤机制，积极筹备中越"两国四方"边境卫生检疫合作第三次会谈工作，继续推进双方加强在跨境疫情应急处置、病媒生物联合监测、线上技术联合培训等方面合作。加强与越方海关执法合作，开展跨境联合行动，共同遏制中越边境走私势头。

（六）提高综合保障水平

习近平总书记多次对安全生产工作作出重要指示批示，强调要全面排查各类安全风险，防范重大突发事件发生，维护社会大局稳定。我们一定要牢牢把握安全生产主动权，把各项工作预案做得更充分，抓早抓小、夯实基础、系统治理。要健全安全生产责任制，压紧压实主体责任，加强监督考核，坚决守住安全生产底线。巩固提升安全生产专项整治三年行动成效，加强进出口危险化学品监管、实验室安全、口岸监管作业等方面安全风险排查、动态更新应对措施，完善整治长效机制。加强与地方相关主管部门配合，督促企业落实安全生产责任。

加强法治海关建设。加强规范性文件及规章制度的合法性审查。强化制度执行，选取重点领域、关键环节制度开展执行情况检查。编制关区权责清单，做好行政复议应诉工作，严格规范公正文明执法。加强法治宣传教育和法治文化建设。

提升"三办三服务"水平。提高机关运行效率，强化督查检查，完善抓落实机制。紧密围绕海关中心工作开展新闻宣传及舆情应对。推进档案数字化，保持精文简会成效，提升信息报送质效，做好人大建议政协提案办理、值班应急、机要保密、政务公开和信访等工作。持续加强国家安全人民防线建设。

提高政研及统计工作水平。密切跟踪关注外贸进出口情况，加强趋势研判，提高课题研究质量。做好中国—东盟贸易指数编制发布。

加强数据质量检控，开展异动数据监控、风险研判和联合处置。强化统计监督，持续推进数据治理，确保数据安全。

强化财务保障。落实"过紧日子"要求，强化预算执行和绩效管理，重点保障"10+N"民生项目、人员福利等支出。继续加强对事业单位监管和扶持。规范政府采购、涉案财物管理。做好关区闲置房地产盘活利用工作。稳步推动重点项目实施，增强基础建设保障能力。提升后勤保障水平，引导企事业单位拓展业务、健康发展。

提升督察审计水平。深化督审信息化建设应用，健全审计督察整改长效机制。针对关区重点工作、高风险领域等开展专项审计，推进内部控制与监督平台应用。推广内控节点岗位清单制管理，在一线执法科室打造内控"样板间"。健全执法评估指标体系，强化对执法领域风险的分析研判。

（七）深入推进全面从严治党

推动党建高质量发展。认真落实海关总署加强党支部政治功能的意见措施，进一步夯实"强基提质工程"，高标准严要求打造过硬基层党组织。扎实推进党支部标准化规范化建设，强化常态化检视制度，推动关区党支部100%通过合格支部复核。实施支部书记、党务干部能力提升工程，出台实施破解党建、业务"两张皮"具体措施，开展关区"书记项目"试点工作，召开"书记论坛"，压紧压实基层党组织直接教育管理监督党员的职责。推动"四强"党支部、党建品牌、党员工作室提档升级，打造一批党建、业务融合发展"样板间"。优化党建高质量发展统筹考核机制，用好"智慧党建"系统。

保持队伍奋进姿态。深化干部工作"五大体系"建设，优化政治画像机制，建立干部"实绩档案"，努力培养、选用可堪大用、能担重任的干部。完善人才培养机制，推进关区"136专业人才能力提升工程"，做好资质人员能力提升，加强事业单位专业技术团队建设。丰富准军管理实施方式，让准军要求内化于心、外化于行。深化拓展全国、自治区两级文明单位创建成果，努力争创区直机关"新时代文明实践所示范点"。加大重大典型选树和荣誉争创力度，组织评选表彰海关先进集体、先进工作者，深入挖掘一批立得住、树得起、叫得响的基层典型。用好用足各项政策，强化落实人文关怀。加强对疫情防控一线人员关爱保障和封闭隔离人员心理疏导。用心用情做好离退休老干部工作，加强工青妇等群团建设，更好发挥海关学会作用。

深化清廉海关建设。坚持严的主基调不动摇，以零容忍态度坚决惩治腐败。精准运用监督执纪"四种形态"，扎实开展"一案双查"，一体推进不敢腐、不能腐、不想腐。强化对"一把手"和领导班子监督，压紧压实"两个责任"。突出重点领域、重点环节精确打击，聚焦非执法领域集中开展专项整治。持续加固中央八项规定精神的堤坝，驰而不息纠"四风"树新风。强化权力运行制约和监督，持续开展"裸官"、违规兼职等专项整治工作，规范领导干部配偶、子女及其配偶从业行为。探索构建干部监督合力机制，提升派驻纪检组监督能力，充分发挥特约监督员作用。持续严厉整治酒驾醉驾问题。加强廉政教育，以坚定理想信念和强化纪法意识为基础，筑牢党员干部拒腐防变的思想防线。同时还要继续做好国家审计以及海关总署巡视整改工作的"后半篇文章"，推进关区政治巡察，持续抓好巡视巡察中长期整改工作。

今年是党的二十大召开之年，维护安全稳定任务艰巨、意义重大。当前，百色等地疫情防控形势异常复杂严峻，"外防输入、内防反弹"各项工作正处在紧要吃劲的关头。新形势新任务需要我们新担当新作为，在此我代表关党委对各单位各部门"一把手"提 4 点要求。一是必须坚决捍卫"两个确立"、做到"两个维护"。以开展专项教育活动为重要契机，大力强化政治机关建设，加强理论学习，坚定理想信念，增强从政治上观察和处理问题、谋划工作的本领和能力，从加强队伍教育管理、完善制度机制、强化督导检查等各个方面着手，将政治机关建设标准和要求贯通基层，切实把讲政治要求落实到工作各领域、全过程。二是必须注重实际、狠抓落实。干事业不能做样子，必须脚踏实地，抓工作落实要以上率下、真抓实干，特别是各单位"一把手"，既要把方向、管大局、保落实，同时要真把关、真督查、真执行，不能只挂帅不出征，不能当甩手掌柜。抓基层、打基础的关键就在于求真务实，摸清实际情况，找准问题症结，不断通过化解问题

提升工作质量。同时，抓落实要讲究方式方法，不担当不作为不行，简单化乱作为也不行，尤其是在疫情防控等重大任务上，规定动作必须 100% 做到位。三是必须团结一心、形成合力。党的百年奋斗史告诉我们，团结就是力量，奋斗开创未来。各位"一把手"要在贯彻落实民主集中制上做好表率，领导班子团结了，单位就团结了，队伍就团结了，只有把团结奋斗精神落实在具体工作中，横向协同、纵向联动、同向发力，就一定能不断创造佳绩。四是必须严守规矩、不逾底线。前些年关区发生的腐败案件还历历在目、教训十分深刻，各位"一把手"一定要知敬畏、存戒惧、慎用权，增强全面从严治党永远在路上的政治自觉，时刻保持如临深渊、如履薄冰的高度警觉，强化制度执行，严格规范执法，坚决守住系统性、区域性风险底线。

同志们，任务已经明确，关键在于落实。让我们紧密团结在以习近平同志为核心的党中央周围，增强"四个意识"、坚定"四个自信"、做到"两个维护"，深入贯彻党中央决策部署，认真落实海关总署党委工作要求，马上就办、真抓实干，锲而不舍、一以贯之，扎实做好各项工作，以优异的成绩迎接党的二十大胜利召开！

强化政治机关建设 深化全面从严治党
为关区事业发展提供坚强政治和纪律保证

—— 在 2022 年南宁海关全面从严治党工作会议上的讲话

党委书记、关长 王味冰

（2022 年 2 月 12 日）

同志们：

这次会议的主要任务是：深入学习贯彻习近平总书记重要讲话精神和党的十九届中央纪委六次全会部署，传达贯彻全国海关全面从严治党工作会议精神，总结 2021 年关区全面从严治党、党风廉政建设和反腐败工作，分析研判形势，部署落实 2022 年工作任务。

一、深刻领会习近平总书记在十九届中央纪委六次全会上重要讲话精神，认真贯彻全国海关全面从严治党工作会议部署

1 月 18 日，习近平总书记在十九届中央纪委六次全会上发表重要讲话，深刻总结新时代党的自我革命的成功实践，深刻阐述全面从严治党取得的历史性开创性成就、产生的全方位深层次影响，对把全面从严治党向纵深推进、迎接党的二十大胜利召开作出战略部署。

关党委第一时间传达学习全会精神，这段时间关区通过参加海关总署有关会议、"三会一课"、主题党日等多种形式进行了深入学习。我们要在全面学习的基础上，把握重点，学深悟透，指导实践。

一是重点把握如何跳出治乱兴衰的历史周期律。全会指出，一百年来，党外靠发展人民民主、接受人民监督，内靠全面从严治党、推进自我革命，勇于坚持真理、修正错误，勇于刀刃向内、刮骨疗毒，保证了党长盛不衰、不断发展壮大。这段话可以简要概括为 8 个字：民主监督、自我革命。前者是毛泽东同志在"窑洞对"中给出的答案，后者是深刻总结新时代全面从严治党伟大实践得出的经验。

全会强调，全面从严治党是新时代党的自我革命的伟大实践，开辟了百年大党自我革命的新境界。要做到"六个必须"：必须坚持以党的政治建设为统领，坚守自我革命根本政治方向；必须坚持把思想建设作为党的基础性建设，淬炼自我革命锐利思想武器；必须坚决落实中央八项规定精神，以严明纪律整饬作风，丰富自我革命有效途径；必须坚持以雷霆之势反腐惩恶，打好自我革命攻坚战、持久战；必须坚持增强党组织政治功能和组织力凝聚力，锻造敢于善于斗争、勇于自我革命的干部队

伍；必须坚持构建自我净化、自我完善、自我革新、自我提高的制度规范体系，为推进伟大自我革命提供制度保障。

二是重点把握对建设什么样的长期执政的马克思主义政党、怎样建设长期执政的马克思主义政党的规律性认识。全会将此概括为"九个坚持"：坚持党中央集中统一领导，坚持党要管党、全面从严治党，坚持以党的政治建设为统领，坚持严的主基调不动摇，坚持发扬钉钉子精神加强作风建设，坚持以零容忍态度惩治腐败，坚持纠正一切损害群众利益的腐败和不正之风，坚持抓住"关键少数"以上率下，坚持完善党和国家监督制度，形成全面覆盖、常态长效的监督合力。

要注意的是，"六个必须"和"九个坚持"贯通融合、一体发力，是习近平总书记关于党的建设思想的新概括。我们要把学习十九届中央纪委六次全会精神，与学习习近平总书记系列重要讲话精神结合起来，不断加强对党的创新理论的跟进学习和整体领会。

三是重点把握把全面从严治党向纵深推进、迎接党的二十大胜利召开的七项战略部署。一要巩固拓展党史学习教育成果，更加坚定自觉牢记初心使命；二要强化政治监督，确保完整、准确、全面贯彻新发展理念；三要保持反腐败政治定力，不断实现不敢腐、不能腐、不想腐一体推进的战略目标；四要加固中央八项规定的堤坝，锲而不舍纠"四风"树新风；五要加强年轻干部教育管理监督，教育引导年轻干部成为党和人民忠诚可靠的干部；六要完善权力监督制度和执纪执法体系，使各项监督更加规范、更加有力、更加有效；七要持续加强纪检监察机关和纪检监察干部自身

建设。

习近平总书记的重要讲话思想深邃、内涵丰富，为抓好新时期全面从严治党指明了前进方向、提供了根本遵循，我们必须深刻学习领会、坚决抓好落实。

在全国海关全面从严治党工作会议上，倪岳峰署长传达学习了习近平总书记在十九届中央纪委六次全会上重要讲话精神，回顾总结了2021年海关全面从严治党取得的五个方面新进展新成效，指出了部分单位部门政治机关意识不强、落实"两个责任"不到位不到底、"四风"顽疾仍存抬头隐患、极少数领导干部顶风违纪、基层执法领域问题突出、非执法领域廉政风险不容忽视等问题，概括提炼了"四个始终坚持"的经验启示，并部署了六个方面重点任务：一是深入学习贯彻党的十九届六中全会精神，坚定捍卫"两个确立"、坚决做到"两个维护"；二是压紧压实管党治党政治责任，充分发挥"一把手"和领导班子"头雁效应"；三是坚持党风党纪一起抓，坚决把纪律挺在前面；四是推动巡视巡察工作高质量发展，充分发挥利剑作用；五是持续深化"制度+科技"运用，加强对权力运行制约和监督；六是坚持惩治震慑、制度约束、提高觉悟一体发力，提升反腐败综合治理效能。我们要把这六个方面任务部署落实落细到关区全面从严治党工作中，持续深化清廉海关建设。

二、2021年关区全面从严治党工作回顾

过去一年，关区坚持以习近平新时代中国特色社会主义思想为指导，认真贯彻全面从严治党战略方针，按照海关总署党委工作部署，

始终保持赶考的清醒，态度不变、决心不减、尺度不松，持续推动关区全面从严治党深处发力、取得实效。

（一）政治建设更加坚定坚决

认真落实"第一议题"制度，坚持第一时间学习贯彻习近平总书记系列重要讲话精神，不折不扣落实党中央决策部署。充分发挥基层党组织战斗堡垒和党员先锋模范作用，扎实做好口岸疫情防控和内部防控工作，助力广西外贸保持较快增长。持续严厉打击象牙等濒危动植物种及其制品、"洋垃圾"、"水客"走私，推进专业缉私、全员打私、综合治理三轴联动，不断筑牢南疆国门安全防线。

（二）思想教育更加入脑入心

深入推进党史学习教育，强化实地督导，开展质量评估，促进学史明理、学史增信、学史崇德、学史力行。抓好两级党委中心组学习，举办关区主要负责人培训班，学习"头雁作用"有效发挥。发布学习清单，严肃党内政治生活，强化检查督导，学习效果不断增强。深入推进"明纪法、知敬畏、守底线"专题警示教育，扎实开展警示教育月活动，深化廉政文化建设，进一步筑牢思想堤坝。

（三）队伍管理更加从严从实

依托党建统筹考核，运用"两横两纵"系统，加强对全面从严治党主体责任清单落实情况检查考核，督促"两个责任"落细落实。统筹"三支笔"政治画像，组织选人用人检查，完善电子廉政档案，规范企业社团兼职，不断严格干部管理要求。建立支部自查、上级抽查、考核评估、整改提升的党建常态化检视机制，逐步推动问题清零。认真落实准军事化纪律部队建设要求，加强内务随机督察，用好政务服务"好差评"系统，持续改进政风行风。

（四）监督制约更加强化优化

积极配合国家审计和海关总署巡视审计，建立巡视巡察上下联动机制，推动党委巡察全覆盖。出台对"一把手"和领导班子监督措施，建立派驻纪检组工作月报直报党委制度，强化职能部门联防联控"三大风险"机制，形成全面立体监督格局。举办特约监督员座谈会，与铁路、港务、边防等单位部门建立廉洁共建机制，形成内外贯通、协作有力的立体监督格局。

（五）执纪问责更加有力有效

坚持有案必查、有责必问、问责必严，严肃查处"4·11"等违纪案件，立案审查13人，给予党政纪处分20人次。对"4·11"案开展内部问责调查，给予纪律处分3人，诫勉1人，组织处理2人。对钦州港海关两名科长严重违纪案进行问责调查，对时任班子及派驻纪检组予以通报，给予3人诫勉。开展"现场监管与外勤执法权力寻租"专项整治，把查处违反中央八项规定精神列入常规巡察和执纪审查重点内容，收到信访举报65件（次），处置问题线索67条，主动运用"第一种形态"155人次。

三、深刻认识把握关区全面从严治党面临的形势任务

抓好关区全面从严治党，必须学深悟透习近平总书记重要讲话和十九届中央纪委六次全会精神，认真贯彻全国海关工作会议、全面从严治党工作会议各项部署，客观分析形势，理清工作思路，把准关区全面从严治党切入点和着力点。

（一）对标党中央关于坚持政治建设统领的要求，关区政治机关建设还要持续加强

习近平总书记指出，必须坚持以党的政治建设为统领，坚守自我革命根本政治方向。坚持政治建设统领不是一句空洞的口号，必须落实到具体岗位、具体工作。海关是政治机关，是准军事化纪律部队，无论在机关还是基层，无论在一线执法部门还是综合保障部门，每一个部署、每一项工作，往深处想、从高处看，其中都蕴含了政治的考量、体现了政治的要求。政治判断力、政治领悟力、政治执行力不是生来就有，它的形成也不可能一蹴而就，必须不断学习领悟、不断总结提高。关区各级领导干部要善于从繁杂的日常事务中跳出来，加强理论学习，提高政治站位，牢记"国之大者"，时刻关注党中央在关心什么、强调什么，把"听谁话""跟谁走"这个根本问题想清楚、弄明白，绝不能稀里糊涂、搞错方向。

关区工作要抓好，党的政治建设必须先加强。近年来南宁海关各项事业取得的成绩充分表明，关区政治机关建设总体上是有力的，干部队伍的政治素质能力总体上是可靠的，但加强政治机关建设永远在路上，我们既要从过往的成绩中总结经验，也要从历史和身边的惨痛案例中汲取教训，对于队伍违纪违法问题首先要从政治上看。机构改革至2022年，关区共查处违纪违法案件45起，追根溯源起来，哪个案件不是因为涉案人员政治意识淡化、政治信念缺失、政治规矩漠视才导致的？哪个案件的背后不存在相关领导干部政治责任履行不力、相关单位部门政治机关建设乏力等深层次问题？这段时间以来，相关单位部门接连暴露出一些问题，根子就在于少数领导干部还没有

从讲政治的高度抓严抓实抓细相关工作，政治敏感性不够，政治领悟力、政治执行力有欠缺。关区各级领导干部和全体人员都要从上述案件和问题中深刻汲取教训，以开展捍卫"两个确立"、做到"两个维护"、强化政治机关建设专项教育活动为契机，进一步严明政治规矩，压实政治责任，深入查风险、补短板、强弱项，切实做到亡羊补牢、未雨绸缪。

（二）对表党中央关于加强作风纪律建设的标准，关区正风肃纪工作还要持续加压

党的十八大以来，党中央从人民群众反映强烈的作风问题抓起，以中央八项规定为切入口和动员令，以上率下、一抓到底，以优良党风促政风正行风，推动党内政治生态根本好转。习近平总书记指出，中央八项规定既不是最高标准，更不是最终目的，只是我们改进作风的第一步，是我们作为共产党人应该做到的基本要求。这次十九届中央纪委六次全会上，习近平总书记再次强调加固中央八项规定的堤坝，锲而不舍纠"四风"树新风。我们要深刻学习领会习近平总书记关于加强作风纪律建设的重要讲话精神，从党坚持不懈抓中央八项规定精神落实的伟大实践中汲取智慧力量，坚定不移推进关区正风肃纪，加强准军事化纪律部队建设。

近年来，关区纪律作风建设不断加强，政治生态不断好转，但也要清醒看到关区"四风"问题依然没有根治，基层干部群众对形式主义、官僚主义问题的反映比较强烈，对改进机关作风效能的诉求比较集中。从这段时间调研情况看，关区整体工作节奏还不够紧凑，一些单位部门工作作风还不够严实，有的还存在一定的等靠拖沓和推诿扯皮现象。2021年，关

区纪检监察部门收到反映海关工作人员作风态度问题的投诉高达 12 件。仅 2020 年以来，关区就有 20 人次因顶风违反中央八项规定精神受到严肃处理。从近年查处的"4·11"等违纪案件看，相当部分违纪干部均涉及违反中央八项规定精神问题，而且有的是明知故犯、屡查屡犯，性质十分恶劣！这也再次警示我们，"四风"问题具有顽固性、反复性，必须坚持把抓中央八项规定精神落实作为切入点和着力点，以更加精准有力的纠治机制，持之以恒纠"四风"树新风，做到露头就打、一抓到底、常抓不懈！

（三）对照党中央关于"三不腐"一体推进的战略部署，关区清廉海关建设还要持续加力

习近平总书记深刻指出，"防范形形色色的利益集团成伙作势、'围猎'腐蚀还任重道远，有效应对腐败手段隐形变异、翻新升级还任重道远，彻底铲除腐败滋生土壤、实现海晏河清还任重道远，清理系统性腐败、化解风险隐患还任重道远"。我们要清醒认识到，腐败和反腐败较量还在激烈进行，并呈现出一些新的阶段性特征，要保持清醒头脑，永远吹冲锋号，牢记反腐败永远在路上，保持反腐败政治定力，不断实现不敢腐、不能腐、不想腐一体推进的战略目标。我们要把思想和行动统一到党中央对当前党风廉政建设和反腐败斗争的战略部署上来，直面关区全面从严治党突出问题，保持定力，强化动力，提升合力，完善权力监督制度和执纪执法体系，不断深化清廉海关建设。

南宁关区地处中越边境，关区点多、线长、面广，基层执法环境复杂，一直以来都属于打私反腐的"热点"地区，尤其是一线缉私、查验作业、互市监管等领域案件问题多发频发，关区上下都面临来自各方面的巨大压力。历届班子矢志不移地整顿治理，特别是机构改革以来，关区旗帜鲜明加强全面从严治党、从严治关，坚持在改革中同步防控"三大风险"，着力规范正面监管、加强全员打私，敢于刀刃向内、勇于惩治腐败，把握了反腐倡廉主动权，推动关区执法腐败案件逐步减少，关区执法廉政形势趋于平稳可控，这些经验做法要认真总结、持续巩固。在看到成绩的同时，更要保持清醒头脑，客观研判关区形势，冷静分析问题隐患。经过不懈努力，尽管我们已经改变了过去那种屡屡被外面"倒查"案件并"倒逼"我们处分干部的被动局面，但从总体上看，关区影响公正执法的土壤环境和诱发执法腐败的利益格局没有根本扭转，基层基础建设薄弱、风险防控能力不足的短板没有根本扭转，"两个责任"落实不到位、队伍违纪问题依然多发的现状没有根本扭转，存量案件尚未完全清零，增量案件仍在发生，同时呈现出"围猎"手法更加狡猾隐蔽、"效率寻租"和"信息寻租"问题增多、非职务非执法领域问题凸现等新趋势、新特点。此外，年轻干部队伍管教不严不到位问题亟待解决，近 4 年受处分人员中，40 岁以下年轻干部占到了四分之一。这些问题必须引起我们高度重视、高度警醒，并采取更加系统有效的标本兼治之策，刹住歪风邪气，根治顽瘴痼疾，真正实现关区海晏河清、乾坤朗朗。

四、2022 年关区全面从严治党重点工作

面对新形势新任务，关党委确定 2022 年

关区全面从严治党总体要求是：坚持以习近平新时代中国特色社会主义思想为指导，全面贯彻党中央决策部署和十九届中央纪委六次全会精神，认真落实全国海关工作会议、全国海关全面从严治党工作会议要求，讲政治、强纪律、严管理、抓落实，着力夯实基层基础，一体推进不敢腐、不能腐、不想腐，持续净化关区政治生态，不断深化清廉海关建设，为关区事业高质量发展提供坚强政治和纪律保证。

（一）坚持讲政治见行动，全面加强政治机关建设

习近平总书记强调，中央和国家机关首先是政治机关，必须旗帜鲜明讲政治，坚定不移加强党的全面领导，坚持不懈推进党的政治建设。关党委带头，以更高标准、更严要求落实"第一议题"制度，健全督办、落实、反馈闭环管理回路。全关干部职工要始终绷紧政治之弦、校准政治之标，切实把讲政治的要求贯彻落实到关区工作的方方面面。扎实开展捍卫"两个确立"、做到"两个维护"、强化政治机关建设专项教育活动，围绕"查、转、提"三个关键环节，努力实现"五个一"目标。巩固深化党史学习教育成果，开展党的十九届六中全会精神轮训，做好党的二十大精神学习宣传贯彻各项工作。坚决落实疫情防控、意识形态、安全生产、打击走私等领域工作责任制，对标政治"高线"，守牢规矩"底线"，确保大局稳定。

（二）坚持抓纪律强作风，全面巩固准军部队建设

习近平总书记指出，中央八项规定不是五年、十年的规定，而是长期有效的铁规矩、硬杠杠。针对为基层减负问题，习近平总书记特别强调，各部门党组（党委）特别是主要负责同志要树立正确政绩观，不定不切实际的目标，不开不解决问题的会，不发没有实质内容的文，不做"只留痕不留绩"的事，坚决克服形式主义、官僚主义。我们要深入领会贯彻习近平总书记的重要讲话精神，把严明纪律作风作为准军事化纪律部队的内在要求抓严抓实抓细。要聚焦中央八项规定精神落实，紧盯"四风"隐形变异问题，重拳惩治不收敛不收手、顶风违纪行为，对可能影响公正执法公务的"吃喝风""打牌风"等突出问题进行再清查再整治，对公务接待、差旅开支、公务用车等重点环节加强管理监督，抓住典型问题及时通报曝光。进一步统筹规范督查检查考核工作，持之以恒抓好为基层减负各项措施落实，建立发文管理负面清单和基层上报事项正面清单，清理解决滥用积分排名及微信工作群、重复检查考核等问题。优化内务规范督察机制，突出对会风会纪、窗口作风等重点领域监督检查，强化问题督促整改通报，不断加强政风行风建设，树立海关良好形象。

（三）坚持高标准严要求，全面准进党建强基提质

习近平总书记指出，标准决定质量，有什么样的标准就有什么样的质量，只有高标准才有高质量。推进党建"强基提质工程"，必须坚持高标准严要求，将各项制度要求和规定动作不折不扣落实到位，不断夯实打牢党建高质量发展的基石。要持续深化党建标准化规范化建设，坚持常态化检视机制，动态清零基础问题，推动关区党支部100%通过合格支部验收复核。严格民主生活会和组织生活会管理，强

化党内政治生活制度落实情况监督检查。出台党建高质量发展统筹考核办法，统筹加强模范机关、"四强"党支部、党建品牌联建共创，推动党员工作室提质增效，优化"书记项目"试点推广，打造一批党建业务融合发展"样板间"。构建领导干部履职实录档案体系，健全知责明责、履责尽责、考责问责闭环管理链条。从严对"一把手"和领导班子管理监督，优化关区党组织书记述责述廉述党建工作机制。坚持"三个区分开来"，旗帜鲜明为坚持原则、敢抓敢管、不谋私利的干部撑腰鼓劲。加强年轻干部教育管理和优秀干部储备，确保关区事业后继有人、薪火相传。

（四）坚持明规矩长震慑，全面提升惩治腐败效能

习近平总书记强调，查处腐败问题，必须坚持零容忍的态度不变、猛药去疴的决心不减、刮骨疗毒的勇气不泄、严厉惩处的尺度不松。关区全面从严治党永远在路上，必须坚持严的主基调不变，亮明底线，划出高压线，高举反腐败利剑，做到露头就打、精准打击，对于顶风作案、我行我素的一律从严从速查处。坚持巡察工作政治定位，深化巡视巡察上下联动，扎实开展关区常规巡察，高质量实现巡察全覆盖，充分发挥利剑作用。巩固拓展"现场监管与外勤执法权力寻租"专项整治，突出对监管查验、实验室管理、借贷欠债等重点领域问题开展集中治理，坚决遏制问题多发易发势头。严格落实禁止饮酒规定，坚决防范杜绝酒驾醉驾。强化特约监督员、12360海关热线、政务服务"好差评"系统作用，拓展"八小时"以外管理监督。坚持打私反腐"两手抓""两手硬"，强化"一案双查"撒手锏，保持反腐败震慑力。用好监督执纪"四种形态"特别是"第一种形态"，抓早抓小、惩前毖后，及时解决倾向性、苗头性问题。落实垂直管理单位纪检监察体制改革部署，全力支持纪检监察部门依法依规监督执纪问责，加强和优化纪检监察干部队伍建设，使纪检监察岗位成为培养锻炼干部队伍的重要平台。

（五）坚持筑体系固根本，全面深化清廉海关建设

习近平总书记要求，"要完善权力监督制度和执纪执法体系，使各项监督更加规范、更加有力、更加有效""领导干部特别是高级干部要带头落实关于加强新时代廉洁文化建设的意见，从思想上固本培元，提高党性觉悟，增强拒腐防变能力"。深化清廉海关建设是一个系统工程，必须坚持各层级履职尽责，各条线齐抓共管，一体推进不敢腐、不能腐、不想腐。要认真贯彻两级党委全面从严治党主体责任清单，严格落实对"一把手"和领导班子监督工作措施，强化检查考核通报，牵紧抓牢"牛鼻子"。抓好巡视巡察整改"后半篇文章"，抓好整改问题清单、任务清单、责任清单落实，做到立行立改、全面整改，注重举一反三、全面提高。加强干部监督、纪律监督、巡视巡察、派驻监督、审计监督协同发力，织密筑牢立体监督防线。持续开展"裸官"、违规兼职等专项整治工作，规范领导干部配偶、子女及其配偶从业行为，强化协管员管理。深化"制度+科技"风险防控，加强查验、稽查、缉私案管等领域运行效果分析评估。贯彻落实关于加强新时代廉洁文化建设的意见，加强廉洁文化共建，强化正向教育，抓实警示教育，做好以案促改，推进家教家风建设，不断厚植崇廉尚廉的文化氛围。

抓好关区全面从严治党工作，"关键少数"带头是关键。在这里，我代表关党委向在座各级领导干部提三点要求，并与大家共勉：

一是扛起主责、抓好主业。习近平总书记指出，各级党委（党组）要加强对党的建设的领导，扛起主责、抓好主业、当好主角，把每条战线、每个领域、每个环节的党建工作抓具体、抓深入。关区各级领导班子特别是主要负责人要牢固树立"抓好党建是本职、不抓党建是失职、抓不好党建是不称职"的观念，自觉把全面从严治党职责扛在肩上、抓在手上、落到行动上。各级党委要旗帜鲜明支持纪检监察部门监督检查、执纪问责，旗帜鲜明为纪检监察干部鼓劲撑腰，推动"两个责任"同向发力、形成合力。

二是严格自律、接受监督。习近平总书记指出，党内监督是永葆党的肌体健康的生命之源，要不断增强向体内病灶开刀的自觉性，使积极开展监督、主动接受监督成为全党的自觉行动。古人也说，其身正，不令而行；其身不正，虽令不从。各级领导班子要认真执行民主集中制，弘扬自我革命精神，敢于批评与自我批评。各级领导干部要带头讲政治、讲规矩，模范遵守党纪国法，堂堂正正做人，清清白白做事，自觉接受监督、习惯接受监督、乐于接受监督，大力营造风清气正、健康向上的政治生态。

三是马上就办、真抓实干。毛泽东同志说过，抓而不紧，等于不抓。习近平总书记也强调，抓而不实，等于白抓。当前关区工作任务十分繁重，标准只会更高、要求只会更严，节奏不快跟不上，作风不实干不好。各级领导干部要紧跟党中央的部署要求，提高站位，拧紧发条，第一时间传达学习，第一时间贯彻执行，加强跟踪督办和实地调研，推动各项工作落实到科室，注重把问题解决在一线。要加强统筹兼顾，分清轻重缓急，学会十个指头"弹钢琴"，指挥好"交响乐"，不断增强班子和队伍的协作力、战斗力、执行力。

同志们，一分部署，九分落实！让我们更加紧密团结在以习近平同志为核心的党中央周围，忠诚担当、攻坚克难、稳扎稳打，奋力推进2022年关区全面从严治党各项工作落地落实，为关区事业高质量发展提供坚强有力的保证！

第二篇

专

记

南宁海关政治机关建设专项教育活动和"学查改"专项工作

根据海关总署党委关于开展政治机关建设专项教育活动和"学查改"专项工作的部署要求，南宁海关党委强化政治意识，坚持"四个导向"，扎实开展政治机关建设专项教育活动和"学查改"专项工作，统筹推动关区各项工作取得新成效。2022年以来，南宁海关疫情防控专项考核居全国海关前列并在国务院联防联控机制会商会上作经验交流，连续3年在全国海关党建量化考核和自治区党建专项量化考核中名列前茅，连续4年在广西定点扶贫工作考核中获最高等次"好"。

一、坚持政治导向，在组织部署上强推动

一是党委靠前谋划指挥。南宁海关党委紧紧围绕习近平新时代中国特色社会主义思想特别是习近平经济思想，迅速组织制订实施方案，研究确定3个环节18项具体措施，与政治机关建设专项教育活动紧密结合，一体推进，先后召开党委会专题研究6次、阶段性工作推进会2次、年中工作部署会1次，深入基层调研指导70余次，靠前指挥、把准方向、树好标杆，系统部署并全程推动。二是围绕主线统筹推进。坚持以"两个专项"为主线统筹推进疫情防控、巡视整改、专项整治、安全生产、稳外贸促发展等重点工作，织密织牢"水陆空铁邮"立体疫情防控网，研究出台28条支持广西高水平开放高质量发展措施，全力服务地方经济社会发展，上报综合保税区进口食糖加工异动存在规避海关监管风险应予关注获多位署领导批示。三是突出重点推动落实。根据职责分工及经济工作关联度大小，确定关联度高的部门12个、一般的10个、小的1个。加强分类指导、重点聚焦，推动关联度高的部门主动担当、积极作为，其他部门找准定位、发挥作用，"一盘棋"推进"两个专项"深入开展。

二、坚持目标导向，在学思践悟上下功夫

一是"头雁"带动示范学。两级党委严格落实"第一议题"制度，组织中心组专题学习71次，带头围绕《习近平经济思想学习纲要》等重点内容开展学习研讨和问题查摆，带头贯彻落实全国海关年中工作会议精神，组织2期257人参训的处级领导干部学习贯彻党的十九届六中全会精神集中轮训班，处以上领导干部

带头讲授专题党课 250 多次、撰写理论文章 300 余篇，抓牢"关键少数"能力提升。二是全员覆盖研讨学。开展"基层基础大家谈" 645 场次、大学习大研讨 1706 次，征集心得体会文章 600 余篇，开展特色讲坛、擂台赛、知识竞赛等 50 余项特色自选动作，开辟"我来献一策"专栏，聚焦疫情防控、业务改革、队伍建设、技术创新等领域征集基层意见建议 500 多条，从政治高度审视关区工作，着力抓基层、打基础、固根本。三是强化督导深入学。成立 4 个督导组分片区开展"全覆盖"督促指导，定期发布党建重点工作指引，动态更新应知应会知识题库，组织"钉钉"全员测试 7 次计 17000 多人次参与，不断深化学习成效。南宁海关《基层党支部建设示范片》获评自治区"八桂先锋"一等奖，2 篇党课获评广西区直机关"党课开讲啦"二、三等奖，1 篇党课入选总署"钉钉"平台课程库。

三、坚持问题导向，在检视查摆上见真章

一是建立健全政治风险研判机制。成立关区政治风险隐患研判工作领导小组，设立"政策研究专班"和"政治风险研判专班"，构建关党委审议、研判组定期分析研判、机关基层上下联动"三位一体"的风险查摆机制，每月梳理中央大政方针涉及海关工作清单指引，形成风险问题专班初筛、职能部门初审、研判组复审、关党委核定 4 级研判审核机制，发布 6 期 35 张政治风险隐患清单，确保政治风险隐患查准查深查细。二是深入查摆政治风险隐患问题。紧扣"四个是否"和"六对照六看六查"，结合学习《习近平经济思想学习纲要》

持续深化问题查摆，紧盯基层薄弱环节和重点业务领域靶向发力，紧密结合巡视审计、专项整治等整改任务，全面查摆出关区政治风险隐患问题 843 个，经党委审议形成关区主要问题 36 个，其中涉及"学查改"专项工作 7 个，同步制定整改措施 127 条。三是全面提升岗位政治风险意识。通过"全员梳理—条线统筹—专班规范" 3 步走，全面梳理形成涵盖关区 22 个领域、140 个岗位、723 条政治要求及 416 条需注意风险的南宁海关岗位政治要求清单，并将其作为关区工作"指导书"和"工具库"，切实把讲政治从外部要求转化为内在自觉。

四、坚持效果导向，在整改落实上动真格

一是锁定目标狠抓责任落实。关党委对标对表全国海关年中工作会议最新部署要求，明确各级党委书记是整改第一责任人、负总责，带头领办重点难点问题，关党委委员按职责分工落实整改责任，针对关区利用综合保税区政策规避关税配额、入境再制造产业风险、宗教用品货运渠道监管风险等重大政治风险问题，多次专题研判，带头抓好问题整改落实。二是分级推进突出整改实效。分层级"挂图作战"，形成党委层面统筹推进的"一级问题清单" 36 个、职能部门层面协调化解的"二级问题清单" 264 个、各单位自行处置防范的"三级问题清单" 181 个，建立每周进展情况汇总、每月整改效果关区通报、每季度党委评估机制，定期检视整改过程中存在的短板弱项，大力推动问题整改落实落地。截至 2022 年 12 月 31 日，党委层面统筹推进的"一级问题清单"已全部整改完毕，整改完成率 100%。三是立足

长效固化制度机制。结合问题整改进度，有序建章立制，逐步形成"黑名单"检查监控、业务风险画像、"分片划区、责任到人"支部管理等244项具有南宁海关特色的长效制度机制并保持动态更新。同时以"建机制、提能力、抓项目、推改革、保安全"为切入点，研究出台支持提升北部湾吞吐能力、支持提升陆路口岸通行能力、助力企业提升《区域全面经济伙伴关系协定》（RCEP）政策享惠能力等多项支持广西高水平开放高质量发展的细化落实措施，以重点工作成效作为检验标尺，推动专项工作不断深化见效。

南宁海关安全生产大检查暨风险隐患专项排查整治工作

根据海关总署关于深入开展全国海关安全生产大检查的工作要求，南宁海关党委高度重视，持续深入贯彻习近平总书记关于安全生产的重要指示批示精神，不断压紧压实党委安全生产主体责任，扎实推进安全生产隐患排查整治，着力防范化解各类安全风险隐患，全力保障关区"零事故"运行。

一、切实提高政治站位，不断增强保安全护稳定促发展的政治自觉

一是南宁海关党委以上率下，坚持马上就办，在接到海关总署通知的当日即组织安全生产工作领导小组研究部署贯彻措施，并于次日下发相关通知，要求关区上下深刻吸取 2022 年 6 月 18 日中石化上海石化有限公司化工部火情致人死亡的事故教训，始终以如履薄冰的高度警觉，严格落实党中央关于"疫情要防住、经济要稳住、发展要安全"的决策部署，围绕支持广西高水平开放高质量发展 28 条措施，统筹抓好发展和安全两件大事，牢牢守住关区安全底线。二是在实现关区两级安全生产工作领导小组"一把手"任组长全覆盖的基础上，

坚持做到主要负责同志靠前指挥、亲自推动、狠抓落实，其他负责同志各司其职、各尽其责，做到一级抓一级、层层抓落实。2022 年以来，关党委书记王味冰同志和其他党委委员先后 20 次作出批示要求强化安全生产工作，关区两级党委组织研究安全生产 130 次。三是狠抓安全生产主体责任落实，每季度通过党委会、形势分析及工作督查例会、党委理论学习中心组学习等形式跟进学习习近平总书记关于安全生产的重要论述，同步将安全生产责任落实情况纳入关区党建高质量发展统筹考核和年度客观指标考核，加强对安全生产工作落实情况的常态化监督检查，做到对关区 23 个隶属海关督导检查全覆盖，不断突出关党委对安全生产工作的组织领导，压实主体责任。

二、狠抓安全生产大检查，驰而不息深入推进安全生产隐患排查整治

全国海关安全生产电视电话会议结束后，关党委书记王味冰同志立即作出部署，要求关区上下马上启动拉网式风险隐患排查。南宁海关迅速制订安全生产大检查工作方案，在保证

海关总署确定的 9 个重点领域风险隐患排查"规定动作"落实到位的基础上，结合关区实际，增加海关宿舍区、食堂厨房等 6 个重点领域的"自选动作"，并严格推进落实，确保关区安全生产形势持续平稳向好。

（一）认真排查清理处置海关监管区内危险品货物

持续保持对关区涉危海关监管作业场所的严管态势，在巩固前期工作成效的基础上，开展涉危场所视频监控存储情况专项检查，确保符合监管要求。同步组织对海关特殊监管区域、保税监管场所内存储的危险品进行再排查，全面摸清底数，成立 3 个排查处置专班，对关区 2020 年以来保税监管区域（场所）危险化学品存储工作进行集中查摆分析，梳理气体检测、视频监控、雷电预警、紧急切断 4 个系统安装及安全风险管控平台和评估长效机制建设的有关情况，并对发现的问题进行督促整改。

（二）持续深化重点领域排查整治

针对危险品检验、口岸卫生检疫、动植物检疫、食品安全监管、执法作业安全等重点领域，组织各单位结合关区正在开展的"安全生产月"隐患问题整改攻坚行动，对照 2022 年以来开展的 4 次阶段性安全生产检查发现问题隐患清单以及督导检查通报的重点问题，进行了再排查、再梳理、再评估，确保完成整改的问题没有反弹、建立的长效工作机制平稳运行、能够整改的问题隐患应改尽改。同时，持续保持对进出口危险品伪瞒报行为的严打高压态势。

（三）全面排查海关实验室风险隐患

以危险化学品检测实验室和新冠病毒检测实验室为重点，以"机制化管理+常态化检查"狠抓实验室安全生产，形成"发现问题—整改问题—加强管理"的螺旋式上升链条。完善常态化监督检查机制，建立实验室月度安全生产自查、隶属单位季度安全生产检查的工作机制。开展新冠病毒检测实验室视频交叉检查，将各新实验室视频监控进行互联互通，组织关区各实验室开展视频交叉检查，每个实验室轮值 2 周，全力排查整改问题。开展不定期"飞行检查"，采用不打招呼的方式，组织专家对 2 个隶属海关实验室开展安全生产"飞行检查"，持续推进问题"见底清零"。

（四）全面排查涉案财物仓库风险隐患

再次逐一到现场对涉案财物仓库开展实地核查，对仓储企业全面落实仓库安全管理及安全巡查制度进行监督。经核查，所有涉案财物均存入符合条件的仓库或场所；对之前排查发现的安全隐患，均按时整改到位并采取有效措施防止问题反弹。

（五）全面排查办公场所及计算机机房等区域风险隐患

重点对办公大楼消防泵房、高低压配电房、电梯间、空调机房、供水系统、充电桩、地下排水泵等设施设备进行全面检查，全面排查电脑等办公设备用电、厨房用气、个别办公区用油等方面安全运行情况，组织清理办公区域堆积杂物，做到防范于未然。采用"视频－人工"方式加强全天候动态巡查，5 月以来共开展排查 48 次，发现问题并及时整改。针对广西汛期以来关区出现部分通关现场停电、作业平台淹没、办公场所内涝等情况，组织召开关区汛期安全工作视频会议，部署相应措施要求，做好增设挡水板、备足防汛沙袋等工作，并同步强化汛期应急值守，安排专业干部担负 24 小时值班任务，加强值班前培训，确保突发灾情时第一时间妥善报告处置。梳理明确 7 类 19 条机房安全检查参考要点，重点排查机房用电、消防设备、蓄电池使用安全等情况，并通过加强汛期机房防渗水、防雷等项目安全检查，制定机房建设和管理工作指南等方式，全力做好安全保障工作。

南宁海关"口岸危险品综合治理"百日专项行动

按照海关总署关于开展"口岸危险品综合治理"百日专项行动的工作要求，南宁海关按照"以严治乱、以快防患、依规履职、综合治理"的工作原则，结合关区实际，周密组织部署，扎实认真开展"口岸危险品综合治理"百日专项行动（以下简称"专项行动"），以"时时放心不下"的责任感、"事事放心不下"的紧迫感，从严从实从快防范化解危险品口岸"滞"的风险隐患，实现关区危险品口岸积压"动态清零"总目标；从深、从细、从准严厉打击危险品"瞒"的违法行为，不断强化"加强版"危险品监管体系建设。

一、加强组织领导，把强化监管责任落实贯穿专项行动始终

（一）坚持把安全生产工作作为"一把手"工程抓实抓细

南宁海关党委高度重视专项行动，关区两级海关迅速成立"一把手"任组长，分管领导任副组长，有关部门负责人参与的工作领导小组，靠前指挥抓落实，推动专项行动走深走实。专项行动期间，南宁海关关长王味冰先后作出批示 18 次，听取专题汇报 4 次，带头开展边境公路口岸危险品监管调查研究，并要求关区上下知责、担责、履责，进一步提高政治站位，全面准确贯彻落实习近平总书记关于安全生产系列重要指示批示精神，将思想和行动统一到海关总署对专项行动的各项决策部署上来，切实摸清口岸危险品滞留情况，坚决保持对危险品伪报夹藏等违规行为的严打高压态势，以"长牙齿"的措施打造关区"加强版"危险品监管体系，以专项行动为契机，进一步固化提升专业监管能力。

（二）坚持传达精神不过夜，贯彻落实不打折

南宁海关党委在海关总署专项行动会议结束当天，立即组织召开专题会议，分析研判形势，研究贯彻措施，明确责任分工，确保海关总署 18 项"规定动作"落实到位，并针对广西进出口危险品监管实际，增加制定强化舱单比对、报关单审单环节管控、严厉打击危险品违法犯罪活动等 6 项"自选动作"；按照海关总署署长俞建华在上海调研时提出的"打造'加强版'危险品安全监管体系"要求，从"防、管、查、合"4 个维度，制定涵盖事前、事中、事后监管全流程的 16 条"加强版"指施，形成

"24+16"措施清单，全力构建认识更到位、流程更优化、机制更顺畅、协同更有力、执行更坚决，科学、安全、高效的口岸危险品监管机制，确保"加强版"责任落实到位。

（三）坚持"三个到位"，推动专项行动取得实效

一是坚持"专业把脉指导"到位，在组建危险品联合处置和检验监管指导2个专项工作组的基础上，分管安全生产的关领导牵头建立"日研判、周调度、月推进"工作机制，专项行动期间召开周调度会7次、月推进会3次，下发工作提示9份，协调解决边境公路口岸锂电池出口等各类危险品监管疑难问题20余个。二是坚持"跟踪督查问效"到位，按照俞建华署长关于"百日行动到了较劲的时刻，请务必不要放松"的批示要求，在党的二十大召开前，紧紧围绕口岸危险品防"滞"打"瞒"、"加强版"危险品体系建设、海关安全生产4项职责落实等方面，在关区开展全覆盖督导检查，及时指出问题，推动整改落实，确保党的二十大召开前后安全运行。三是坚持"固化总结经验"到位，安排专人专岗每天学习海关总署专项行动工作简报内容，结合工作实际，认真开展边境公路口岸危险品监管调查研究，着力提炼固化特征性、规律性、经验性强的做法，以"工作出信息，信息促工作"，指导和推动百日行动有效开展。

二、因事制宜，多点发力全面筑牢危险品安全监管防线

（一）以"快"疏滞，持续推进"动态清零"

一是全面鼓励提前申报。结合危险品监管实际，设置专用通关窗口6个、咨询专线6条，召开专题宣讲会2次、"关企面对面"培训1次，发放宣传手册800余册，为关区40余家危险品进出口相关企业提供精准通关服务，积极引导企业提前申报、规范申报，推动危险品进出口提前申报率大幅提升。二是全面摸清危险品底数。建立进出口危险品在港信息电子底账，每日动态更新进出口危险品监管数据，确保做到危险品监管情况底数清、情况明，同步加强与港务部门联系配合，推动企业加快提离口岸区域危险品。三是全力推动快速检验放行。第一时间组建专家团队，研究确定关区高风险进出口危险品分类，强化业务实操培训，提升一线关员应用各种合格评定方式实施检验能力，压缩危险品检测时间至7个工作日内。四是全力优化改进监管方式。针对硫磺等进出口量较大的危险品，积极开展"一品一策"研究，通过强化内外部协同、加大基础设施保障等方式，加快口岸验放速度。

（二）以"准"治瞒，多点施策打击违规行为

一是持续强化风险管控能力。动态收集境内外危险品重点信息，不断强化正面风险防控。深化智能化模型应用，建立大数据监控模型8个。实施"中心—现场式"风险防控运作模式，坚决防止危险品伪瞒报违法行为跨口岸、跨渠道转移漂移。二是持续加强现场验核。充分利用班前班后时间，强化各类查发典型案例学习研究，积极开展危险品监管实务等理论培训，以及"浸入式""场景式"的实操培训，并在现场查验中有针对性地提升危险品自主查发能力。同步做好智能审图夹藏识别算法优化升级，专项行动期间应用智能审图提示

查发问题线索 100 余条。三是持续强化精准后续稽查。搭建关区重点危险品风险分析模型，强化稽查部门与属地、口岸海关间协同配合和信息共享，构建起"打、防、管、控"的立体防线，共稽查查发涉危险化学品申报不实案件 5 起，涉及货值 1.8 亿元。

（三）以"严"保稳，守住安全监管底线

一是强化口岸危险品监管作业安全管理。毫不放松保持进出口危险品严管态势，严格落实相关安全主管部门关于危险品仓储、装卸作业要求，坚决防止港口码头、边境货场等场所无证、超期、超范围开展进出口危险品经营。二是强化海关特殊监管区域和保税监管场所一体化防控。全面摸清关区涉危保税监管场所危险化学品存放和属地查检领域安全生产情况，通过规范涉危保税监管场所名称、加强保税仓库实货进出监控、建立日视频和周实地检查制度等措施，不断强化涉危保税监管场所管理和实货监管。三是强化涉案危险品隐患排查和处置。通过涉案财物管理系统核查、视频监控平台抽查、现场实地检查等多种方式对关区涉案财物仓库库存情况进行逐一排查，严防仓库违规存放危险品。四是强化涉检行政处罚案件办理。组织开展关区案件办理专题学习，进一步细化明确危险品涉检违法行为惩处要求，从严办理案件，避免复议或诉讼风险。

（四）以"联"合力，深化关地协同共治

一是抓牢内外部协同配合。积极推动在口岸加大危险品监管基础设施建设力度，尽快解决北海港烟花、边境口岸锂电池出口查验问题。全面梳理与相关安全生产主管部门签订的 61 份安全生产合作备忘录，进一步完善协同工作机制。二是抓实各方综合职责划分。印发口岸进出口危险货物管理责任告知书，明晰各方综合治理责任，"疏堵结合"引导进出口企业规范经营。三是抓好应急处置能力提升。制订印发口岸监管作业现场危险品安全生产突发事件应急处置预案，实现关区应急演练及桌面推演全覆盖，不断提升现场应急实操水平。

南宁海关 2022 年警示教育月活动

2022 年，南宁海关坚持以习近平新时代中国特色社会主义思想为指导，着力深化"三不腐"一体推进，聚焦"以身边案警示教育身边人""警钟长鸣、以案明纪"专题，结合海关总署警示教育月活动安排，分别于 5 月、6 月、8—9 月组织开展 3 次警示教育月活动，年内召开 3 次关区警示教育大会，以案为鉴、以案明纪成效显著。

一、做实警示教育，筑牢思想防线

（一）扎实开展纪法学习

一是关党委带头学。关党委把纪法学习教育作为党委理论学习中心组学习的一项重要内容，警示教育月期间共带动各隶属单位党委以党委理论学习中心组学习形式开展纪法专题学习 23 次，各级党组织书记上廉政党课 248 次。二是业务条线主动学。关区业务条线聚焦执法和非执法两个领域，结合工作实际，主动开展风险查摆，切实绷紧廉政神经。如口岸监管条线开展"廉政形势怎么看、廉政风险在哪里、廉洁文化怎么建"专题学习，财务管理条线举办财务条线纪法教育线上联学，提高本条线干部职工纪法意识、管理意识和风险意识。三是基层一线深入学。关区各单位部门灵活运用专

家授课、专题辅导、集中学习、研讨交流、读书会、廉政主题党日活动、"纪法周周练"、观看警示教育片等多种形式抓实日常教育辅导，将廉政教育做在平时、融入工作，警示教育月活动期间共组织专题学习 276 次。

（二）严肃开好警示大会

一是重申鲜明态度。聚焦警示教育主题，组织召开深化以案促改、推进廉洁文化建设暨专项整治督导检查反馈意见整改工作推进会，关党委书记主持会议并上廉政专题党课，推动关区党员领导干部进一步深化对关区"三个特殊情况"和"四个不容忽视"的根本认识，再次强调关党委"三个不怕"的反腐决心，巩固党员领导干部廉洁意识。二是做到以案示警。播放海关总署警示教育片，通报关区 4 起违纪违法案，分析案件产生原因，指出了案件当事人纪法意识、规矩意识、风险意识淡薄，对越往后越严的形势认识不清，缺乏底线和红线意识等根本问题，对广大领导干部起到强烈的警示作用。三是推动问题整改。结合"海关重点项目和财物管理以权谋私"专项整治工作和近期案件的以案促改工作，共查找问题 237 个，制定整改措施 585 项，安排 4 个单位围绕党风廉政建设主体责任落实和问题整改作交流发

言，通过"晒问题、比做法、看进步"方式，倒逼各单位部门坐不住、坐不稳，抓整改、抓落实。

（三）务实办好主题活动

一是部署推进研究实践活动。围绕"如何提高一体推进'三不腐'能力和水平"主题，由关领导牵头分别成立 8 个课题组，其中 2 篇研究报告获署领导批示，鼓励隶属单位主动认领相关课题，征集党风廉政实践项目 30 个，为课题研究工作提供了丰富的实践基础。二是开展"书记组长谈责任"访谈活动。选取 3 名 2021 年以来新任职的隶属海关党委书记和派驻纪检组组长，围绕全面从严治党第一责任人职责和监督专责定位，就提高一体推进"三不腐"能力和水平、加强新时代廉洁文化建设等进行访谈，访谈视频在管理网主页"清风讲堂"与新媒体平台"关馨"上集中展播。三是举办传承廉洁基因·弘扬清廉家风故事会。邀请老中青三代海关人参加活动，通过交流优秀清廉家风故事和好的经验做法，引导党员干部在思想共振、心灵共鸣中凝聚奋进新时代的昂扬斗志。同时，在关区范围内统筹开展"五个一"家风教育，组织开展家庭助廉座谈会、参观家风主题展、发出廉政倡议书等活动，营造传承廉洁家风、弘扬优良品质的好氛围。

（四）深入宣扬廉洁文化

一是抓品牌建设。紧扣警示教育工作，在管理网主页开设"清风讲堂"，用好在"关馨"微信公众号打造的"以廉正心"纪法宣讲品牌，建立"品牌+项目"运行机制，开展纪法宣讲 60 期。二是抓形式创新。通过微信公众号、短信、管理网通知等形式强化重要节假日廉洁提醒教育。在南宁海关政治工作专报开

设专刊，征集廉政心得体会、家风故事 230 篇，择优刊发，在关区内推广。三是抓文化沁润。开展"清风国门"廉洁文化创意作品征集活动，征集廉洁文化作品 172 件，并推荐相关作品参加海关西南文化协作区、北部湾国际门户港清廉文化作品大赛，编发清韵——"清风国门"廉洁文化作品集锦。

二、聚焦基层基础，严抓纪律作风

（一）优化政风行风

下发加强政风行风建设 5 条意见，组织隶属单位围绕依法行政、工作作风、办事效率、政务公开和勤政廉洁 5 个方面开展自查，共查找出问题 59 个，提出措施 162 项，主动通过特约监督员、"关企面对面"、关长接待日、走访调研等途径多方听取监管服务对象的意见建议和合理诉求。开展政风行风建设调查问卷，收集问卷 1125 份，总体好评率在 85% 以上。组织 4 个督导组开展专题督导，提出提高通关审批及办事效率、加强关企之间的沟通交流等 20 项针对性建议意见，切实推动解决群众'急难愁盼'的问题，年内南宁海关政务服务"好差评"好评率达 100%。

（二）强化网络行为排查

制发进一步加强关区意识形态工作的具体措施，集中开展关区意识形态领域风险隐患专项排查，持续推动意识形态工作责任制层层落实。加强关区政务新媒体管理，加强信息发布审核，定期对门户网站开展监测，对微信公众号、微博进行排查，确保网络平台规范有序。督促各单位部门按照"谁建群、谁负责'的管理原则，进一步规范微信工作群管理。

（三）严抓酒驾醉驾

坚持以身边事警示身边人，及时通报关区

酒驾醉驾违纪行为，重点组织关区离退休党支部集体学习，同步优化离退休干部管理工作。将酒驾醉驾纳入关区安全生产大检查暨风险隐患专项排查整治工作，在重要节庆和时间节点开展专项监督，对酒驾醉驾问题线索应立尽立，坚决杜绝酒驾醉驾情事的发生。

（四）完善监督机制

印发各级机关纪委、纪检委员职责试行清单，进一步明确职责要求，解决基层海关在主体责任落实方面缺乏有力抓手的短板。将隶属海关单位机关纪委、党总支纪检委员和党支部纪检委员履职情况纳入党建工作专项考核，倒逼工作落实。开展强化纪律作风专项整治，将事业单位、非编职工纳入统一管理，出台干部职工"八小时之外"行为规范"九不准"，明确协管员岗位"13可为""11不可为"，推动关区广大干部职工不断巩固准军意识。

第三篇

大事记

2022 年南宁海关大事记

1 月

1 日 关长王志陪同自治区党委书记刘宁看望自治区疫情防控值班人员，并出席研究下一步防疫工作座谈会。

3 日 关长王志参加驻署纪检监察组视频调研。

4 日 南宁海关举行元旦升国旗仪式。

政治部主任陈明在邕出席自治区党史学习教育总结会议。

5 日 政治部主任陈明在南宁海关分会场参加全国海关司局级干部学习贯彻党的十九届六中全会精神培训班开班式。

6 日 副关长陈竹组织召开关区职能领域业务风险监控分析专题部署会议。

7 日 副关长邓光文在邕参加自治区研究2022 年度重点工作会议。

10 日 南宁海关召开党委专题学习会，传达学习党中央党史学习教育总结会议精神，以及习近平总书记在中央政治局专题民主生活会上的重要讲话和党史学习教育重要指示精神，学习全国海关专题会议精神及开展捍卫"两个确立"、做到"两个维护"、强化政治机关建设专项教育活动方案。

关长王志参加缉私局"沐浴警旗荣光 激扬奋进力量"警察节系列活动。

11 日 关党委书记、关长王志组织召开党委（扩大）会议，从维护国家安全和核心利益的政治高度，围绕海关总署 8 个重点方面对关区系统性、制度性、区域性等重大风险进行梳理评估、深入研判和根源剖析，研究化解风险举措。

关长王志会见崇左市委书记蓝晓一行。

副关长武跟平在二级监控指挥中心监督检查疫情防控工作。

12 日 政治部主任陈明组织召开关区巡回指导组工作专题会议。

副关长武跟平在南宁邮局海关调研。

13 日 政治部主任陈明带队走访财政部广西监管局。

副关长邓光文、陈竹会见龙州县委书记马波一行。

党委纪检组组长龙卫东到二级监控指挥中心监督检查疫情防控工作。

14 日 南宁海关党委召开党史学习教育专题民主生活会。

南宁海关举行宪法宣誓仪式和 2021 年度选人用人"一报告两评议"工作会议。

18 日 南宁海关《基层党支部建设示范片》获评 2021 年全区党员教育"八桂先锋"培训片类优秀作品（课件）一等奖。

19 日 海关总署副署长、政治部主任胡伟出席南宁海关党委班子见面会。

海关总署副署长、政治部主任胡伟出席南宁海关关长任职仪式。

国家禁毒委员会副主任、海关总署副署长胡伟在广西开展禁毒工作专项督导检查。

政治部主任陈明陪同海关总署人事教育司副司长邓浩铭在南宁海关调研。

20 日 关长王味冰组织专题审议关区开展捍卫"两个确立"、做到"两个维护"、强化政治机关建设专项教育活动实施方案。

关长王味冰组织召开南宁海关统筹口岸疫情防控和促进外贸稳增长工作指挥部疫情防控工作例会。

党委纪检组组长龙卫东组织关区纪检干部深入学习习近平总书记在十九届中央纪委六次全会上的重要讲话精神。

21 日 关长王味冰组织召开 2021 年 12 月份形势分析及工作督查例会。

22 日 关长王味冰到二级监控指挥中心督导检查疫情防控工作。

关长王味冰对离退休干部开展春节前走访慰问。

23 日 副关长陈竹组织召开关区疫情防控工作视频会议。

24 日 南宁海关组织参加 2022 年全国海关工作会议、全国海关全面从严治党工作会议。

25 日 关党委书记、关长王味冰会见自治区党委区直机关工委分管日常工作的副书记李

东兴。

关长王味冰会见百色市副市长李玉成一行。

党委纪检组组长龙卫东在南宁海关分会场参加 2022 年全国海关纪检监察工作会议。

副关长武跟平、陈竹参加海关总署寄递渠道新冠疫情个人防护工作专题视频会议。

26 日 关长王味冰组织召开岁末年初关区安全生产工作电视电话会议。

关长王味冰在邕州海关调研。

副关长杨保清在南宁海关分会场参加驻华海关专员联络机制 2022 年度会议暨国际海关日活动。

副关长陈竹组织专题研究政治风险隐患研判工作。

27 日 海关总署署长倪岳峰视频连线慰问平孟海关。

关长王味冰到缉私局调研。

关长王味冰到二级监控指挥中心开展视频督导检查。

副关长杨保清在邕参加自治区"稳外贸扩开放攻坚战"指挥部第一次会议。

28 日 关长王味冰参加全国海关安全生产电视电话会议。

副关长陈竹到南宁机场海关调研。

副关长蓝华坚会见大新县委书记高贤斌一行。

南宁海关原创小品《我为群众办实事》入选全国海关文艺节目展演并在全国海关系统展播。

29 日 政治部主任陈明陪同自治区常务副主席蔡丽新到缉私局调研。

副关长陈竹会见凭祥市委书记杨亚俊

一行。

30 日　关长王味冰连线部分隶属海关督导检查节前安全生产及疫情防控工作。

副关长蓝华坚慰问外省籍留南宁过年干部职工。

2 月

6 日　关长王味冰在邕参加自治区疫情防控指挥部工作领导小组会议。春节期间，关长王味冰看望慰问关区值守干部职工。

7 日　关长王味冰组织召开关区疫情防控视频会议。

8 日　南宁海关组织参加 2022 年全国海关缉私工作会议暨全国打私办主任会议。

副关长陈竹在邕参加自治区指挥部疫情防控工作会议。

副关长蓝华坚组织召开科技工作专题研究部署会。

9 日　关长王味冰在邕参加百色市疫情防控工作汇报会。

副关长陈竹组织召开新冠疫情防控风险研判视频会议。

10 日　党委纪检组组长龙卫东组织召开关区疫情防控监督工作视频会议。

副关长陈竹在南宁海关分会场参加 2022 年全国海关动植物检疫工作会议。

11 日　关长王味冰在邕参加自治区党委常委会（扩大）会议。

政治部主任陈明组织召开专项教育活动领导小组办公室工作例会。

12 日　南宁海关召开 2022 年关区工作会议。关长、党委书记王味冰讲话，总结回顾南宁海关 2021 年工作成绩，分析当前关区工作面临的形势，明确 2022 年工作的总体思路，对 2022 年重点工作作部署。

南宁海关召开 2022 年关区全面从严治党工作会议。

南宁海关召开 2021 年度隶属海关党委书记述责述廉述党建暨机关党支部书记抓党建工作述职评议会。

13 日　南宁海关召开 2022 年关区纪检监察工作会议。

14 日　关长王味冰拜会自治区主席蓝天立。

政治部主任陈明组织机关党委传达贯彻关区工作会议、全面从严治党工作会议精神。

15 日　关长王味冰带队拜访自治区人大常委会副主任张晓钦。

关长王味冰在邕列席自治区十三届人民政府第 103 次常务会议。

党委纪检组组长龙卫东组织召开非执法领域专项整治专题会议。

副关长陈竹带队赴自治区北部湾办与自治区北部湾办、中远海集团座谈。

16 日　关长王味冰参加全国海关"海关重点项目和财物管理以权谋私"专项整治工作动员部署视频会议。

关长王味冰会见中国银行广西分行行长易光明一行。

关长王味冰组织召开"基层基础大家谈"座谈会。

18 日　关长王味冰组织召开 1 月份形势分析及工作督查例会。

关长王味冰督导疫情防控备战队实训考核工作。

21 日　政治部主任、直属机关党委书记陈明组织召开直属机关党委会议。

党委纪检组组长龙卫东组织召开非执法领域专项整治专题会议。

22日 政治部主任陈明分别督导政治部、南宁机场海关专项教育活动开展工作。

副关长梁小锋组织督审处开展"基层基础大家谈"。

副关长陈竹到二级监控指挥中心督导检查疫情防控工作。

23日 政治部主任陈明召开会议专题研究"海关重点项目和财物管理以权谋私"专项整治相关工作。

副关长杨保清在南宁海关分会场参加2022年全国海关政策研究与统计工作会议。

副关长梁小锋在南宁海关分会场参加2022年全国海关商品检验工作会议。

副关长蓝华坚组织召开加强综合保税区重点商品监管工作视频会。

24日 关长王味冰参加海关总署党委2021年第二轮常规巡视视频反馈会。

关长王味冰参加海关总署选人用人巡视检查视频反馈会。

副关长杨保清在邕参加自治区"稳外贸扩开放攻坚战"指挥部一季度稳外贸视频调度会。

副关长陈竹带队走访自治区商务厅。

副关长蓝华坚召开会议专题研究"海关重点项目和财物管理以权谋私"专项整治相关工作。

25日 关长王味冰在邕列席自治区十三届人民政府第104次常务会议。

关长王味冰组织召开新冠疫情防控风险研判视频会议。

政治部主任陈明在南宁海关分会场参加2022年全国海关政治部主任会议。

副关长杨保清在邕参加2022年中国广西与越南边境四省党委书记新春会晤暨联工委第十三次会晤。

28日 南宁海关召开党委理论学习中心组学习会议。

关长王味冰组织召开"海关重点项目和财物管理以权谋私"专项整治工作动员部署视频会议。

3月

1日 关长王味冰组织召开关区安全防护工作视频会议。

副关长杨保清在邕州海关调研。

副关长蓝华坚组织召开科技部门重点工作专题部署会。

1—2日 关长王味冰在友谊关海关调研。

副关长杨保清在南宁海关分会场参加2022年全国海关进出口食品安全工作会议。

党委纪检组组长龙卫东督导商检处专项教育活动开展。

副关长蓝华坚到保健中心调研。

3日 关长王味冰在水口海关调研。

政治部主任陈明组织召开海关总署巡视反馈意见整改推进会。

副关长杨保清会见自治区台湾事务办公室副主任林承格一行。

党委纪检组组长龙卫东参加北部湾国际门户港廉洁共建座谈会。

副关长蓝华坚在邕州海关调研。

4日 关长王味冰会见中国—东盟信息港股份有限公司总裁鲁东亮一行。

政治部主任陈明出席关区"海关重点项目和财物管理以权谋私"专项整治工作财物基建组细化工作方案视频培训会。

副关长杨保清在邕参加西部陆海新通道建设指挥部 2022 年第二次会议。

副关长蓝华坚出席关区"海关重点项目和财物管理以权谋私"专项整治工作信息化和实验室建设领域细化方案视频培训会。

中央电视台记者到钦州港海关采访报道。

7 日　党委纪检组组长龙卫东参加并指导监察室党支部组织生活会。

副关长陈竹到友谊关口岸调研。

8 日　关长王昧冰会见中国国际贸易促进委员会广西分会会长魏然一行。

关长王昧冰会见中国建设银行广西区分行行长方建平一行。

9 日　副关长杨保清在南宁海关分会场参加跨境电商南部协作区首次工作会议。

党委纪检组组长龙卫东、副关长蓝华坚组织召开监管场所信息系统建设风险防范专题工作会议。

副关长陈竹陪同崇左市委书记蓝晓在友谊关口岸调研。

副关长蓝华坚在南宁邮局海关调研。

9—10 日　政治部主任陈明在玉林海关调研。

副关长陈竹组织召开关区疫情研判视频会议。

11 日　南宁海关组织参加全国海关疫情防控工作专题视频会议。

党委书记、关长王昧冰出席"基层基础大家谈"（机关科长专场）座谈会。

关长王昧冰会见北海市常务副市长谭秀洪。

副关长杨保清组织召开 2022 年加强知识产权海关保护工作视频会。

副关长梁小锋在贵港海关调研。

副关长蓝华坚在技术中心调研。

14 日　关党委听取专项教育活动专题工作汇报。

关长王昧冰在邕参加自治区新冠疫情防控工作会议。

副关长杨保清在邕列席自治区十三届人民政府第 105 次常务会议。

党委纪检组组长龙卫东组织召开"海关重点项目和财物管理以权谋私"专项整治综合协调组专题工作会。

15 日　关长王昧冰组织召开"海关重点项目和财物管理以权谋私"专项整治工作专题会议。

政治部主任陈明组织召开海关总署巡视反馈意见整改推进会。

党委纪检组组长龙卫东出席关区"海关重点项目和财物管理以权谋私"专项整治谈话工作培训会。

16 日　政治部主任陈明组织召开专项教育活动领导小组办公室工作例会。

副关长蓝华坚在南宁海关分会场参加海关稽查署级课题专家评审会。

17 日　关长王昧冰在邕参加自治区疫情防控指挥部工作会议。

关长王昧冰会见自治区发展改革委党组成员樊一江一行。

副关长杨保清参加 2022 年全国海关卫生检疫工作视频会议。

党委纪检组组长龙卫东在技术中心调研。

18 日 南宁海关党委召开巡视整改专题民主生活会。

关长、党委书记王味冰组织召开 2 月份形势分析及工作督查例会。

副关长陈竹在邕参加全国新冠疫情防控工作电视电话会议暨自治区疫情防控工作电视电话会议。

21 日 政治部主任陈明组织分管部门召开巡视整改专题工作会议。

党委纪检组组长龙卫东组织召开纪检监察专题工作会议。

副关长陈竹组织分管部门召开巡视整改专题工作会议。

22 日 关长王味冰在南宁邮局海关调研。

关长、党委书记王味冰视频连线慰问防城、平孟海关。

政治部主任陈明组织召开"海关重点项目和财物管理以权谋私"专项整治重点项目排查工作推进会。

23 日 南宁海关召开党委理论学习中心组（扩大）专题学习会议。

关长王味冰到技术中心调研。

政治部主任陈明带队走访自治区财政厅。

副关长杨保清在邕参加西部陆海新通道建设省部际联席会议第三次会议。

24 日 关长王味冰参加全国海关持续推进审计问题整改工作视频会议。

关长王味冰组织召开"海关重点项目和财物管理以权谋私"专项整治专题工作会议。

副关长蓝华坚在南宁海关分会场参加全国海关企业管理和稽查工作会议。

25 日 南宁海关召开捍卫"两个确立"、做到"两个维护"、强化政治机关建设专项教育活动推进会。

28 日 副关长杨保清参加自治区平陆运河经济带总体规划编制视频座谈会。

党委纪检组组长龙卫东组织召开"海关重点项目和财物管理以权谋私"专项整治工作专题会议。

副关长蓝华坚参加海关总署政策法规司"晨读一刻"线上联学。

29 日 关长王味冰到动植食处、风控分局调研。

关长王味冰与南宁海关参加海关总署"百名科长百日督查"的工作组进行座谈。

政治部主任陈明组织召开专项整治工作专题会议。

副关长陈竹组织召开个人安全防护强化月总结视频会议。

30 日 关长王味冰到保健中心调研。

关长王味冰组织召开助力广西"高水平开放、高质量发展"重点项目实施预备会。

副关长梁小锋组织召开国家审计问责视频会。

31 日 关长王味冰在邕参加自治区疫情防控工作电视电话会议。

副关长杨保清通过视频方式对河池海关开展调研。

副关长蓝华坚参加全国海关企业管理条线工作视频会议。

4月

1 日 关长王味冰在南宁海关分会场参加2022年全国海关机关党建工作会。

党委纪检组组长龙卫东组织召开关区纪检监察工作视频会议。

南宁吴圩国际机场航空口岸进境水果指定监管场地获批运营。

2日 南宁海关组织参加海关总署党委理论学习中心组（扩大）学习视频会。

2—3日 副关长蓝华坚在北海调研。

7日 南宁海关召开党委理论学习中心组（扩大）专题学习会议。

关长王味冰在邕参加自治区2022年"稳中求进攻坚年"总指挥部第一次会议。

副关长杨保清组织召开支持广西铝产业高质量发展专题研究会。

8日 关长王味冰会见钦州市委常委、中国（广西）自由贸易试验区钦州港片区管委常务副主任、中马钦州产业园区管委常务副主任杨斌一行。

政治部主任陈明出席关区政治工作推进会。

党委纪检组组长龙卫东组织召开纪检监察专题工作会议。

副关长梁小锋组织召开督察审计自查工作专题会议。

11日 关长王味冰在邕参加自治区边海防委员会2022年度第一次全体（扩大）视频会议。

副关长杨保清通过视频方式分别对桂林、柳州海关开展调研。

党委纪检组组长龙卫东组织召开"海关重点项目和财物管理以权谋私"专项整治工作专题会议。

南宁海关技术中心主持制定的技术规范《进口货物固体废物属性鉴别方法 铜矿和含铜物料》通过海关总署审定。

12日 南宁海关党委专题研究部署全面从

严治党等重点工作。

13日 南宁海关党委召开巡视整改工作推进会。

政治部主任陈明组织召开专项教育活动领导小组办公室例会。

副关长杨保清在邕参加2022年二季度经济运行部署电视电话会议。

副关长蓝华坚组织召开风险防控专项行动部署会。

14日 关长王味冰在南宁海关分会场参加全国海关口岸监管工作会议。

关长王味冰在邕参加南宁机场国际（地区）货邮通关工作专题研究会。

政治部主任陈明组织召开专项整治工作专题会议。

副关长杨保清在邕参加西部陆海新通道建设指挥部2022年第三次会议。

15日 关长王味冰在南宁海关分会场参加海关总署安全生产工作领导小组会议暨全国海关安全生产电视电话会议。

关长王味冰组织召开南宁海关助力广西高水平开放高质量发展若干支持措施研究部署会。

18日 关长王味冰组织召开3月份形势分析及工作督查例会暨网络安全和信息化领导小组会议。

关长王味冰为支援疫情防控一线轮战队员作行前动员。

19日 关长王味冰带队走访自治区商务厅。

关长王味冰带队赴华为广西代表处调研。

党委纪检组组长龙卫东出席南宁海关"海关重点项目和财物管理以权谋私"专项整治工

作信息化和实验室建设领域推进会。

副关长蓝华坚组织召开 4 月政治风险隐患研判及第 1 季度风险情报集中研判会。

20 日 关长王味冰开展专项整治逐一谈话和廉政谈话。

关长王味冰组织召开南宁海关助力广西高水平开放高质量发展若干支持措施研究部署会。

政治部主任陈明视频连线慰问爱店、梧州、玉林、贺州海关。

副关长杨保清组织召开关区进口铝资源监管问题专题研究会。

21 日 党委纪检组组长龙卫东组织专题研究关区专项整治工作。

副关长陈竹在邕参加国务院联防联控机制疫情防控视频会商会。

22 日 政治部主任陈明组织审核研判专项整治财物基建领域问题及廉政风险清单。

党委纪检组、缉私局召开 2022 年关区打私反腐"一案双查"联席会议。

党委纪检组组长龙卫东组织召开"海关重点项目和财物管理以权谋私"专项整治专题会议。

副关长梁小锋到技术中心调研。

副关长陈竹在南宁机场口岸调研。

24 日 南宁海关党委专题研究意识形态工作。

党委纪检组组长龙卫东参加海关总署"海关重点项目和财物管理以权谋私"专项整治重点项目清单分析指引应用培训会。

25 日 南宁海关署管干部通过视频参加全国海关厅局级干部学习贯彻党的十九届六中全会轮训班开班式。

副关长杨保清参加南宁海关保密委员会全体会议及关区政务信息、新闻宣传工作视频会议。

26 日 政治部主任陈明在邕列席自治区十三届人民政府第 108 次常务会议。

党委纪检组组长龙卫东参加"海关重点项目和财物管理以权谋私"专项整治"关企面对面"宣讲活动。

27 日 关长王味冰在桂林调研。

政治部主任陈明组织召开巡视整改工作推进会。

28 日 南宁海关召开安全生产大检查暨专项部署推进视频会议。

政治部主任陈明出席西部陆海新通道青年联盟成立大会暨青创先锋建功竞赛启动仪式活动。

29 日 南宁海关迅速传达落实海关总署署长俞建华批示要求，认真做好口岸监管和内部管理各项工作。

政治部主任陈明在南宁海关分会场参加全国海关青年政治理论学习交流会。

党委纪检组组长龙卫东组织研究推动疫情防控监督、巡视整改专项监督、政治机关建设专项教育监督工作。

副关长陈竹在邕参加自治区攻坚二季度边境口岸保畅通专题视频会议。

29—30 日 关长王味冰在柳州调研。

5 月

4—5 日 副关长蓝华坚在钦州调研。

5 日 关长王味冰在邕参加自治区"奋战 50 天　决胜上半年"经济运行工作推进会。

6 日 政治部主任陈明在邕参加自治区十

三届人民政府第五次廉政工作会议。

党委纪检组组长龙卫东组织专题研究巡视整改、专项整治、"一案双查"推动工作。

7日 关长王味冰会见自治区投资促进局局长李常官一行。

政治部主任陈明出席"海关重点项目和财物管理以权谋私"专项整治线上联学纪法教育视频会。

党委纪检组组长龙卫东参加部分直属海关单位专项整治工作视频交流会。

9日 关长王味冰在邕参加全国外贸外资工作电视电话会议。

政治部主任陈明组织开展专项整治财物基建领域问题及廉政风险清单审核研判工作。

副关长杨保清在邕参加2022年中国—东盟博览会中国—东盟商务与投资峰会广西领导小组第一次会议。

10日 政治部主任陈明与机关团员青年代表集中收看庆祝中国共产主义青年团成立100周年大会直播。

党委纪检组组长龙卫东组织召开打私反腐"一案双查"专题研究会。

10—11日 副关长杨保清在梧州调研。

11日 政治部主任陈明在邕参加自治区全面推进乡村振兴暨国家考核评估反馈问题整改工作动员部署会议。

12日 南宁海关党委组织召开巡视巡察整改集中清查暨"海关重点项目和财物管理以权谋私"专项整治工作推进会。

副关长杨保清在邕参加自治区落实减税降费工作电视电话会议。

13日 党委书记、关长王味冰出席关区"喜迎二十大、永远跟党走、奋进新征程"青年理论学习交流会。

关长王味冰出席广西边境示范"智慧口岸"建设交流会。

关长王味冰在邕参加自治区工业龙头企业座谈会。

副关长陈竹会见自治区商务厅副厅长李硕一行。

16日 关长王味冰在南宁机场海关调研。

政治部主任陈明与海关总署"百名科长百日督查"督查组进行座谈交流。

17日 关长王味冰组织召开4月份形势分析及工作督查例会暨网络安全和信息化领导小组会议。

关长王味冰与泰国驻南宁总领事馆总领事彬嘉玛进行视频会谈。

关长王味冰为南宁海关数字档案室暨保密教育室揭牌。

政治部主任陈明组织召开专项教育活动领导小组办公室工作例会。

18日 党委纪检组组长龙卫东组织开展专项整治实验室领域问题及廉政风险清单审核研判工作。

副关长陈竹与海关总署"百名科长百日督查"督查组进行座谈交流。

18—19日 关长王味冰在钦州调研。

关长王味冰在北海会见北海市委书记蔡锦军。

政治部主任陈明在梧州调研。

副关长杨保清在邕列席自治区十三届人民政府第111次常务会议。

19—20日 关长王味冰在北海调研。

政治部主任陈明参加全国海关2022年度考试录用公务员面试体检考察工作部署视

频会。

副关长杨保清参加海关总署综合治税电视电话会议。

党委纪检组组长龙卫东组织开展专项整治工程建设领域问题及廉政风险清单审核研判工作。

23日 南宁海关召开党委理论学习中心组（扩大）学习会。

24日 南宁海关召开"学查改"专项工作、政治机关建设专项教育活动推进会暨处级领导干部学习贯彻党的十九届六中全会精神集中轮训班开班式。

关长王味冰组织专题研究关区打私反腐"一案双查"工作。

副关长杨保清在邕列席自治区十三届人民政府第112次常务会议。

副关长蓝华坚参加南宁海关普法大讲堂（第七期）暨海关法治工作第4协作区线上联学——民法典专题培训。

25日 关长王味冰会见中国石化广西石油分公司总经理李力波一行。

关长王味冰会见厦门建发股份有限公司总经理林茂一行。

副关长杨保清组织召开关区综合治税推进会。

副关长蓝华坚在邕参加全国稳住经济大盘电视电话会议。

26日 关长王味冰在南宁海关分会场参加2022年全国海关科技工作会议，副关长蓝华坚作为4个直属海关发言代表之一作交流发言。

关长王味冰会见广西北部湾投资集团有限公司党委书记、董事长朱坚和一行。

政治部主任陈明到南宁海关公务员考录面

试考点检查指导工作。

27日 海关总署党委委员、广东分署主任张广志视频听取南宁海关党委巡视整改工作专题汇报。

关长王味冰参加办公室党支部"增强保密意识，落实保密责任——为党的二十大胜利召开营造良好氛围"主题党日活动。

政治部陈明主任在南宁海关分会场参加总署2022年第一批三级关务监督授衔仪式。

30日 政治部主任陈明、党委纪检组组长龙卫东参加海关系统警示教育片现场拍摄工作任务视频会议。

31日 南宁海关召开2022年"警钟长鸣、严守底线、打造清廉海关"警示教育大会暨上半年党风廉政建设工作例会。

副关长杨保清在邕参加西部陆海新通道建设指挥部2022年第四次会议。

副关长蓝华坚在南宁海关分会场参加全国海关网络安全保障工作电视电话会议。

6月

1日 关长王味冰会见自治区北部湾办党组书记、常务副主任黄武海一行。

政治部主任陈明带队走访自治区老干局。

党委纪检组组长龙卫东组织召开以案促改专题研讨会。

2日 副关长杨保清会见百色市人民政府副秘书长杨应颖一行。

6日 关长王味冰主持召开关区乡村振兴工作座谈会。

副关长陈竹视频参加并指导基层党支部联系点主题党日活动。

7日 关长王味冰在邕参加自治区粮食安

全党政同责工作领导小组 2022 年第一次会议。

政治部主任陈明组织召开学习贯彻《关于加强新时代离退休干部党的建设工作的意见》暨离退休干部工作领导小组会议。

党委纪检组组长龙卫东组织召开防范化解海关系统腐败风险工作专题研究会。

副关长蓝华坚出席 2022 年关区科技工作暨网络安全保障工作部署会议。

8 日 关长王味冰出席缉私局先进典型会见慰问会。

政治部主任陈明组织召开事业单位监委会会议。

党委纪检组组长龙卫东组织研究专项整治、以案促改等专题工作。

9 日 党委纪检组组长龙卫东到后勤管理中心调研。

南宁海关召开"安全生产月"专项部署推进视频会议。

10 日 关长王味冰带队走访崇左市人民政府。

政治部主任陈明陪同自治区党委区直机关工委领导到南宁机场海关检查"全国文明单位"创建工作。

副关长蓝华坚在邕列席自治区十三届人民政府第 114 次常务会议。

10—11 日 关长王味冰在崇左调研。

13 日 副关长杨保清组织分管部门开展防范化解重大、系统性风险工作专题研究。

党委纪检组组长龙卫东在南宁海关分会场参加全国海关系统纪检监察业务系列培训。

14 日 自治区副主席秦如培一行到东兴海关进行座谈。

关长王味冰会见光大银行南宁分行党委书记、行长甘欣一行。

政治部主任陈明在水口海关调研。

15 日 关长王味冰组织召开关区汛期安全工作视频会议。

关长王味冰组织研究风险布控和现场查检工作。

政治部主任陈明在硕龙海关调研。

副关长杨保清听取关区改革工作汇报。

16 日 关长王味冰会见崇左市副市长张海，深圳国际控股有限公司党委副书记、总裁刘征宇一行。

关长王味冰在邕列席自治区十三届人民政府第 115 次常务会议。

政治部主任陈明组织召开南宁海关机关项目预算执行推进会。

党委纪检组组长龙卫东组织研究专项整治视频督导检查相关工作。

副关长蓝华坚参加海关总署 2022 年网络攻防演习工作电视电话会议。

17 日 关长王味冰到广西南国铜业有限责任公司调研。

政治部主任陈明出席 2022 年关区巡察工作动员部署会。

党委纪检组组长龙卫东在南宁海关分会场参加海关总署"海关重点项目和财务管理以权谋私"专项整治工作第一批视频督导检查培训会。

副关长蓝华坚到缉私局调研。

20 日 党委纪检组组长龙卫东在南宁海关分会场参加全国海关系统纪检监察业务系列培训。

21 日 南宁海关召开以案促改工作动员部署会暨警示教育大会。

22 日 党委纪检组组长龙卫东组织召开"海关重点项目和财物管理以权谋私"专项整治视频督导检查见面会。

党委纪检组组长龙卫东组织召开专项整治视频督导专题推进会。

副关长陈竹会见防城港市副市长潘展东一行。

27 日 党委纪检组组长龙卫东在南宁海关分会场参加全国海关系统纪检监察业务系列培训。

副关长陈竹组织召开南宁机场口岸国际客运航班复航专题会议。

缉私局政委孙德顺与自治区公安厅副厅长朱永辉进行座谈。

28 日 关长王味冰参加离退休干部"七一"主题党日活动暨"光荣在党 50 年"纪念章颁发仪式。

副关长杨保清在北海调研。

副关长陈竹会见桂林三金药业股份有限公司总裁王许飞一行。

副关长蓝华坚在钦州调研。

29 日 关长王味冰在南宁海关分会场参加全国海关疫情防控工作专题视频会议。

关长王味冰组织召开 5 月份形势分析及工作督查例会暨统筹口岸疫情防控与促进外贸稳增长工作指挥部会议。

关长王味冰会见桂林市市长李楚一行。

关长王味冰会见华为海关和港口军团首席运营官卢永平一行。

副关长蓝华坚在邕参加研究南宁国际区域航空枢纽重大项目建设和国际航空货邮发展专题会议。

30 日 关长王味冰组织召开统筹口岸疫情防控和促进外贸稳增长工作指挥部会议。

关长王味冰组织召开督审专题会议。

7 月

1 日 党委纪检组组长龙卫东组织召开专项整治工作专题会议。

1—2 日 南宁海关组织参加 2022 年全国海关年中工作会议。

4 日 关长王味冰在南宁海关分会场参加驻署纪检监察组专题党课。

党委纪检组组长龙卫东组织召开专项整治工作专题会议。

副关长陈竹组织召开疫情防控工作会议。

5 日 关长王味冰会见江苏海安市市长谭真一行。

党委纪检组组长龙卫东在南宁海关分会场参加"海关重点项目和财物管理以权谋私"专项整治工作第二批视频督导检查培训会。

副关长陈竹与"百名科长百日督查"督查组进行座谈。

6 日 党委纪检组组长龙卫东组织召开"海关重点项目和财物管理以权谋私"专项整治视频督导检查见面会。

7 日 关长王味冰会见招商银行总行机构客户部总经理王兴海一行。

关长王味冰听取广西加工贸易发展情况专题汇报。

政治部主任陈明在邕列席自治区十三届人民政府第 117 次常务会议。

副关长梁小锋在南宁海关分会场参加全国海关防止口岸危险化学品积压问题专题视频会议。

副关长陈竹在厦门参加全国海关政策研究

工作专题会议。

副关长蓝华坚在南宁海关分会场参加海关总署海关实验室安全管理电视电话会议。

8 日　南宁海关召开贯彻落实 2022 年全国海关年中工作会议精神专题会议。关长、党委书记王味冰作讲话，对 2022 年全国海关年中工作会议精神进行再学习、再传达、再部署，提出"站位要高、作风要实、管理要严、工作要细、安全要稳"5 点思考。其他党委委员、缉私局政委作讲话，4 个机关部门、5 个隶属海关单位作重点发言，其他单位、部门作书面交流。

党委纪检组组长龙卫东听取专项整治督导检查工作汇报。

12 日　海关总署总检验师孙文康在南宁海关调研。

驻署纪检监察组副组长张志学在南宁海关调研。

关长王味冰听取跨部门风险联合防控机制工作专题汇报。

党委纪检组组长龙卫东参加专项整治督导检查质询会。

13 日　关长王味冰在邕参加西部陆海新通道建设指挥部 2022 年上半年全体会议。

政治部主任陈明出席玉林海关新任关长见面会。

党委纪检组组长龙卫东陪同驻署纪检监察组副组长张志学走访自治区纪委监委。

14 日　南宁海关举办"喜迎二十大　建功新时代"——"七一"专题党课暨先进典型报告会。

关长王味冰会见百色市市长葛国科一行。

关长王味冰到南宁海关档案库房检查档案

安全工作。

政治部主任陈明视频出席北海海关新任关长见面会。

副关长陈竹在邕参加自治区新冠疫情防控指挥部研究部署北海疫情处置工作视频会议。

15 日　南宁海关召开党委理论学习中心组学习会。

关长王味冰到南宁国际铁路港调研。

党委纪检组组长龙卫东检查指导专项整治督导检查组工作。

副关长蓝华坚在南宁海关分会场参加全国海关网络攻防演习动员会。

18 日　关长王味冰在邕列席自治区十三届人民政府第 119 次常务会议。

副关长陈竹组织召开关区疫情研判暨疫情内部防控措施解读视频会。

19 日　关党委召开"以案为鉴　警钟长鸣"以案促改专题民主生活会。党委书记、关长王味冰代表关党委作班子对照检查，党委委员依次作个人对照检查，开展自我批评，接受其他党委委员的批评并回应批评意见。王味冰书记作会议小结。

关长王味冰听取南宁海关参加海关总署"百名科长百日督查"工作组督查工作情况汇报。

20 日　关长王味冰在南宁海关分会场参加海关总署"口岸危险品综合治理"百日专项行动部署动员会。

政治部主任陈明组织召开疫情防控一线人员夏季关心爱护工作专题会议。

副关长陈竹组织召开曼谷—南宁航班检疫监管工作会议。

副关长蓝华坚组织召开关区综合保税区保

税加工业务专题研讨会。

21 日 关长王味冰参加"海关重点项目和财物管理以权谋私专项整治"视频督导检查见面会。

关长王味冰会见南宁市市长廖立勇一行。

副关长陈竹在邕参加中国（广西）自由贸易试验区建设指挥部 2022 年第二次指挥长工作会议。

22 日 关长王味冰组织召开外贸形势及业务运行分析会。

政治部主任陈明在邕参加 2022 年自治区年中工作会议。

副关长梁小锋、陈竹组织召开"口岸危险品综合治理"百日专项行动部署动员会。

副关长陈竹组织召开关区疫情防控风险研判视频会。

南宁海关联合海口海关推动海南自由贸易港"跨关区保税油直供"首票业务顺利落地。

25 日 党委纪检组组长龙卫东参加专项整治督导检查实验室建设领域视频质询会。

副关长蓝华坚带队走访南宁市政府。

26 日 关长王味冰在技术中心调研。

政治部主任陈明在南宁海关分会场参加海关总署 2022 年全国海关离退休干部工作会议。

党委纪检组组长龙卫东向驻署纪检监察组汇报专项整治问题线索处置情况。

副关长陈竹组织召开"三智"理念推动业务发展工作专题研讨会。

27 日 关长王味冰组织召开关办公会。

关长王味冰检查指导 HLS 2017 内控平台应用工作。

党委纪检组组长龙卫东参加专项整治督导检查疫情防控领域视频质询会。

副关长蓝华坚在南宁海关分会场参加全国海关检验检疫行政处罚工作视频会。

28 日 关长王味冰组织召开 2022 年关区内控工作领导小组第二次会议暨"内控示范科室"创建工作推进会。

副关长杨保清组织召开优化营商环境工作会议。

党委纪检组组长龙卫东参加专项整治督导检查视频质询会。

副关长蓝华坚组织召开加工贸易保税监管专项行动部署动员会。

29 日 副关长杨保清在技术中心、保健中心调研。

副关长梁小锋组织召开贸易管制措施落实情况专项审计调研工作推进会。

副关长陈竹、蓝华坚组织召开关区疫情防控工作视频会。

副关长蓝华坚组织召开 2022 年第 2 季度风险情报集中研判会。

8 月

1 日 南宁海关召开党委理论学习中心组（扩大）专题学习会议。邀请南宁市中级人民法院行政庭戴声长法官围绕"学习贯彻习近平法治思想，大力提高行政执法水平"作法治专题授课。

副关长陈竹在邕参加自治区疫情防控工作视频会议。

副关长蓝华坚在邕列席自治区十三届人民政府第 120 次常务会议。

2 日 党委纪检组组长龙卫东组织召开纪检组工作例会。

副关长陈竹组织召开新冠疫情防控风险研

判视频会议。

2—3 日　副关长杨保清在河池调研。

3 日　政治部主任陈明、副关长蓝华坚组织召开涉检行政案件职能调整推进会。

副关长蓝华坚在邕参加南宁综合保税区范围调整工作汇报会。

4 日　关长王味冰组织召开党委巡察工作领导小组会议。

政治部主任陈明组织召开关区事业单位发展建设专题会。

副关长梁小锋在南宁海关分会场参加中国海关出版社有限公司"闭环文化、暖心服务"座谈会。

副关长陈竹、蓝华坚组织召开地方支持资金使用专题会议。

5 日　关长王味冰组织召开配合国家审计工作专题会议。

副关长杨保清组织研究关区优化营商环境措施。

党委纪检组组长龙卫东到企管处、监管处检查指导以案促改工作。

8 日　关长王味冰组织召开重点课题项目思考研究推进会。

9 日　关长王味冰组织召开"口岸危险品综合治理"百日专项行动月度推进会。

政治部主任陈明通过视频方式分别出席南宁海关党委巡察组对友谊关、平孟、硕龙、峒中海关巡察意见反馈会。

副关长蓝华坚会见同方威视海关行业中心西南大区总监蓝海一行。

10 日　副关长杨保清组织召开迎接国务院第九次大督查工作部署视频会。

党委纪检组组长龙卫东视频检查指导防

城、桂林海关以案促改工作。

10—11 日　副关长蓝华坚在柳州调研。

11 日　政治部主任陈明带队走访财政部广西监管局。

党委纪检组组长龙卫东到风控分局检查指导以案促改工作。

12 日　关长王味冰会见广西国际博览事务局局长韦朝晖一行。

政治部主任陈明听取部分单位部门落实"第一议题"和全面从严治党主体责任情况汇报。

副关长杨保清会见自治区商务厅副厅长刁卫宏一行。

副关长陈竹组织召开关区下半年动植物和食品检验检疫监管工作会议。

副关长蓝华坚组织召开关区检验检测实验室运行管理机制改革方案研讨会。

15 日　缉私局政委孙德顺参加 2022 年全区打击走私综合治理工作电视电话会议。

16 日　关长王味冰听取南宁海关机关可用办公用房整合利用工作专题汇报。

党委纪检组组长龙卫东到广西南南铝加工有限公司调研。

副关长蓝华坚组织召开关区稽查工作专题会议。

17 日　广东分署党委副书记、副主任温珍才一行到南宁海关监督检查巡视整改情况。

16—17 日　副关长梁小锋在贵港调研。

副关长陈竹组织召开新冠疫情防控风险研判视频会议。

18 日　关长王味冰带队走访自治区国家安全厅。

关长王味冰组织召开关区外贸形势分

析会。

17—18 日 副关长梁小锋到玉林调研。

政治部主任陈明陪同广东分署党委副书记、副主任温珍才一行到钦州延伸检查巡视整改情况。

副关长陈竹参加关区 2021 年度农业、卫生系列职称评审会。

副关长蓝华坚组织召开推动海关总署卫生检疫作业系统数据共享专题部署会。

19 日 关长、党委书记王味冰组织召开统筹口岸疫情防控和促进外贸稳增长工作指挥部暨重点工作督查例会。

关长王味冰在邕参加自治区边海防委员会2022 年度第二次全体（扩大）会议暨自治区疫情防控指挥部工作会议。

政治部主任陈明陪同广东分署党委副书记、副主任温珍才一行到凭祥延伸检查巡视整改情况。

18—19 日 党委纪检组组长龙卫东在钦州调研。

22 日 南宁海关组织参加全国海关加强新时代廉洁文化建设暨警示教育大会。

缉私局政委孙德顺在邕参加自治区统筹边海防建设和边境沿海地区经济发展情况专题调研座谈会。

23 日 关长王味冰组织专题会议研究边民互市管理工作。

副关长陈竹在邕参加自治区新冠疫情防控指挥部审议"服务中国—东盟'两会'专项行动"实施方案专题工作会议。

24 日 副关长杨保清在邕参加北钦防一体化指挥部 2022 年第五次会议。

副关长陈竹组织召开互市落地加工工作专班专题研究会。

25 日 关长王味冰参加南宁海关"关企面对面——促进外贸保稳提质工作专场"活动。

党委纪检组组长龙卫东组织召开专项整治整改工作专题会议。

副关长陈竹在邕参加国务院第九次大督查统筹疫情防控和经济社会发展专题座谈会。

26 日 副关长蓝华坚检查关区稽查岗位练兵考试情况。

29 日 党委纪检组组长龙卫东在南宁海关分会场参加 2022 年海关新录用公务员初任培训班动员部署会。

副关长梁小锋视频出席龙邦海关关长岗位调整见面会。

副关长陈竹组织召开中国—东盟突发公共卫生事件应急处置联合演练专题研究会。

副关长蓝华坚在邕参加全国深化"放管服"改革持续优化营商环境电视电话会议。

凭祥海关监管首列"西安—河内"中越班列出境。

30 日 副关长杨保清向统计分析处党支部颁发"流动红旗"。

副关长陈竹组织研究边境"智慧口岸"建设工作。

副关长蓝华坚视频出席钦州、钦州港海关关长岗位调整见面会。

31 日 副关长杨保清在南宁海关分会场参加全国海关"人民满意的公务员"宣讲报告会。

副关长陈竹与海关总署卫生检疫课题调研组进行重点课题研讨。

31 日—9 月 1 日 党委纪检组组长龙卫东在桂林调研。

副关长陈竹带队走访广西出入境边防检查总站。

副关长蓝华坚在北海调研。

9月

1日 副关长杨保清会见防城港市副市长潘展东。

1—2日 副关长蓝华坚在防城港调研。

2日 党委纪检组组长龙卫东组织召开纪检组工作例会。

副关长陈竹组织召开"口岸危险品综合治理"百日专项行动月度推进会。

6日 关长王味冰组织研究边境"智慧口岸"建设工作。

关长王味冰听取机关可用办公用房整合利用工作专题汇报。

副关长蓝华坚在技术中心开展科技跟班作业。

7日 关长王味冰到南宁海关驻东博会监管现场调研。

党委纪检组组长龙卫东在拱北海关参加部分直属海关单位政治部主任座谈会。

副关长蓝华坚组织召开关区检验检疫行政处罚工作推进会。

缉私局政委孙德顺陪同全国打私办副主任、海关总署缉私局副局长李云龙在钦州调研。

8日 关长王味冰到全球贸易监测分析中心（南宁）调研。

副关长陈竹出席2022年口岸监管环节枪爆物品涉恐突发事件应急处置演练。

南宁海关签发全国首份进口越南榴莲进境动植物检疫许可证。

9日 南宁海关召开深化以案促改、推进廉洁文化建设暨专项整治督导检查反馈意见整改工作推进会。

关长王味冰在邕参加全国新冠疫情防控工作电视电话会议。

部分关领导在南宁海关分会场参加全国海关疫情防控工作专题视频会议。

副关长陈竹组织研究"加强版"危险品安全监管体系构建工作。

11日 自治区党委书记刘宁到水口口岸调研。

13日 副关长陈竹组织召开新冠疫情防控风险研判会议。

14日 关长王味冰组织研究边境"智慧口岸"建设工作。

关长王味冰听取关区属地查检工作汇报。

副关长梁小锋在防城海关调研。

副关长陈竹组织召开关区新冠疫情防控专题工作会议。

副关长蓝华坚在钦州调研。

15日 海关总署副署长孙玉宁在邕会见自治区党委常委、常务副主席蔡丽新，海关总署副署长孙玉宁在邕会见自治区党委常委、南宁市委书记农生文。

副关长杨保清在邕参加2022年"东盟伙伴"媒体合作论坛。

党委纪检组组长龙卫东到财务处检查指导以案促改工作。

副关长陈竹在南宁海关分会场参加2022年"全国食品安全宣传周"海关总署主题日活动。

16日 海关总署副署长孙玉宁在邕参加第十九届中国—东盟博览会和中国—东盟商务与

投资峰会开幕式。关长王味冰一同参加开幕式。

关长王味冰会见中国石化北海炼化有限责任公司总经理李继炳一行。

关长王味冰检查关区政务值班工作。

副关长杨保清会见梧州市副市长杨桢一行。

党委纪检组组长龙卫东组织召开关区派驻监督工作视频会议。

副关长陈竹陪同海关总署口岸监管司副司长夏俊、自贸区和特殊区域发展司副司长杜朝新在南宁海关调研。

19 日 关长王味冰会见自治区商务厅厅长杨春庭一行。

关长王味冰组织召开 8 月份外贸形势分析会。

副关长杨保清在邕参加全国政协"推进西部陆海新通道建设"专题调研座谈会。

副关长陈竹组织召开疫情防控实地检查动员部署会。

20 日 关长王味冰参加离退休干部重阳节座谈会。

副关长杨保清在邕列席自治区十三届人民政府第 124 次常务会议。

副关长陈竹出席海关总署疫情防控派驻实地督查工作见面会。

21 日 关长王味冰在贺州调研。

副关长陈竹出席友谊关海关科级及以上干部视频会议。

22 日 党委纪检组组长龙卫东巡考关区行政执法资格考试。

副关长陈竹组织研究进一步推动"口岸危险品综合治理"百日专项行动工作。

23 日 南宁海关组织参加海关系统"防风险、保稳定、迎二十大"专题电视电话会议。

党委纪检组组长龙卫东在邕参加自治区区直、中直驻桂单位党组（党委）书记抓机关党建工作座谈会。

副关长陈竹参加南宁海关"关企面对面"——进境食品农产品检疫审批政策宣讲活动。

23—24 日 关长王味冰在梧州调研。

26 日 关长王味冰组织召开统筹口岸疫情防控和促进外贸稳增长工作指挥部、重点工作督查暨关区安全生产工作会议。

副关长杨保清在邕参加自治区开放发展暨深化"放管服"改革、持续优化营商环境电视电话会议。

27 日 关长王味冰在防城港调研。副关长杨保清参加调研。

党委纪检组组长龙卫东参加口岸监管条线廉政主题党日活动。

副关长蓝华坚在南宁海关分会场参加全国海关技术性贸易措施交涉应对工作视频会议。

28 日 自治区主席蓝天立听取南宁海关专题汇报。听取关长王味冰汇报产业链、供应链向越南转移的应对举措及建议，对南宁海关创新提出"24 小时通关""24 小时运抵"模式给予充分肯定，表示自治区层面将全力支持，要求成立联合工作专班，进一步推动中越智慧口岸建设项目落地见效，支持广西高水平开放高质量发展。

副关长陈竹在桂林出席中国—东盟突发公共卫生事件应急联合演练。

副关长蓝华坚在邕参加自治区"稳外贸扩开放攻坚战"指挥部工作会议暨第五届中国国

际进口博览会广西交易团动员部署电视电话会议。

29 日　关长王味冰在邕列席自治区十三届人民政府第 125 次常务会议。

关长王味冰在邕参加全区疫情防控、安全稳定和保供保畅工作会议。

副关长杨保清会见自治区北部湾办二级巡视员覃开宏。

党委纪检组组长龙卫东在邕出席北部湾国际门户港清廉共建机制书画摄影作品展启动仪式。

副关长蓝华坚在南宁海关分会场参加全国海关科技安全生产工作电视电话会议。

30 日　南宁海关召开党委理论学习中心组（扩大）专题学习会。党委书记、关长王味冰领学习近平总书记关于总体国家安全观系列重要讲话精神，党委委员、副关长梁小锋作小结讲话。会议邀请自治区安全厅专家作专题授课。

关长王味冰在邕参加自治区稳经济大盘四季度工作推进电视电话会议。

副关长杨保清会见广西社会科学院原院长吕余生一行。

党委纪检组组长龙卫东在南宁海关分会场参加海关系统纪检监察干部监督工作会议。

10 月

1 日　关长王味冰检查关区国庆期间安全生产和政务值班工作。

关长王味冰在南宁机场海关调研。

2 日　关长王味冰带队走访慰问离退休干部。

8 日　关长王味冰组织召开南宁机场航班

监管复盘会暨疫情防控指挥部例会。

党委纪检组组长龙卫东组织召开纪检干部专题工作会议。

9 日　南宁海关举办"清风国门"——传承廉洁基因·弘扬清廉家风故事分享会。关党委书记、关长王味冰主持会议。会上，关区离退休干部及关员代表共 8 人分享家风故事。在关关党委委员，一级总监，机关各部门、事业单位主要负责人及干部代表在主会场参会，各隶属海关在分会场参会。

10 日　关长王味冰在邕参加自治区边境智慧口岸建设视频会议。

关长王味冰听取关区干部人事工作专题汇报。

副关长杨保清在梧州调研。

副关长陈竹陪同财政部广西监管局局长吴祥云在柳州调研。

11 日　副关长陈竹组织召开"跨境电商寄递'异宠'综合治理"专项行动工作会议。

11—12 日　关长王味冰在百色调研。

12 日　副关长蓝华坚在后勤管理中心调研。

13 日　南宁海关组织参加海关系统全力以赴做好党的二十大召开期间安全生产相关工作电视电话会议。关党委委员，缉私局政委，一级总监，各隶属海关党委班子成员、派驻纪检组主要负责人，机关各部门、事业单位主要负责人在各分会场参会。

关长王味冰在龙邦海关调研。

副关长陈竹带队走访财政部广西监管局。

副关长蓝华坚到邕州海关调研。

14 日　关长王味冰带队走访广西北部湾国际港务集团有限公司。

关长王味冰听取安全生产工作专题汇报。

16 日 南宁海关组织收看党的二十大开幕会直播。关党委成员，一级巡视员，机关各部门、事业单位主要负责人和党员代表在主会场收看；各隶属海关在各分会场收看。

南宁海关召开党委理论学习中心组"学习党的二十大精神"专题会。党委书记、关长王味冰领学习近平总书记代表第十九届中央委员会向大会作的报告精神，并就关区深入学习贯彻报告精神提出六点要求。

17 日 关长王味冰带队走访财政部广西监管局。

关区各单位部门迅速传达学习党的二十大报告精神。

18 日 南宁海关召开党委扩大会议学习习近平总书记参加党的二十大广西代表团讨论时的重要讲话精神。

副关长陈竹参加海关总署口岸监管司强化过境货物监管线上专题会议。

19 日 关长王味冰在峒中海关调研。

副关长陈竹会见中国外运广西有限公司副总经理吴杰一行。

20 日 关长王味冰在东兴海关调研。

副关长杨保清在邕参加北钦防一体化指挥部 2022 年第六次会议暨综合保税区联席会议。

副关长陈竹组织召开新冠疫情防控风险研判会议。

24 日 南宁海关组织参加全国海关学习宣传贯彻党的二十大精神视频会。在关关党委委员，缉私局政委，一级总监，机关各部门、事业单位主要负责人及处科级领导干部代表，各隶属海关党委委员及党员代表、派驻纪检组全体人员在各分会场参会。

关长王味冰在邕参加自治区传达学习党的二十大精神领导干部大会。

关长王味冰在邕列席自治区人民政府党组（扩大）会议。

党委纪检组组长龙卫东到南宁海关 2023 年度公务员考录报名资格审查现场检查工作。

26 日 关长王味冰在邕参加南宁国际区域航空枢纽重大项目全面建设推进会。

党委书记、关长王味冰组织召开学习宣传贯彻党的二十大精神专题会。

副关长陈竹在技术中心调研。

南宁海关派员参加海关总署进出口食品安全局与越南农业农村局兽医局就越南输华燕窝议定书磋商视频会议。

27 日 关长王味冰组织召开 9 月份外贸形势分析会。

副关长杨保清在邕参加自治区人民政府 2022 年"稳中求进攻坚年"总指挥部第二次会议暨四季度稳经济电视电话会议。

党委纪检组组长龙卫东、副关长陈竹听取南宁海关参与海关总署派驻重庆海关督查组的工作汇报。

28 日 关长王味冰在邕列席自治区第十二届委员会第四次全体（扩大）会议。

副关长杨保清在邕参加国务院今冬明春保暖保供工作电视电话会议。

党委纪检组组长龙卫东、副关长陈竹为支援疫情防控一线备战队员作行前动员。

29 日 南宁海关召开学习宣传贯彻党的二十大精神视频会议。党委委员，缉私局政委，一级总监，二级巡视员，二级总监，机关各部门、事业单位主要负责人、部分党员代表在主会场参会，各隶属海关党委委员及相关人员在分会场参会。

30日 关长王味冰在邕参加自治区国际航班加密复航保障工作专题会议。

31日 南宁海关组织参加海关总署党委理论学习中心组（扩大）学习暨司局级主要负责同志学习贯彻党的二十大精神培训班开班动员视频会。在关党委委员，一级总监，二级巡视员、二级总监，机关各部门、事业单位主要负责人及处科级党员领导干部代表，各隶属海关党委委员及党员领导干部代表在各分会场参会。

党委书记、关长王味冰参加关区办公条线党支部联学党的二十大精神会议。

11月

1日 关长王味冰在邕参加自治区研究边境智慧口岸试点建设工作会议。

南宁海关召开海关总署党委理论学习中心组（扩大）学习暨司局级主要负责同志学习贯彻党的二十大精神培训班南宁海关党委分组研讨会。关党委委员参加会议，相关部门主要负责人列席会议。

副关长蓝华坚组织召开涉检行政处罚案件和稽查业务研讨会。

2日 南宁海关组织参加海关总署党委理论学习中心组（扩大）学习暨司局级主要负责同志学习贯彻党的二十大精神培训班宣讲课。在关党委委员，一级总监，二级巡视员、二级总监，机关各部门、事业单位主要负责人及处科级党员领导干部代表，各隶属海关党委委员及党员领导干部代表在各分会场参会。

关长王味冰组织召开党委会专题学习重要会谈精神。组织学习中共中央总书记、国家主

席习近平同越共中央总书记阮富仲会谈精神和《关于进一步加强和深化中越全面战略合作伙伴关系的联合声明》。党委委员参加会议，各部门主要负责人列席会议。

3日 关长王味冰在南宁海关分会场参加海关总署"口岸危险品综合治理"百日专项行动总结暨常态化工作部署会。副关长梁小锋、陈竹，相关部门负责人参会。

关长王味冰在邕参加南宁市中越跨境物流快速通道建设专题会议。

副关长杨保清会见东兴试验区管委会副主任陈建林一行。

党委纪检组组长龙卫东出席关区二部人事工作专题宣讲会。

4日 副关长陈竹听取查验管控集约化改革工作专题汇报。

副关长蓝华坚出席关区国产化操作系统和终端替换工作会议。

4—5日 南宁海关组织参加海关总署党委理论学习中心组（扩大）学习暨司局级主要负责同志学习贯彻党的二十大精神培训班。聆听海关总署党委书记、署长俞建华总结讲话以及中央宣讲团成员关于学习党的二十大精神专题宣讲报告，参与大会交流环节。在关党委委员，一级总监，二级巡视员、二级总监，机关各部门、事业单位主要负责人及处科级党员领导干部代表，各隶属海关党委委员及党员领导干部代表在各分会场参会。

7日 关长王味冰在邕参加自治区打造桂林世界级旅游城市工作领导小组会议。

副关长陈竹在南宁海关分会场参加亚欧会议"智慧海关、智能边境、智享联通"国际研讨会。

副关长蓝华坚听取全景系统应用工作专题汇报。

8日 副关长蓝华坚在邕列席自治区人民政府第128次常务会议。

9日 关长王味冰听取推动广西新能源汽车出口专题汇报。

关长王味冰听取新政实施后越南鲜榴莲进口监控情况汇报。

副关长杨保清会见来宾市副市长李光劭一行。

党委纪检组组长龙卫东、副关长蓝华坚出席科技处以案促改专题工作会议。

10日 关长王味冰组织召开边境陆路口岸进出境车辆滞留提前应对专题研究会议。

副关长杨保清出席南宁海关学会第七次会员代表大会。

副关长陈竹在南宁海关分会场参加海关总署预算执行督导会。

10—11日 副关长杨保清在钦州调研。

党委纪检组组长龙卫东在南宁海关分会场参加全国海关纪检机构学习宣传贯彻党的二十大精神专题辅导视频会议，作为5位直属海关党委纪检组组长之一作重点交流发言。

副关长梁小锋在柳州调研。

11日 关长王味冰带队走访广西出入境边防检查总站。

11—12日 副关长蓝华坚在北海调研。

12日 南宁海关组织参加全国海关疫情防控工作专题视频会议。

14日 南宁海关组织参加自治区学习贯彻党的二十大精神中央宣讲团报告会。在关党委委员、缉私局政委在邕参加报告会。

15日 关长王味冰率队到中新南宁国际物流园调研。

关长王味冰率队到广西皇氏集团调研。

党委纪检组组长龙卫东参加南宁机场海关封闭管理组主题党日活动。

副关长梁小锋、陈竹组织召开常态化口岸危险品综合治理工作部署会。

南宁海关举办关区基层党支部书记学习宣传贯彻党的二十大精神暨综合能力提升专题培训班开班仪式。副关长陈竹主题授课，副关长蓝华坚作开班动员。

16日 南宁海关召开党委理论学习中心组（二十大专题一）学习会。

关长王味冰率队走访广西自治区外事办。副关长陈竹参加座谈。

17日 南宁海关召开党委理论学习中心组（二十大专题二）学习会。

关长王味冰会见华为公路水运口岸智慧化军团首席技术官岳坤一行。副关长蓝华坚参加会见。

关长王味冰组织召开10月份关区外贸形势分析会。

副关长陈竹组织召开疫情防控工作视频会议。

18日 关长王味冰出席中越"两国四方"海关第八次会谈（视频）。副关长杨保清、缉私局政委孙德顺、相关部门主要负责人、边境9个隶属海关主要负责人、中国驻越大使馆海关专员参会。

关长王味冰出席南宁海关基层党支部书记学习宣传贯彻党的二十大精神暨综合能力提升专题培训班"书记论坛"。

副关长杨保清在邕参加自治区疫情防控指挥部工作会议。

党委纪检组组长龙卫东出席关区纪检干部学习宣传贯彻党的二十大精神专题视频会议。

副关长陈竹参加自治区外事办与越南驻南宁总领事馆工作座谈会。

副关长蓝华坚在南宁海关分会场参加海关总署"一会两机制"经验交流视频会议，并在会上作经验交流发言。

21 日 南宁海关召开党委理论学习中心组（二十大专题三）学习会。在关党委委员参加会议，党委组成部门负责人列席会议。

22 日 关长王味冰在贵港调研。其间，王味冰关长还会见了贵港市委书记何录春、贵港市市长朱会东。

副关长杨保清会见防城港市副市长毛勤晶一行。

南宁海关举办基层党支部书记学习宣传贯彻党的二十大精神暨综合能力专题培训班（第二期）。党委纪检组组长龙卫东作开班动员，副关长陈竹作主题授课。

党委纪检组组长龙卫东到邕州海关调研。

副关长蓝华坚出席广西北海铁山港区获批国家进口贸易促进创新示范区有关情况新闻发布会。

22—23 日 副关长梁小锋在东兴海关调研。

副关长陈竹会见自治区商务厅副厅长习卫宏一行。

23 日 关长王味冰在玉林调研。其间，王味冰关长会见了玉林市委书记莫桦、市长白松涛、副市长范小花。

副关长杨保清率队到南宁富联富桂精密工业有限公司调研。

党委纪检组组长龙卫东在南宁海关分会场

参加全国海关政治部门学习宣传贯彻党的二十大精神学习宣讲视频会议。

24 日 海关总署副署长吕伟红在邕会见自治区常务副主席蔡丽新。南宁海关关长王味冰，海关总署卫生检疫司、进出口食品安全局相关负责同志参加会见。

海关总署副署长吕伟红在邕主持召开海关总署常态化口岸疫情防控现场调研会。听取南宁海关相关工作情况汇报；组织呼和浩特等 6 个海关就陆路口岸疫情防控工作开展专题研讨，梳理意见建议，总结经验做法，提出工作要求。海关总署卫生检疫司、进出口食品安全局相关负责同志参会，呼和浩特、深圳、乌鲁木齐海关通过远程视频连线方式参会。

南宁海关召开党委理论学习中心组（二十大专题四）学习会。在关党委委员参加会议，党委组成部门负责人列席会议。

25 日 海关总署副署长吕伟红在凭祥调研。南宁海关关长王味冰、副关长陈竹，海关总署卫生检疫司、进出口食品安全局相关负责同志参加调研。

副关长杨保清、党委纪检组组长龙卫东、副关长蓝华坚出席南宁海关基层党支部书记学习宣传贯彻党的二十大精神暨综合能力提升培训班"关长与基层科长面对面座谈会"。

副关长梁小锋在邕参加第六届自治区主席质量奖评审委员会会议。

副关长蓝华坚在邕参加中国—东盟建筑业合作与发展论坛、2022 中国—东盟建筑业暨高品质人居环境博览会开幕式。

26 日 海关总署副署长吕伟红在邕主持召开海关总署（航空口岸）常态化口岸疫情防控现场调研会。南宁海关副关长陈竹，海关总署卫生检疫司、进出口食品安全局相关负责同志参会，北京、上海、南京、广州、深圳、成都和西安海关以视频形式参会。

28 日 南宁海关召开党委理论学习中心组（二十大专题五、六）学习会。在关党委委员参加会议，党委组成部门负责人列席会议。

29 日 关长王咮冰在邕参加中国（广西）自由贸易试验区工作领导小组第三次全体会议。

党委纪检组组长龙卫东与新任职领导干部开展集体任前谈话。

30 日 关长王咮冰组织召开统筹口岸疫情防控和促进外贸稳增长工作指挥部暨重点工作督查会议。在关党委委员，缉私局政委，一级总监，总工程师，机关各部门、事业单位主要负责人参会。

副关长杨保清在邕参加自治区领导干部统计管理专题培训班。

12 月

1 日 南宁海关党委与财政部广西监管局党组开展理论学习中心组（扩大）联学活动。

关长王咮冰听取"查验管控集约化改革及边境口岸车辆滞留问题提前应对工作"专题汇报。

副关长杨保清在邕参加自治区推进关于促进铝产业高质量发展的决定实施工作部署会。

党委纪检组组长龙卫东参加关区政治部门学习宣传贯彻党的二十大精神学习宣讲视频会。

2 日 自治区人大常委会副主任、党组书记王跃飞到南宁海关调研。

副关长梁小锋在邕参加自治区 12 月区市经济运行视频调度会。

副关长陈竹在邕参加自治区人大研究处理澳门全国人大代表赴广西专题调研报告工作部署会。

5 日 南宁海关党委专题学习习近平法治思想。

关长王咮冰率队走访自治区市场监督管理局。

6 日 南宁海关组织收听收看江泽民同志追悼大会现场直播。

南宁海关召开党委理论学习中心组（二十大专题七）学习会。

关长王咮冰听取关区进境羽毛羽绒检疫监管工作专题汇报。

7 日 副关长杨保清率队到广西南国铜业有限责任公司调研。

副关长陈竹组织召开关区疫情防控专题会议。

7—8 日 党委纪检组组长龙卫东在北海调研。

副关长蓝华坚组织专题研究业务现场布控指令快速响应机制。

8 日 副关长杨保清参加全国海关办公室系统青年理论学习小组线上联学活动。

9 日 南宁海关召开党委理论学习中心组（二十大专题八）学习会。

关长王咮冰率队到广西南南铝加工有限公司调研。

副关长杨保清在邕列席自治区十三届人民政府第 131 次常务会议。

党委纪检组组长龙卫东、缉私局政委孙德顺组织召开走私案件失职渎职风险研判工作会议。

副关长蓝华坚组织召开专题会议研究全员打私工作。

12 日 南宁海关"铜精矿'保税混矿'业务模式"作为 19 项典型案例之一成功入选全国海关外贸保稳提质典型案例。

12—16 日 党委纪检组组长龙卫东在龙州调研。

13 日 副关长蓝华坚组织召开现场即决式布控试点工作推进视频会。

梧州海关综合技术服务中心牵头制定的《六堡茶出口规范》通过专家委员会审定。

14 日 副关长杨保清在邕参加自治区兴边富民工作推进电视电话会议。

副关长陈竹组织召开关区口岸疫情防控优化措施落实推进视频会议。

15 日 副关长陈竹组织召开南宁海关疫情防控专项考核综合研判会议。

技术中心、防城海关共同主持制定的国家标准《铜精矿及主要含铜物料鉴别规范》顺利通过审定。

16 日 副关长杨保清受邀为中共广西区委党校（广西行政学院）秋季学期主体班进行专题授课。

20 日 副关长杨保清在邕列席自治区第十二届委员会第五次全体会议暨经济工作会议。

22 日 副关长杨保清在邕列席自治区十三届人民政府第 132 次常务会议。

副关长蓝华坚在邕参加 2022 年广西文化旅游发展大会。

26 日 副关长陈竹在邕参加自治区研究口岸通关和跨年电商节有关工作会议。

27 日 南宁海关召开党委理论学习中心组（二十大专题九、十）学习会。

关长王味冰在邕参加全区疫情防控工作电视电话会议。

副关长陈竹组织召开疫情防控工作会议。

28 日 南宁海关组织参加全国海关新冠病毒感染疫情防控工作专题视频会议。在关党委委员、疫情防控相关部门主要负责人在南宁海关分会场参会，各隶属海关、缉私分局主要负责人及相关人员在各分会场参会。

29 日 南宁海关举行新任关领导见面会。关长、党委书记王味冰代表关党委表示坚决拥护海关总署党委关于卓汉涛、施惠祥同志的任职决定，欢迎卓汉涛、施惠祥同志的到任。在关党委委员，办公室、人事处、监察室负责人参会。

关长王味冰组织召开 11 月份关区外贸形势分析会。

30 日 关长王味冰在邕参加自治区 2022 年度经济工作专题协商暨调研协商座谈会。

关长王味冰在邕参加 2022 年自治区反走私综合治理工作三方领导联席会议。

党委纪检组组长龙卫东在南宁海关分会场参加全国海关全面加强审计问题整改工作专题视频会议。

副关长陈竹在邕列席自治区十三届人民政府第 133 次常务会议。

副关长蓝华坚在邕参加广西高质量实施 RCEP 一周年成果发布会。

第四篇

党的建设

党建工作

【概况】2022年，南宁海关围绕迎接学习宣传贯彻党的二十大精神这条主线，统筹推进思想政治工作，关区队伍思想总体稳中向好，主流积极向上，干部队伍整体呈现出政治坚定、凝聚力强、神完气足、人心思干、风清气正的生动局面，为关区事业发展提供了坚强政治保证和思想动能。

【学习宣传】2022年，南宁海关聚焦主题主线，切实把思想和行动统一到党的二十大精神上来。第一时间印发关区学习宣传贯彻党的二十大精神工作方案，部署13项具体任务。关党委分10个专题组织8次中心组集中学习研讨，通过与财政部广西监管局联学、邀请党的二十大代表专题宣讲、党委委员依次重点发言、撰写心得体会和理论文章等形式，切实强化

"头雁"引领。推进支部跟学、党员自学、青年研学，通过"三会一课"组织学习研讨900余次，在办公网主页、公众号开设专栏，开展"学思践悟二十大""党的二十大精神进科室""金句接龙诵读"等活动，征集心得1700余篇，多篇在《人民日报》、新华社刊发。将理论学习列入党委重要议事日程，

纳入党建工作责任制、意识形态工作责任制，制定年度"1+N"必学清单，逐季度指引、月度提醒动态更新，1—11月关党委召开中心组学习18次、"第一议题"学习64次，示范带动隶属海关党委开展中心组学习188次。把学习频次、成效纳入党建统筹考核重要内容，与述职评议、评优评先直接挂钩，建

▲2022年10月16日，南宁海关第一时间召开党委理论学习中心组"学习党的二十大精神"专题会

立理论学习"红黑榜"，通过列席、旁听中心组学习，检查支部学习台账等形式，对存在问题定期通报。大兴调查研究之风，推动两级党委深入基层调研宣讲100余次，关党委深入执法一线调研并形成调研报告33篇，两级党委、党员干部撰写调研报告近百余篇。其中，2篇获海关总署相关信息载体刊发，多篇得到海关总署、自治区领导肯定性批示。2021年，南宁海关中心组学习案例、理论学习文章获评自治区区直机关"十佳百优"学习品牌。

【作风养成】 2022年，南宁海关聚焦"严、紧、实"导向，不断树立可亲可敬可靠海关队伍形象。扎实开展政治机关建设专项教育活动，全面梳理岗位政治要求清单，切实推动关区干部职工牢固树立"从讲政治高度抓落实"的思想认识和行动自觉。自主开展形式主义、官僚主义专项整治，将隶属海关请示事项纳入关区督查清单，确保基层请示100%答复、100%落实。统筹整合多头、同时段基层调研事项，清理微信工作群39个，取消重复、非必要报送表格41项，切实做

到减负基层、提质增效。优化完善准军事化海关纪律部队管理制度，印发会风会纪"10不准"，开展"强化纪律作风建设"专项整治，着力优化执法一线窗口部门作风建设。每2周开展实地查、交叉查和视频查，组织4个督导组对23个隶属海关开展政风行风督导检查，提出提效能、优服务、树形象等20项督导意见。年内，获评全国"青年文明号"13个、获评自治区"青年文明号"19个。制定意识形态工作15项细化措施，印发干部职工"八小时之外"行为规范"9不准"，制定协管员、编外聘用人员管理办法，明确协管员岗位"13可为、11不可为"，从制度层面不断规范"八小时内外"工作纪律、生活作风。自主开展"以身边案警示教育身边人"等警示教育月活动3次、警示教育大会3次，制作"纪法大讲堂"42期，开展廉洁文化作品征集评选，举办"传承清廉家风"主题活动和系好"第一粒扣子"新关员座谈会，不断厚植廉洁文化，筑牢拒腐防变堤坝。

【精神文明建设】 2022年，南

宁海关聚焦"抓基层、打基础、守底线、创佳绩"工作思路，不断夯实打牢精神文明工作基础，让文明之花绽放南疆国门。坚持三年一规划、每年一计划，将精神文明建设纳入党委议事清单，推动形成"党委统筹—各单位部门推动—全员参与"的浓厚创建氛围。瞄准2023年新一轮两级文明单位创建目标，邀请区直工委文明办专家实地指导，推动固强补弱，力争再结硕果。健全图书室、廉政长廊等边关文化阵地，推动24个新时代文明实践所（站）在南宁海关机关、隶属海关100%全覆盖。开展"国门生物安全"实践活动，通过"普法大讲堂"、普法微视频和H5互动小测试等，推进26支志愿服务队开展进一线、进企业、进乡村、进社区、进校园志愿服务"五进"活动。在定点帮扶村组建苗族芦笙文艺队、老年山歌队，以接地气的山歌、舞蹈宣传推进移风易俗、宣传文明乡风，多个定点帮扶村获评自治区生态文明村、自治区民族团结示范村等称号。出台关爱"疫"线担当作为系列措施，组建41支党员突击

队、先后派出 4000 余人次、坚守国门"疫"线 1000 余天。强化榜样引领，完善荣誉表彰管理办法，着力在各项表彰奖励中向一线倾斜，举办典型报告会、主题图片展、拍摄榜样专题片，刊发事迹推送 1038 篇次，极大激发关区队伍干事创建、建工岗位内生动力。

【思想政治建设】2022 年，南宁海关深入学习宣传贯彻党的二十大精神，扎实开展"学查改"专项工作和政治机关专项教育活动，切实在学懂弄通做实习近平新时代中国特色社会主义思想上下功夫，关区队伍理论武装和党性锻炼持续深化，政治机关建设深入人心，"四个意识"不断增强，"四个自信"更加坚定。修订印发南宁海关党支部标准化手册，每季度发布党建重点工作指引，出台 20 项破解"两张皮"措施，实施 65 项"书记项目"，创建 5 个全国海关党建示范（培育）品牌、42 个关区党建示范（培育）品牌，评选两批 44 个关区"四强"党支部，优化党建统筹考核体系，依托"智慧党建"系统对 28 项基层组织党建工作进行

全程纪实、动态管理，持续推动关区党建高质量发展。制定印发进一步加强关区意识形态工作 15 条具体措施，组织开展意识形态领域风险隐患专项排查 1 次，排查风险问题 17 条，强化意识形态阵地管理，加强舆情监测和分析研判，紧盯重要领域、重点群体、重点人员强化管控引导，严密口岸意识形态保卫监管，深入开展"清源""正道"等专项行动，查获违禁印刷品及音像制品 1749 件，构筑关区意识形态坚实防线。持续深化精神文明建设，巩固拓展模范机关示范单位创建成果，开展"关长走进口岸封管区""基层基础大家谈""我来献一策"等活动，落实谈心谈话制度，关心干部职工困难和需求，落实关心关爱"疫线"系列举措，树立鲜明用人导向和激励导向，大力推进多批次处科级领导选拔任用工作，探索开展近年来最大规模的四级调研员及相当层次职级晋升工作，推进"三实"海关文化建设，建设高素质专业化干部队伍，大力锻造准军事化纪律部队。印发隶属海关全面从严治党工作指引和机关

职能部门落实全面从严治党责任清单，推动关区 15 个隶属海关设置机关纪委全覆盖，统筹开展执法、非执法领域专项整治，严肃开展以案促改，组织专题警示教育月活动 3 次，创新清廉文化建设，研究出台加强政风行风建设 5 条意见，用好海关政务服务"好差评"系统，进一步树正气、遏邪气、易俗气。

【基层组织建设】2022 年，南宁海关深入推进海关系统基层党建"双提升"行动、"五基三化"攻坚年行动，作为唯一中直单位在区直、中直驻桂单位党组（党委）书记抓机关党建工作座谈会上作重点发言，党建工作经验获《旗帜》杂志刊载。细化、量化基层党组织建设 45 项措施，实现业务一线"支部建在科上"应建尽建。修订编写南宁海关党支部建设标准化手册，健全"党建重点工作季度指引"机制和"党建常态化检视"机制，作为全国海关试点单位之一推动"智慧党建"系统应用推广，实现党建工作全过程纪实、动态化管理。

开展党建高质量发展统筹考核，评选出 13 个"流动

红旗"单位。推动实施 65 项"书记项目"并印发学习贯彻党的二十大，党建引领新征程——南宁海关优秀"书记项目"成果汇编。培树先进典型，5 个全国海关党建品牌顺利通过复核，其中 1 个全国党建品牌升格为示范品牌，1 篇基层党建案例入选全国海关基层党建工作创新案例，12 篇党建经验视频获评自治区、区直机关"党课开讲啦""八桂先锋"等活动一、二、三等奖，1 篇视频党课首次入选区直机关党员干部教育精品课程库。

【党风廉政】2022 年，南宁海关召开 2022 年南宁海关工作会议、全面从严治党工作会议，传达学习贯彻全国海关工作会议、全面从严治党工作会议精神，结合全国海关纪检监察工作会议精神，立足关区党风廉政建设形势，就进一步增强政治监督，深化关区党风廉政建设和反腐倡廉工作提出具体要求，部署 5 个方面 113 项重点工作任务。分级分类严密全面从严治党责任链条，建立完善两级党委、机关职能部门、事业单位全面从严治党责任清单，倒逼主体责任"去虚化

实"。全年召开 14 次全面从严治党专题党委会议、2 次党风廉政建设形势分析会，听取党委纪检组工作汇报 26 次，有力推动责任落实。

【派驻监督】2022 年，南宁海关高度重视派驻监督工作，实现隶属海关、事业单位派驻监督全部覆盖，建立派驻纪检组工作月报、舆情专报、专题报告直报党委机制，形成各类报告 278 份。关党委带头开展"如何提高一体推进'三不腐'能力和水平"课题研究，形成调研报告 8 篇。指导制定完善非执法领域各类规章制度 20 余项，研究出台关区防范化解海关系统腐败风险重点任务分工及防范措施。深入开展以案促改，制定廉政风险防控措施 190 条，建立、修订规章制度或操作指引 93 项，切实把权力关进制度的笼子。制定加强对"一把手"和领导班子监督任务清单，落实巡视巡察联动 10 项措施，完成对新成立的 4 个边境海关常规巡察，创新对派驻纪检组单独开展巡察，稳步实现关区 45 个单位部门巡察全覆盖。进一步明确机关纪委、纪检委员职能，提升了监督效能。

【干部管理监督】2022 年，南宁海关落实"一把尺""一张单""一盘棋"工作要求，严格"两项法规"刚性约束，交流调整高风险敏感岗位人员 19 人，对 1 名带病提拔干部开展责任分析。下发加强政风行风建设意见，自主开展"强化纪律作风建设"专项整治工作，出台干部职工"八小时"行为规范"9 不准"，明确协管员岗位"13 可为""11 不可为"。组织关区在职及退休人员经商办企自查，规范清理违规行为 132 人，对未如实报告配偶、子女及其配偶从业情况的 18 名在职干部进行批评教育，有效纠治利益冲突行为，对退休、离（辞）职人员通过制发从业告知书、本人签订承诺书等方式抓好宣传教育。

【正风反腐】2022 年，南宁海关坚持党性党风党纪一起抓，零容忍惩治腐败，全年受理问题线索 107 件，立案审查调查 29 起，给予党纪政纪处分 23 人，7 人主动投案，对履行主体责任不力的 2 个党组织、5 名领导干部予以问责。持续加固中央八项规定精神堤坝，建立风腐同查工作机制，对 5 人违反中央八项规

定精神问题立案审查。紧扣落实中央八项规定精神等开展专项监督，主动约谈27人次。建立一案一通报工作指引，优化处分执行流程，宣布严肃处分决定，加强回访教育和谈心谈话。发挥好"一案双查"的效能作用，完善打私反腐"一案双查"工作机制，建立失职渎职风险研判工作机制。

【警示教育】2022年，南宁海关以专项整治为抓手强化警示震慑，以"以身边案警示教育身边人""警钟长鸣、以案明纪"为专题，组织开展3次警示教育月活动，召开3次警示教育大会，推动曾经受到处分的7名关员上台讲感受。创新警示教育形式，汇编近年关区查处的14起重大典型案件再通报，组织拍摄的动漫形式作风建设警示教育片，被海关总署相关信息载体刊发。扎实推动以案促改，重点在建制度、立规矩、堵漏洞、防风险上下功夫，建立问题、责任等6张清单，督促各单位部门查找问题301个，制定整改措施702项。

【清廉文化建设】2022年，南宁海关着力深化清廉海关建设，持续办好"清风讲堂"，打造"以廉正心"纪法宣讲平台，定期刊登优秀廉洁文化作品和案例解析、纪法宣讲等内容，加强关键时间节点监督提醒，不断巩固廉洁意识。举办"清风国门"——传承廉洁基因·弘扬清廉家风故事分享会，深入挖掘关区文化中的廉洁基因，通过讲好廉洁故事、传承廉洁风尚、评好廉洁家庭等途径营造关区风清气正的政治生态。深入挖掘关区文化中的廉洁基因，征集廉洁文化作品172件，其中获2022年区直机关"八桂先锋"优秀作品5件，在"北部湾国际门户港喜迎党的二十大清廉共建书画摄影作品展"展出27件，在中国海关博物馆展出7件，编印南宁海关廉洁文化创意作品集锦《清韵》《扬清风、颂廉洁、树正气》廉洁文化微视频集锦，营造清廉机关浓厚氛围。结合海关部门特点，制订推进清廉机关建设的实施方案，获评广西清廉机关示范单位。

巡视巡察

【概况】2022年，南宁海关党委把巡视整改作为捍卫"两个确立"、做到"两个维护"的具体行动，扛起整改主体责任。全年关党委召开11次党委会研究部署推进整改工作，党委书记认真履行"第一责任人"责任，其他党委委员严格履行"一岗双责"，强力推进整改工作落实到位，圆满完成了巡视集中整改和中期整改任务，104项立行立改项目和12项中期整改项目全部销号，5项长期项目扎实推进。建立巡视整改研究推动、实地督导、挂账销号、公开通报"四项"工作机制有序推进整改，发挥纪检监察、人事政工部门日常监督作用推动整改落到实处，针对巡视反馈比较突出、集中的问题深入开展3个专项整治，推动制修订52项制度机制，堵漏洞、补短板、防风险，整改效果良好，群众满意度达99.83%。自我加压制订中长期整改方案和进一步深化巡视整改工作方案，建立中长期整改工作实施办法，推动整改常态长效。广东分署实地监督检查南宁海关时对巡视整改工作给予充分肯定。

【巡视整改集中清查】2022年，南宁海关扎实开展巡视整改集中清查，组织对2019年海关总署"整治形式主义、官僚主义"专项巡视整改、2021年海关总署常规巡视整改情况进行集中清查，党委书记、关长王味冰先后3次组织召开党委层面会议听取研究巡视整改集中清查工作，针对容易碰触底线、红线问题提出持续深化整改要求，推动党的十九大以来巡视反馈的25项问题整改见底清零，整改全面落实到位。

【巡察工作】2022年，南宁海关坚持守正创新，高质量完成巡察全覆盖任务。2022年成立2个巡察组，运用"一托二"的模式，对4个隶属海关开展常规巡察，共计发现贯彻中央重大决策部署有差距、推动全面从严治党工作有短板、队伍管理刚性不足等问题51个，提出意见建议15条，移交问题线索1条。创新对4个单位派驻纪检组单独开展巡察，实现对监督部门的再监督，共计发现做实重点监督存在薄弱环节、落细日常监督不够严密、自身建设存在短板等问题12个，提出意见建议12条。年内，对被巡察单位1名班子成员运用监督执纪"第一种形态"进行提醒谈话并通报，释放巡察震慑力。

【巡察整改】2022年，南宁海关深入推进巡察整改，对

2022 年被巡察单位集中整改情况开展质量评估，发现整改责任落实、整改完成情况、整改成效、整改规范性等方面问题 37 个，形成专题报告 8 份，有效推动整改任务落实落地；对历年巡察过的单位按照"每季度回顾检视，每半年全面复查"监督检查工作机制要求，开展中长期整改情况检查，防止问题反弹。

【巡察监督工作】2022 年，南宁海关认真贯彻落实巡视巡察上下联动具体措施，将海关总署巡视整改情况纳入巡察监督重点内容，同向发力，巡察时对巡视反馈问题整改情况开展同步检查，实现巡视巡察"接力式"监督。进一步强化巡察与纪检监察、组织人事等监管手段贯通融合，协同推进专项教育活动、以案促改等工作，将 2012 年以来巡视巡察发现的重点问题移交纪检监察部门，强化会商推动专项整治走深走实；根据巡察掌握的情况梳理出高风险岗位交流人员建议名单移交人事部门，将巡察结果运用于选人用人，在实地巡察过程中统筹开展选人用人检查工作，实现"一次进驻、并行检查、成果共享"。

【巡察队伍建设】2022 年，南宁海关优化巡察干部管理机制，在"选、育、用"上发力，运用"全周期管理"方式打造过硬干部队伍。选优配强，建立 52 人的组长库和 166 人的干部队伍库，选派优秀年轻干部参加巡察工作。通过巡前培训、巡中实践、巡后考评加强对巡察干部的培育，评选 6 名优秀巡察干部进行通报，对党的十九大以来参加巡察的干部专门颁发证书给予肯定。2022 年参加巡察的 4 名干部得到提拔重用，占比为 25%，巡察"熔炉"作用突显。

纪检监察

【概况】2022年，南宁海关纪检监察部门以习近平新时代中国特色社会主义思想为指导，深入学习贯彻落实党的二十大精神，履行监督执纪问责职责，围绕"抓基层、打基础、守底线、创佳绩"工作思路，守正创新，敢于善于斗争，为南宁关区各项工作高质量发展提供了坚强的政治保障和纪律保障。突出政治监督，紧盯"国之大者"，推动政治监督具体化、精准化、常态化。强化派驻监督，研究出台进一步加强党委派驻纪检组管理和建设的通知，建立派驻纪检组工作月报等3项直报南宁海关党委信息载体。推动以案促改，全面推进清廉海关建设取得实效。做实"海关重点项目和财物管理以权谋私"专项整治，非执法领域基层基础工作得到进一步夯实。强化自身建设，优化科室设置，实现案管、承办、审理"三分离"，制定问题线索集中管理等11项规章制度，推动全链条工作流程规范化。年内，在海关系统纪检机构工作整体考核、分类考核中名列"双第一"佳绩。

【监督检查】2022年，南宁海关紧盯习近平总书记重要指示批示精神和党中央重大决策部署，找准履职尽责的切入点和着力点，以强有力政治监督保障党中央决策部署在南宁海关落地落实。聚焦学习宣传贯彻党的二十大精神强化监督，开展监督检查3轮次，约谈2人次，推动党的二十大战略部署在海关落地见效。聚焦"国之大者"

▲2022年8月16日，南宁海关组织纪检干部座谈交流

强化监督，紧扣统筹疫情防控和经济社会发展开展监督46次，制发监督建议书16份。紧扣安全生产、落实中央八项规定精神纠治"四风"等开展专项监督约谈27人次。紧扣巡视整改，组织开展3轮次监督核查，形成纪律检查建议20条。

【从严治党】2022年，南宁海关深入学习贯彻党的二十大精神，坚持严的基调不动摇，始终牢记"两个永远在路上"，一体推进不敢腐、不能腐、不想腐，不断推动关区全面从严治党向纵深发展。坚持落实一年两次全面从严治党、党风廉政建设工作例会制度，南宁海关党委每季度听取党风廉政建设和反腐败工作汇报，研究部署并指导督促相关工作。南宁海关党委年初下发全面从严治党主体责任清单重点任务项目，细化21项具体任务，第一时间为相关工作定标定准定调。进一步加大问责力度，对2个党组织、5名领导干部履行主体责任不力予以问责。

【专项整治】2022年，按照海关总署党委、驻署纪检监察组的统一部署，南宁海关扎实开展"海关重点项目和财物管理以权谋私"专项整治工作。做好综合协调，组建3个项目组，指派3名纪检干部精准对接6个专班，全程参与、跟进监督、形成合力。全面加强风险排查，用4天时间对1126个重点项目逐条审议，抽丝剥茧，确定高风险项目33个。推动总关层面建立规章制度20余项，编印财物管理工作手册1套，建立小程序3个，各隶属单位共整改非执法领域问题226个，制定廉政风险防控措施190条，建立、修订规章制度或操作指引93个，关区非执法领域基层基础工作得到进一步夯实。

【执纪问责】2022年，南宁海关实事求是运用监督执纪"四种形态"，对于不收敛不收手问题，精准把握政策策略，坚决从严处理。加大"第一种形态"的运用，按照南宁海关运用"第一种形态"工作指引要求，运用"第一种形态"处置98人次，实现抓早抓小、防微杜渐。运用"第二种形态"处置18人次，"第三种形态"处置8人次，"第四种形态"处置2人次，强化不敢腐的震慑。

【作风建设】2022年，南宁海关把作风建设摆在突出位置来抓，深化纠治"四风"顽瘴痼疾，推动作风建设常态化、长效化。加固中央八项规定精神堤坝，结合关区监督执纪问责情况，找准关区"四风"问题表现及问题背后的症结原因。持之以恒坚持重要节点通报曝光、常态化监督检查、节前廉洁提醒。针对反映的"四风"问题线索优先处置，保持高压态势，从严从重处理，对2名存在形式主义、官僚主义、作风不实问题的领导干部进行问责处理。

【警示教育】2022年，南宁海关扎实开展警示教育，开展为期3个月警示教育月活动，推动10余名纪检组长上台讲法、违纪人员以身说法，汇编14起关区查处的重大典型案件进行再通报。创新警示教育形式，组织拍摄1部动漫形式的作风建设警示教育片，得到海关总署相关信息载体刊发。制定一案一通报指引，对23起违纪违法案件进行通报。

【队伍建设】2022年，南宁海关党委高度重视纪检干部队伍建设，从关区优秀干部中选调 26 名充实到纪检队伍，从纪检监察部门提拔任用关长 1 名、副关长 4 名。打造教、学、练、战一体化干部培养模式，派出 7 人次参加驻署纪检监察组"以干代训"，选拔 16 人次到监察室跟班学习。抽调 7 名纪检干部参加政治机关建设专项教育、巡视巡察等集中工作。对履职不力的纪检干部开展主动约谈 14 人次，对 16 名处于内部高风险区域的纪检干部实行工作轮岗，严防"灯下黑"。

队伍管理

【概况】2022 年，南宁海关坚持以习近平新时代中国特色社会主义思想为指导，以党的二十大精神为指引，深入贯彻新时代党的组织路线，坚持"一把尺""一张单""一盘棋"要求，树牢"重政治、重品行、重基层、重担当、重实绩"导向，围绕"抓基层、打基础、守底线、创佳绩"工作思路，对标中心大局组织保障，聚焦干部群众期盼关注，紧盯队伍发展结构堵点，扎实推进"育、选、管、用"各项工作。

【疫情防控组织保障】2022 年，南宁海关分层级分类别筛选组建 343 人的备战队，定期开展模拟演练，确保备而能战，分 12 批次选派 87 人次支援一线重点口岸。严格落实"日统计、日报告"任务和因公出差、因私出行审核，推动上线"一人一档"线上平台和手机移动端，实现对关区 2577 名在编、1384 名非编人员的信息全覆盖。加大及时奖励力度，坚持按季开展疫情防控专项奖励，对疫情防控工作表现突出的 10 个集体、39 名个人记三等功（记功）、嘉奖。探索建立管控区域干部职工轮休调整机制，分 4 批次组织关区位于管控区内的 3 个隶属海关、1 个缉私分局共计 85 名干部进行集中休整。扎实开展"关长走进口岸封管区"系列工作，两级党委共 62 人"应进尽进"，走进口岸封管区与一线关员同吃同住同战斗，累计封闭管理时长 921 天，形成专题调研报告 62 份，分级分类梳理形成具体问题和意见建议 200 余项，并抓好问题建议的跟踪处置和及时反馈，各项工作取得扎实成效。

【干部人事管理】2022 年，南宁海关深入开展领导班子和干部队伍分析研判，探索建立干部实录档案，完成对 45 个处级领导班子和全体处级领导干部、隶属海关党委委员的干部实录。大力推进优秀年轻干部发现和培养，研究制定发现和培养选拔优秀年轻干部 10 方面、28 项具体措施，建立年轻干部库并动态保持入库人数不少于 100 人。探索建立导向鲜明、上下贯通、统筹优化的关区职级晋升工作机制，明确 3 类、15 项具体晋升路径标准。年内，以空前力度开展职级晋升工作，一级至四级调研员职级职数空缺率下降 17 个百分点。坚持干部工作"五重"导向和"三个一"要求，不断配齐配强处、科级领导班子，大力开展处、科级领导干部培养选拔和交流提任工作，处、科级领导干部队伍平均年龄分别下降0.6岁、1岁，副科级领导职数空缺率下降9.1个百分点，队伍结构优化成效明显。研究制定推进事业单位健康发展3方面、12项具体措施，持续推进事业单位专业技术团队建设，组建专业技术团队12支，研究涉及4个领域、34个科研项目，取得项目研究成果30项，获得省部级及以上奖励10项，有力形成专业技术人才队伍雁阵效应。大力开展职称评定工作，向海关总署推评人选质量达到新高度。全年，共推荐正高级职称10人、副高级职称13人，评定中级职称1人、认定专业技术职务任职资格5人。持续优化机构编制，深入开展"三定"规定执行情况评估和优化完善工作，对14个部门单位的职责、科级机构、科级领导职数进行调整，综合理编34名，有效提升关区机构编制使用效益。

【干部监督管理】2022年，南宁海关大力构建事前培训指导、事中查核认定、事后严肃处置的"两项法规"刚性约束闭环，完成257名领导干部个人有关事项报告集中填报和11批48人次随机抽查、重点核实工作，共制发提醒函24份、批评教育书23份。全年，关区个人有关事项如实报告率继续维持较高水准。深入开展违规投资企业及在企业兼（任）职问题自查整改，排查关区在职及退休人员3016人，对121人异常人员开展集中研判，结合研判结果对62人进行批评教育、提醒谈话处置，8人违规线索移交纪检监察部门处置。深入开展海关总署巡视、选人用人监督检查整改工作，围绕反馈问题制定的16项整改措施已全部整改完成。修订完善两级党委管理规定，对4个隶属海关开展选人用人监督检查，有力推进隶属海关领导班子严格按照制度规定行使"用人权"。

教育培训

【概况】2022年，南宁海关始终坚持以习近平新时代中国特色社会主义思想为指导，紧密围绕关党委"抓基层、打基础、守底线、创佳绩"的工作思路，围绕服务关区中心工作，围绕基层培训需求，充分发挥干部教育培训的基础性、引领性作用，统筹推进圆满完成各项培训任务。

【专项教育】2022年，南宁海关始终把落实习近平总书记重要指示批示精神作为首要政治任务，始终把党的政治建设摆在首位，紧密围绕深化政治建关需要开展干部教育培训，把习近平新时代中国特色社会主义思想作为关区教育培训覆盖全员、全班次的"第一课程"。将学习宣传贯彻党的二十大精神作为主线和核心，融入关区各类培训班，不断强化政治训练，

▲2022年11月18日，南宁海关基层党支部书记培训班暨"书记论坛"现场

紧扣专项教育活动主题和动作设计教学安排，重点抓好处级领导学习党的十九届六中全会精神轮训、基层党支部书记学习贯彻党的二十大精神暨综合能力提升专题班等重点班次，引导党员领导干部坚定理想信念，提升服务大局、服务高质量发展的意识和能力，形成学习宣传贯彻党的二十大精神的强大

合力。

【培训考核】2022年，南宁海关突出"规范性、高标准"组织实训考核，进一步扩大疫情防控技能岗位培训考核覆盖面，确保疫情防控充足的人力保障。"一关一策"实施疫情防控实操复训，"线上+线下"抓好政策理论强化学习，一线人员安全防护意识、实操水平和处置能

力得到显著提升。搭建全景模拟实操平台，实施小班制实训、专家集体研判、线上全流程复核。全年，关区通过入境人员卫生检疫岗培训考核1801人、通过进口冷链食品查验岗培训考核1830人，实现关区85%以上人员获得至少一项疫情防控业务资格。

【教育培训】2022年，南宁海关聚焦科长这支关键队伍的能力提升，将科级领导能力提升班作为年度集中调训重点班次，综合提升政治能力、学习能力、业务能力、斗争能力、协调能力和统筹能力，突出培训实效，切实将提升班打造成优秀科长成长进步的"充电站"，锻造忠诚、干净、担当的基层一线管理队伍。做好新关员这支新生力量的起步培养，组织35名新关员在实训基地开展一个月的通识教育培训，着力将新关员通识教育培训打造成全面提升新关员政治理论素质、业务实操水平和依法行政能力的综合性培训，进一步激发团结奋斗的决心，提升学习能力，为培养出一支高度融合的高素质专业化新生力量打好基础。

【团队建设】2022年，南宁海关突破传统集中调训的教学模式，以关区RCEP、海关特殊监管区域和自由贸易试验区监管、稽（核）查、新闻舆论4个业务领域为试点，开展为期3~6个月的全流程学习培训示范项目，在有效解决实际问题、完成具体项目的过程中培养专业人才。全年，培训4个条线专家骨干160人次，形成"干中学、学中干"的工作培训机制，实现"项目推进+人才培养+专业人才团队建设"三者有机统一。

【实操实训】2022年，南宁海关建立健全业务领域"教学练战"一体化实训模式，分级分类、有序进阶，突出实战应用、战练同频，推动关区实训向多元化、纵深化方向发展。全年，建立13个标准化实训教学点，为初任培训、转岗培训、在岗培训、骨干培训、资质培训、岗位练兵、技能比武等教学活动开展提供有力支撑，持续夯实基层一线执法监管和服务发展能力基础。

离退休干部管理

【概况】2022年，南宁海关以习近平新时代中国特色社会主义思想为指导，认真学习宣传贯彻党的二十大精神，以强化政治机关建设为统领，聚焦"抓基层、打基础、守底线、创佳绩"，用心用情用力做好离退休干部工作，获评全区老干部工作先进集体。

截至2022年12月底，南宁关区离退休干部共计945名，其中离休干部10名，退休行政干部757名，退休事业干部87名，退休工人101名。南宁海关机关离退休干部（含在编工人）328名，根据离退休干部居住地、方便管理等情况划分为8个党支部（凤岭一、二、三支部，桃源支部、滨湖支部、古城支部、茶花园支部、青山支部），根据党建带群建的探索，把非党同志纳入相应支部统一管

▲2022年1月12日，南宁海关召开离退休干部工作领导小组会议

理。隶属海关单位共有离退休人员617名，23个隶属海关单位中，有19个单位有离退休干部，还有峒中海关、硕龙海关、平孟海关、贺州海关、河池海关5个单位没有退休人员。

【党建工作】2022年，南宁海关组织离退休干部党支部迅速掀起学习党的二十大精神热潮，通过观看视频、听取宣讲报告、聚焦式会谈等线上线下开展学习10余次。组织开展"七一"主题党日活动，为"光荣在党50年"纪念章获得者代表颁发纪念章。组织换届选举，开展党务工作培训，开展示范党支部创建，1个支部获评关区"四强"党支部，并在全区离退休干部党支部建设工作经验交流会上作书面经验交流。

组织开展"建言二十大"和"我看中国特色社会主义新时代"调研活动，整理感受、建言等70余条。

【服务管理】2022年，南宁海关进一步完善智慧银海平台人员信息录入，达到"应录尽录"。深入各支部开展微信"适老化"改进、常用智能手机软件使用、智慧银海平台登录使用、微信公众号关注等基础应用的培训。完善离休干部"一人一策"，每月上门探视或电话慰问；为9名异地居住老干部报销体检费；帮助3名老干部办理长护险，减轻家庭负担；对异地居住老干部开展邮寄慰问品试点。全年，共开展各类上门慰问188人次，开展春节和重阳节慰问发放慰问品600余人次。

研究出台《中共南宁海关委员会关于印发加强新时代离退休干部党的建设工作的若干措施的通知》，制定和修改离退休干部党支部组织生活试行指引等4项工作制度。针对隶属防城海关退休干部颜某醉酒驾驶机动车违法违纪案件进行情况通报，在全关区范围内组织离退休干部开展警示教育活动，对长期异地居住的老同志逐一打电话进行通报和提醒，要求以案为鉴，警钟长鸣。根据人事部门统一部署，全年2次在离退休干部中开展海关工作人员违规投资企业及在企业兼（任）职问题自查整改工作，共计查出24人次有违规情形，全部按要求进行整改和谈心谈话。

【文化教育】2022年，南宁海关持续推动党史学习教育，在80岁以上离退休干部中开展"口述关史"视频录制工作。全年，共完成4人次约11小时。向自治区党委老干部局、离退休干部工作工委争取培训名额，将南宁海关离退休干部党支部书记、委员纳入自治区"千名书记培训工程"培训，提高老同志开展党务工作的能力。利用各级各类媒体宣传老干部亮点工作，全年获得"中国海关"强国号采用1篇次，《中国国门时报》采用2篇次，《老年知音》采用3篇次，以及其他载体采用共计约70篇次，1名工作人员参与海关总署离退局"鑫海桑榆"编辑工作。

第五篇

业务建设

法治建设

【概况】2022年，南宁海关坚持以习近平新时代中国特色社会主义思想为指导，持续深入学习贯彻习近平新时代中国特色社会主义思想和党的二十大精神，全面贯彻落实中央全面依法治国工作会议精神，严格落实《广西壮族自治区法治社会建设实施方案（2021—2025）》和《法治广西建设规划（2021—2025）》各项要求。

【政治学习】2022年，南宁海关第一时间组织全体人员通过集中观看等多种形式全程收看党的二十大开幕会；通过党委理论学习中心组学习、"三会一课"等，深入学习领会党的二十大报告精神，立足职能提出贯彻落实措施。将习近平法治思想作为各级海关党委理论学习中心组重点学习内容，推动全员坚持不懈用习近平法治思想武装

头脑、指导实践、推动工作。坚持"第一议题"制度，第一时间学习领会习近平总书记重要指示批示精神，毫不放松抓好常态化疫情防控，加强安全生产工作。各级党委把法治建设纳入本关全局工作统筹谋划，主要负责人切实履行推进法治建设第一责任人的职责，法规机构主动当好本级党委法治建设的参谋助手，对重点法治工作、重要制度安排和重大复议诉讼案件均及时向党委汇报并抓好推动落实。

【法规管理】2022年，南宁海关牵头开展《中华人民共和国海关法》（以下简称《海关法》）修订工作中关于"法律概念组"的研究工作，对《海关法》修订草案提出16条修改意见；对4部海关总署规章研提立法意见19条，对43部海关总署规章提出评

估建议69条；作为海关法治第4协作区副组长成员单位，承担《国际航行船舶出入境检验检疫管理办法》等5部规章的立法后评估工作。印发2022年度制度建设计划，启动制度的"立改废"工作，对制度进行100%审查。对规范性文件及内部管理制度、支持发展举措、创新监管举措等进行合法性审查，为规范执法和业务改革提供法治保障。选取重点领域、关键环节制度分两批次开展检查，通过隶属海关自查和南宁海关检查组实地及线上检查，及时查找风险和漏洞，为规范关区执法提供强有力的保障。按海关总署部署统筹推进全面实行行政许可事项清单管理工作，保持关区行政审批"零超时""零差评"。

【行政执法】2022年，南宁海关组织完成对海关系统权责

清单征求意见工作，参加海关总署权责清单集中工作，对海关系统权责清单进一步修改完善。对180件法律论证事项提出法律意见750条。完成案件审理委员会工作规程修订，进一步提升案件办理规范化水平。建立诉讼案件庭前模拟法庭实战演练机制，就演练中应诉人员存在的不足和问题提出具体指导意见，进一步提升基层海关应诉能力和水平；组织案涉行政行为相关的职能部门进行"专家会诊"并提出具体指导意见。

【法治监督】2022年，南宁海关编发"律政说法"案例选，为规范关区执法提供参考。印发法规处关于推广运用新时代"枫桥经验"有关工作的通知，召开新时代"枫桥经验"推广运用工作推进会，开展推广运用新时代"枫桥经验"全周期培训。在南宁海关所属钦州港、东兴、友谊关海关培育新时代"枫桥经验"示范点，吸纳公职律师、法律顾问、各部门业务专家成立行政调解团队，构建前端化解体系。

【普法宣传】2022年，南宁海关印发"总关+隶属海关"两级普法责任清单，将普法工作与各项业务工作同部署、同检查、同落实；优化"南宁海关普法讲师团"管理，整合资源，精选各业务线条业务骨干担任讲师，将讲师团打造成为关区普法重要力量。聚焦基层普法需求，建立"南宁海关普法大讲堂"长效机制，推出系列法规解读、执法实务、纪法教育等精品课程10期，靶向提供专项法治辅导。紧抓"4·15"全民国家安全教育日、"8·8"海关法治宣传日等重要时间节点，组织关区开展"南关普法速递"系列活动逾百场，打造"公职律师有约""律政说法"等多个特色普法品牌，构建起普法宣传矩阵其中《大家说法丨生物安全法，来了!》获得自治区党委政法委2021年度全区政法优秀新闻作品评选活动三等奖。推动东兴口岸用好广西首个边境口岸法治宣传教育基地，通过图片文字、禁止携带进境物品展示以及智能AI互动等形式，对进出境人员广泛宣传习近平法治思想以及国门安全等法律法规，该基地获评"全国法治宣传教育基地"。

业务改革与口岸运行

【概况】2022年，南宁海关出台稳外贸措施，优化口岸营商环境，推进2022年南宁关区"11+2"项重点改革，抓好涉企问题清零工作，持续释放改革红利，力促2022年广西外贸进出口同比增长11.3%。推广运行"非接触式"通关模式，保障口岸通关顺畅；推动硕龙等3个口岸获批扩大开放或临时开放，11个泊位通过验收，创历史新高。高质量推进2022年西部陆海新通道建设海关任务，持续加大与西部陆海新通道沿线海关沟通协作，推进"陆海通"系统建设取得关键突破，助力北部湾港全年外贸进出口额实现3365.2亿元，同比增长54%。加强报关单运行监控，及时处理业务疑难问题，保障进出口货物通关顺畅。组织开展"龙腾行动"，加强知识产权海关保护。建立完善禁限管理监管证件事后核查机制，组织开展打击伪造境外检验检疫证书专项行动，全面核查报关单15万份。首次将技术性贸易措施对茧丝绸影响纳入国家调查，开展规范标准建设，获批准立项海关技术规范和地方标准14项，正式发布螺蛳粉全产业链地方标准5项。

【业务改革发展】2022年，南宁海关实施"11+2"项重点改革，进一步优化监管流程、提高作业效率，其中"集矿优化"、"进境动物生皮检疫监管"、属地查验远程视频辅助检查等项目成效显著，受到企业好评；深化药食同源食品用商品进口通关便利化改革，进一步扩大参与改革城市，参与改革企业范围及进境口岸数量，有效释放改革红利；参与自治区改苗攻坚，重点推进"广西茧丝绸产品技术性贸易措施应对机制改革"落地见效，并成功入选自治区改革攻坚优秀成果（50佳）。

【对外平台建设】2022年，南宁海关高质量推进2022年西部陆海新通道建设海关任务，持续深化西部陆海新通道沿线海关合作，重点围绕加强区域海关信息互联互通与贸易统计分析、风险防控领域一体化改革等内容持续开展合作，推进"陆海通"系统建设取得关键突破。年内，西部陆海新通道新开通线路已达78条，北部湾港集装箱吞吐量702万标箱，同比增长16.78%，全国排名第九，海铁联运班列累计开行8800列。统筹协调，在共建"一带一路"、西部大开发、粤港澳大湾区等重大战略中发挥海关作用，为壮美广西建设贡献海关力量。落地实施陆路启运港退税政策，北部湾港成为全国首个陆路启运港退税政策试点港口。深化区域海关跨关区协同创新，开展海铁联运"批量转关"新模式，实现转关运输"一次申报、一次验核、多批次放行"，整体压缩转关时间24小时以上，海铁联运综合物流成本降低约18%。与重庆、成都、昆明、贵阳等海关建立跨关区粮食调运机制，推进"附条件提离"改革等措施，实现粮食取制样无人化、智能化和自动化，助力西部地区饲料产业发展。

【通关运行管理】2022年，南宁海关监控关区进出口货物通关效率情况，参与中国国际贸易单一窗口建设，完成海关总署综合业务司通关业务运行专项工作任务；加强与自治区外事办、卫健委联系，指导友谊关、东兴等口岸海关快速验放多批次对外援助医疗物资；实现北部湾启运港退税政策落地实施，确保西安—钦州港首票启运港退税货物通关顺畅；开展

查验异常处置系统上线试点运行，实现沿海、沿边、沿江、内陆不同业务现场全覆盖；按照"三保三控"原则组织落实进口煤炭管控工作，对保暖保供进口电煤开通绿色通道快速通关，保障全区能源供应。

【贸易管制与技术规范】2022年，南宁海关建立并完善禁限管理监管证件事后核查机制，组织开展打击伪造境外检验检疫证书专项行动，核查入境报关单近15万份，共查发疑似伪造证书82份。大力推动技术规范立项与申报工作，全年南宁海关获批广西地方标准10项、团体标准1项，获批立项海关技术规范3项。

【知识产权海关保护】2022年，南宁海关强化关企合作，联合8地直属海关，与宝洁、高通等50多家公司建立培训机制。全年，共举办各类知识产权保护工作培训26期，有效提升关员执法水平；引导广西27家企业在海关总署备案知识产权104项，备案企业数、知识产权数同比分别增长1.5倍和1.3倍；关区共查办进出

口环节侵权案件555起，查获侵权货物33万件，涉案货值627万元，1起案件获评海关总署上半年打击侵犯知识产权典型案例。

【口岸开放发展】2022年，南宁海关持续跟进指导友谊关、水口、峒中、硕龙等边境口岸开放和建设，推动硕龙公路口岸获批扩大开放，友谊关口岸浦寨货运通道和龙邦口岸那西通道获批继续临时开放，促成爱店公路口岸成功获批进口药材边境口岸，钦州港、防城港、北海港口岸11个泊位对外开放完成验收并启用。

【技术性贸易措施研究】2022年，南宁海关针对越南实施的不合理的技术性贸易措施，提交世界贸易组织（WTO）"特别贸易关注"议题，帮助我国精准扫除汽车行业出口"贸易壁垒"，帮助我国对越南汽车出口同比增长近七成，荣获全国海关集体二等功。

【优化口岸营商环境】2022年，南宁海关落实2022年海关总署促进跨境贸易便利化专项行动部署会议精神，联合相关部门制定38项细化措

施，研究制定南宁海关优化口岸营商环境 15 条措施，组织推动改革落地见效，持续推进提升跨境贸易便利化水平；在广西所有口岸全面推广进出口货物"提前申报"

通关模式，助力企业节省货物装卸、存储、转运环节成本和时间。全年，关区进口、出口货物"提前申报"应用率分别为 89.09%、92.79%，"两步申报"应用率为

37.98%。2022 年 1—12 月，广西进口整体通关时间为 11.65 小时，较 2017 年压缩 76.85%；出口整体通关时间为 0.38 小时，较 2017 年压缩 98.73%。

自贸区和特殊区域管理

【概况】2022 年，南宁海关自由贸易试验区（以下简称"自贸试验区"）制度创新在海关总署和自治区两个层面均取得良好成效。全年，新增 2 项创新举措获海关总署备案，累计已有 7 项备案创新举措，在全国海关排第 3 位；2 项改革试点经验入选第三批自治区级创新成果，累计已有 26 项自治区级创新成果，占总数的 25%，在各厅局级单位中占比最高；4 项创新成果获得中国（广西）自由贸易试验区（以下简称"广西自贸试验区"）建设指挥部首次专项表彰。

【自贸试验区制度创新】2022 年，南宁海关成立专班推进落实 10 项年度自贸试验区重点工作项目，取得良好成效。国务院赋予广西自贸试验区总体方案中涉及海关的 40 项试点任务全面完成，新增 2 项自贸创新举措获海关总署认可备案，其中 1 项为南宁海关与哈尔滨、昆明海关联合上报，累计已有 7 项获海关总署认可备案；2 项海关改革试点经验入选第三批自治区级自贸创新成果，累计已有 26 项自治区级创新成果，占比为 25%；4 项自贸试验区创新成果获得自贸试验区建设指挥部首次专项表彰；复制推广国务院前 6 批改革试点经验，三批自治区级自贸创新成果中涉及海关工作的 26 项已全部组织复制推广。

【特殊监管区域管理】2022 年，南宁海关全力支持广西打造高水平对外开放平台，保障梧州综合保税区完成建设，并顺利通过预验收；支持凭祥综合保税区功能区域划分项目建设，验收并启用卡口三、内卡口和小型查验场；支持钦州综合保税区新增行政通道、升级货运通道，顺利完成验收并启用；配合自治区政府完善相关材料，并正式向国务院申请设立防城港综合保税区；支持百色靖西市申建保税物流中心（B型）的诉求，继续指导桂林市（荔浦）、贵港市、玉林市做好申建保税物流中心（B型）的基础工作。持续推动特殊监管区域高质量发展取得新进展，配合自治区主管部门对发展绩效评估工作要求开展解读，协助各综合保税区和主管部门做好年度自评数据和材料的审核、上报，派员参与海关总署评估集中工作，全面客观反映广西综合保税区发展成果；针对海关总署公布的评估结果开展分析研究，帮助自治区主管部门从全国视野审视广西综合保税区，找准提质进档的优势和短板；配合海关总署开展"新时期海关特殊监管区域高质量发展"课题调研，并同步组织 5 个隶属海关完成关级课题报告。

关税征管

【概况】2022年，南宁海关继续深化综合治税，提升关区征管治理能力，完善税收风险防控体系，提高税收征管质量和水平，深入推进关税领域各项征管改革，高质量服务广西外贸经济发展，推动关区税收征管"量、质、效"再上新台阶。全年，累计入库税收445.98亿元，征税规模再创历史新高；持续发挥"减、免、退"等税收优惠政策突出作用，为企业减免退缓税款共计88.76亿元；推动高质量实施RCEP，全国首家RCEP经核准出口商落户广西、全国首创出台RCEP关税减让"三张清单"，"行动学习—RCEP研究团队"获评自治区"机关党建+行动学习"十佳案例，上述工作获中央电视台《新闻联播》《焦点访谈》等重点

平台播报上百次，宣传工作排全国关税系统第3名；税政调研取得新突破，"车辆用无级变速箱用钢带"的关税从6%降到3%等3项税政调研获国务院关税税则委员会采纳；《关于优化0902项下茶叶列目的调研报告》（英文版）首次提世界海关组织（WCO）协调制度委员会会议议题，南宁海关首次派员参加世界海关组织（WCO）分委会集中工作；紧扣重点风险撰写信息呈报专报，其中《多地糖企反映糖预混粉进口激增冲击国内市场》等获海关总署领导、自治区领导签批7次，获评广西2022年第一季度高价值政务信息、全国海关9月优秀稿件、2022年全国海关优秀信息。与缉私局合作的"5·17"走私水果案获评2022年缉私十大典

型案例。

【税则税政】2022年，南宁海关充分发挥海关处于对外开放前沿、执法一线的优势，积极参与，主动作为，为国家进出口税收政策的制定提供了有益的参考。梳理广西产业脉络，更新绘制产业地图。加强税政调研宣传力度，拓宽调研覆盖面，加强对"国之大者"的研究，向社会征集议题67项，向隶属海关征集议题132项，选题范围与宏观政策导向结合紧密。对收到的选题认真筛选，向片区牵头海关报送了可吸收医疗用品、苜蓿草、有创呼吸机、无花果调整暂定税率等13项税政调研议题。经片区海关、税收征管局、关税征管司层层筛选，最终南宁海关9个选题入选专项行业调研课题（重点课题），入选率

约 70%。其中，针对"车辆用无级变速箱用钢带""强韧箱纸板（再生挂面纸）"降低进口关税、取消"低碱精炼铝合金的出口"零关税 3 项税政调整建议获国务院关税税则委员会采纳，并被纳入《2023 年关税调整方案》，于 2023 年 1 月 1 日起正式实施。同时，南宁海关与自治区发展改革委联合报送的"医疗机构建设""乡村道路客运设施建设及乡村道路客运公司""农村、社区物流配送" 3 条经验获国家发展改革委、商务部联合发布的《鼓励外商投资产业目录（2022 年版）》采纳，为优化南宁关区优势产业，推动绿色低碳发展，关注国家税收安全作出贡献。

【估价管理】2022 年，南宁海关强化对重点商品的价格管理，采取有效措施，防范税收风险。全年，关区关税部门审价 1605 宗。认真落实"全员打私"职责，移交线索，并为缉私部门办理水果走私大案提供技术支持和税款计核，促成相关案件的顺利办理，形成打私合力，相关案件被海关总署评为 2022 年度缉私十大案件；强化对关区价格瞒骗风险的分析监控，向缉私部门移交鲜龙眼、旧打印机零部件和"活黄鳝"涉嫌低价报格等 5 条重大涉税线索，涉及货值 0.80 亿元，涉税 670 万元；深入各隶属海关开展现场督导，推动隶属海关强化案件线索移交。年内，规范关区审价作业管理，关区审价作业无纸化规范率为 100%，审价作业质量进一步提升；贡献南关智慧，参与"新形势下直属海关全面防控税收风险实现路径探究"和"非贸商品资料库建设及应用研究" 2 项司级课题的研究，参加海关总署关税征管司运费扣减和 SP10 铁矿转移定价等专项课题研究，并参与撰写《进口铁矿、铜矿保税混矿验估指引》）。

【税收征管】2022 年，南宁海关深入做好综合治税工作。牢固树立大局意识，加强对宏观经济和国内国际形势的分析研究，开展对关区原油、天然气、铜精矿等重点税源企业开展调研，以确保落实国家经济工作会议关于保障初级产品供给战略要求；持续发挥"减、免、退"等税收优惠政策作用，认真落实中央各项减税降费措施和"十四五"期间进口税收优惠政策，综合运用关税税率调整、优惠协定税率、对美加征关税排除、政策性退税、滞纳金减免、加贸内销缓税利息免征和减免税等国家税收政策，组织推动 RCEP 等优惠自贸协定政策制度的落地见效，不断为企业减少税负成本。全年，为企业减免退缓税款共 88.76 亿元，其中对美加征关税排除税款 40.6 亿元，落实原产地税收优惠政策减征税款 29.77 亿元，优化税款担保减少企业资金占压 8.19 亿元，核批进口天然气先征后返退税金额 7.59 亿元，免征加工贸易内销缓税利息 330.02 万元，为广西保主体稳外贸提供真金白银的支持。

【税收风险防控】2022 年，南宁海关每月组织开展重大涉税风险联合研判，梳理出了"碎米""食糖预混粉""干玉米酒糟配置饲料"等 59 项税收风险点，分析提炼涉税风险特征，针对每一项风险点研究制订处置方案，及时开展核查处置。全年，共向税收征管局报送税收风险参数建议121条。其中，指导友谊关海关向缉私部门移交进口水果低报价格风险线索，经凭祥海关缉私分局立案侦办，抓获犯罪嫌疑人8名，案值11.39亿元。

【减免税管理】2022年，南宁海关研究应用特定减免税政策，促进广西产业优化升级。梳理内外资鼓励项目、重大技术装备关键零部件等相关企业进口情况，形成应享未享182家企事业清单，明确"政策找企业"对象，使政策惠企有的放矢。赴桂林、北海、防城、钦州、贵港等地开展"税政惠企"专项行动，通过政策宣介等形式，现场答疑解惑，服务享惠主体约120家。组织开展优惠政策税政调研工作，收集地方政府、行业协会、企业等提出的意见建议50余条，向相关国家部委提出新增和修改减免税政策建议34条。

【原产地管理】2022年，南宁海关以"RCEP南宁研究室"为依托重点对RCEP中各方税收承诺表及14万多个商品税号进行深入研究，梳理RCEP实施第一年广西立即降为零关税的进出口优势商品358项，有降税空间的商品1410项，在全国首创出台了广西出口RCEP零关税优势商品清单、广西进口RCEP零关税优势商品清单和广西优势产业货物贸易降税商品清单"三张清单"。全国首家RCEP经核准出口商落户广西，全年共核批8家经核准出口商。助力广西造纸、机械制造、绿色家居等产业充分应用RCEP规则成效明显。在广西企业运用RCEP拓展市场案例评选大赛上，南宁海关机械RCEP研究团队帮扶的广西柳工机械股份有限公司获得一等奖，汽车、造纸RCEP研究团队帮扶的上汽通用五菱汽车股份有限公司、广西金桂浆纸业有限公司分别获得二等奖。"行动学习—RCEP研究团队"获评自治区"机关党建+行动学习"十佳案例。全年，南宁海关签发RCEP原产地和指导企业出具原产地声明共1870份，涉及货值1.31亿美元。进口RCEP项下商品122票，货值1.21亿美元，关税享惠金额3729.21万元人民币；出具17份原产地声明到5个RCEP成员方进行享惠，货值190.02万美元。

卫生检疫

【概况】2022 年，南宁海关不折不扣贯彻落实习近平总书记关于疫情防控的重要指示批示精神，在海关总署党委的领导下，坚持"口岸疫情防控海关必坚守"，压实"四严"工作要求，实现"四零"工作目标，筑牢南疆国门"外防输入"的坚固防线。全年，南宁关区各口岸共检疫查验出入境人员 69.61 万人，同比减少 63.41%；查验入出境交通工具 59.06 万架（辆、艘）次，同比减少 55.67%，检出各类传染病 4488 例，同比增长 4.84 倍。在海关总署疫情防控专项考核中名列前茅。

▲2022 年 7 月 20 日，南宁海关所属南宁吴圩机场海关关员对进境航班登临检疫

【全球传染病疫情监测与评估研判】2022 年，南宁海关作为组长单位牵头负责 11 个直属海关参与的全国海关陆路口岸新冠疫情防控研判工作，开通专项联络通道，建立定期专项会商机制，动态监测周边国家疫情进展及可能影响疫情防控的重大事件，对全国口岸开通情况、地方防控政策进行全面梳理，排查涉疫风险，形成横向到边、纵向到底的海关疫情监测预警体系。全年，共完成陆路口岸新冠疫情研判报告 49 期、陆上邻国新冠疫情信息日报 48 期；推动南宁海关"全球传染病疫情监测工作室"建设，共收集传染病信息 4.7 万余条并录入全球传染病疫情监测预警平台，完成境外疫情研判评估等 217 期，口岸传染病风险评估报

告 6 期；第 19 届中国—东盟博览会口岸传染病风险评估报告得到自治区领导批示。

【口岸疫情防控】2022 年，南宁海关严格入境旅客卫生检疫，全力落实"三排三查一转运""7 个 100%"等检疫措施，强化联防联控机制协作，全面实施入境人员检疫、检测、转运等全过程防控，完善入境旅客远端防控措施，实施友谊关海关旅检现场改造等工程，不断强化口岸防控能力。

【口岸保畅保通】2022 年，南宁海关疫情防控与保障口岸畅通"两手抓""两不误"。推动实行甩挂、吊装等非接触货物交接模式，有效应对疫情导致的边境陆路口岸拥堵情况，边境公路口岸通行量恢复至疫情前平均水平，为疫情以来全国少有的常年通关口岸，相关经验得到国家口岸办推广，受到了地方政府和企业的高度认可，并在国务院联防联控机制会商会上做经验交流。在海港口岸推动船舶"零接触"登轮装卸作业，大幅压缩了船舶在港停留时间，提高港口泊位利用率，收获北港集团感谢信。

【防疫机制】2022 年，南宁海关建立"日报告、日调度、周研判"工作机制。疫情关键时期，关党委班子集中研判，常态下每日由关党委委员组织日调度例会，每周由主要负责人组织召开周研判例会。全年，共召开研判和调度例会 260 余次，编发调度日报 343 期。创新"网格化"管理模式，发挥党建引领作用，一体化推进党建和疫情防控工作，将网格内的党建与现场作业、疫情防控及安全防护有机结合，统筹管理，关区建立 37 个网、248 个格，实现"网中有格，格中有人，人在格上，事在格中"。

【多病共防】2022 年，南宁海关加强对猴痘、黄热病、埃博拉病毒病、拉沙热等重大传染病防控知识宣传，指导各隶属海关加强出入境人员、交通工具的卫生检疫工作，严防疫情叠加。全年，在口岸检出登革热 2 例、病毒性肝炎 2 例。

【个人安全防护】2022 年，南宁海关落实"岗前检查、工作巡查、全程督查"安全防护监督制度，组织开展"个人安全防护强化月"专项活动，以及疫情防控岗位资格实训等培训、考核和实操演练；426 名专兼职安全防护监督员在各口岸现场"亮标"上岗，切实做到岗前"四查一讲"、岗中"四查一控"、岗后"四查一评"；专家组、"挑毛病"组、派驻纪检组和基层单位"四层联动"，建成组织严密的安全防护监督网。

【口岸无接触式检疫】2022 年，南宁海关作为全国 5 个试点直属海关之一，成功在钦州港、南宁机场、凭祥铁路 3 种不同类型的口岸试点运行无接触式卫生检疫，后期扩大推广至北海港、防城港等其他水运口岸，有效提升了入境交通工具的检疫效率，避免了恶劣天气、夜间登临作业对检疫工作的影响，降低关员作业风险。全年，关区共对 2392 艘（架、列）次各类交通工具实施无接触式卫生检疫，远程体温监测及流调 12963 人次，检疫效率提升约 60%，节约人力资源约 50%。

【生物安全宣传】2022 年，南宁海关下发关区生物安全体系建设工作方案，加大生物安全宣传力度，结合国家安全教育日、全国疟疾日等宣传活动，围绕海关口岸传染病疫情防控、濒危动植物保护等工作，组织开展校园生物安全科普课、发布《大家说法｜生物安全法，来了!》微视频等，多渠道开展病媒生物、其他有害生物等知识宣传，有效提升国门生物安全在群众中的认知度与参与度。

【特殊物品卫生检疫监管】 2022年，南宁海关严格落实出入境特殊物品卫生检疫审批及监管工作，强化生物安全风险管理，推动海关出入境特殊物品卫生检疫审批与分析系统上线试点使用，严格办理审批和通关验放手续，完成出入境特殊物品审批341批次，同比增长70%。加强出入境特殊物品监管，与缉私部门联合加强疫苗等特殊物品非法出境打击，全年口岸共截获特殊物品14批次。

【疾病监测】 2022年，南宁海关组织开展全国疟疾日宣传，提升出入境人员疟疾防控意识。组织关区268人参加地方卫生系统组织的"防止疟疾输入再传播能力维持"网上培训班，进一步提升疟疾防控能力。组织关区开展世界艾滋病日宣传，营造出入境人员参与艾滋病防控工作的良好氛围，完成《广西壮族自治区遏制艾滋病传播实施方案（2019—2022年）》终期自评，持续强化口岸艾滋病防控工作，为守护国门安全、维护社会和谐稳定发挥了积极作用。统筹做好新冠疫情预防和控制，严格按属地医疗卫生机构疫情防控管理规定规范开展传染病监测体检和预防接种工作。为广西保健中心和各分中心购买传染病检测试剂耗材超150万元，解决个别分中心国际旅行健康检查证明书等证书签发资质难点和堵点问题。全年，关区各保健中心共完成出入境人员监测体检10081人次、同比下降2.79%，预防接种6067人次、同比增长4.28%，检出病毒性肝炎、艾滋病、梅毒、肺结核等传染病111例、同比下降55.95%。

【口岸公共卫生核心能力建设】 2022年，南宁海关口岸核心能力建设稳步推进，南宁吴圩机场、友谊关、东兴等口岸先后完成口岸查验设施设备改造升级，多个海港配备检疫方舱，并实施无接触式检疫试点工作。共捕获、截获各类病媒生物5400余只，从其中6个本底监测鼠样本中检出钩端螺旋体阳性，指导针对性病媒防制，降低疫情疫病在口岸发生和传播的风险。组织开展"一带一路"病媒生物专项监测，捕获蚊类2000余只。全面完成关区口岸卫生监督和食品安全抽检计划，检测404份口岸食品抽检样品、256份口岸卫生监督样品及36个专项监测样品，建成关区食品卫生监督实训基地。

【国际合作】 2022年，南宁海关与越南广宁省卫生厅在桂林两江国际机场共同举办"中国—东盟突发公共卫生事件应急联合演练"。演练共分为异常情况申报、登临检疫与紧急救治、通道检疫与警情异常发现等6个部分，展示中越双方在跨境联合防控中的交流合作，共同守卫两国口岸卫生安全。

动植物和食品检验检疫

【概况】2022 年，南宁海关认真贯彻落实总体国家安全观，高效统筹发展和安全，以防范化解重大风险隐患为重点，扎实做好进出境动植物检疫和进出口食品安全监管工作，有效防范境外动植物疫情疫病、外来有害生物传入，有效保障关区全年不发生系统性、区域性、行业性进出口食品安全事件，服务食品农产品扩大进出口贸易，有效促进广西高水平开放服务高质量发展。

【动植物疫情疫病防控】2022 年，南宁海关研究制定关区海关生物安全体系建设方案（动植物检疫）的实施意见，指导基层一线开展生物安全建设，提高生物安全治理能力。全年，南宁海关检出检疫性有害生物 4181 种次，非贸渠道截获外来物种 22 种次，关区首次在美国木质包装中检出检疫性有害生物松材线虫；在进境种牛种猪中检出二类动物传染病 7 种共 97 头。构建监测预警网络全覆盖，建立东盟动物疫病和植物疫情监测数据库，动物疫病监测采样 44859 份，获得监测数据 128801 个，实现疫病疫情风险因子"早识别、早监测、早预警、早处置"。严格进境种牛种猪、粮食、水果、木材、毛燕等高风险产品检疫监管；深入开展"国门绿盾 2022"、"跨境电商寄递'异宠'综合治理"、国门生物安全监测、外来入侵物种普查等专项行动，防范境外动植物疫情疫病、外来有害生物对我国生态环境影响。严厉打击境外检验检

▲2022 年 8 月 26 日，南宁海关开展越南榴莲体系检查

疫证书造假。对进境泰国、越南水果等产品境外官方检疫证书开展联网核查，共计核查存疑证书 320 余份，查处伪造证书 120 份，为缉私办案提交有力线索，有效降低不合格食品农产品输入风险。

【"智慧动植食"建设】2022 年，南宁海关以科技赋能监管。率先在海关"云擎"大数据平台中创建 12 个"智慧化"监控预警模型，实现进出口食品农产品检验检疫监管业务全流程监控。开发"东盟官方证书核查系统"，实现越南水产品、植物源性食品证书系统自动验核累计约 4 万份，有效防范伪瞒报产品入境风险。开发有害生物监测系统，利用无人机技术开展国门生物安全监测和外来有害生物普查，实现对 500 余种杂草的有效监控识别。建设口岸红火蚁智能监测点，在 16 个地点监测发现红火蚁，指导地方和企业开展除害和消杀处理，严防外来物种入侵和疫情扩散。推进完成防城港口岸 3 套进境粮食自动化采制样设备项目建设并投入使用，实现进境粮食取制样无人化、智能化和自动化，提高通关效率。

【检验检疫基层基础建设】2022 年，南宁海关修订完善 4 项检验检疫工作指引，制定完善检疫审批和企业资质核准服务指南、操作指引 2 项，优化作业流程 1 项。承接海关总署检疫审批权限下发，在新检疫审批系统中高效完成检疫许可证审批签发 5880 份，严格落实三级审批、负责人全面管理与日常监督并举、办理人员落实执行的管理机制，严格防范执法风险。打造 10 大类重点农食产品检疫监管"样板间"。提升关区动植物检疫和食品安全监管能力建设，进一步提升基层监管执法统一性、规范性、系统性，防范化解执法风险。加强"十百千"人才梯队建设，组织专题业务培训 5 次、开展"以检代训" 7 次。年内，关区新增高级签证兽医官、高级签证植物检疫官 32 名。

【进口冷链食品新冠疫情防控】2022 年，南宁海关深入贯彻落实党中央"疫情要防住、经济要稳住、发展要安全"重要要求，严格抓好口岸进口冷链食品农产品新冠疫情防控。一是建立完善疫情防控"日调度、周考评、月分析"工作机制，开展联合研判和精准施策，优化实施进口冷链防控措施 30 余项，与地方政府形成管理闭环，确保口岸疫情零输入。全年，累计开展冷链监测采样 3.68 万个，预防性消毒 370 批次、63.95 万件。二是按照"一口岸一对策"原则，推进冷链监管"四定一优"，在浦寨、龙邦互市区采取吊装、甩挂等非接触式跨境货物交接模式，作业效率提高 30%，保障货物通关零延误。三是完善常态化应急演练机制，对现场海关组织技能培训 5 次、应急演练 17 次，对现场作业进行全时段、全流程、全覆盖的视频监督检查，不断提高作业规范性和安全防护水平，实现操作零失误和关员零感染。

【进出口食品安全全链条监管】2022 年，南宁海关落实食品安全"四个最严"要求，持续完善进出口食品安全监管体系，建立健全关区进出口食品安全监管工作专题会议机制；深化进出口食品安全合作共治，推进食品安全风险会商，向自治区食品安全联席会议提交风险建议 4 条，定期向自治区食品安全委员会通报进出口食品安全情况；高质量完成海关总署交办的进出口食品安全监管史沿革等专项任务。利用"食品安全宣传周"对关区进出口食品企业开展政策宣讲，督促企业落实食品安全主体责任、合规经营；制订海关总署进出口食品安全两部规章实施过程突发事件应急预案，成立工作专班，处理申报异常36次，确保两部规章平稳实施。严格全链条监管措施。抓好境外源头管控，协助海关总署完成境外食品生产企业视频检查30次、境外体系检查6次，协助海关总署暂停20家不符合要求的境外水产品生产企业输华资质。严格监督抽检和风险监测。全年，共监督抽检进出口食品2302批次，查验和检出不合格287批次，有效降低不合格食品输入风险；组织开展高风险食品农产品风险监测，发现产品风险81项次，向海关总署报送东盟国家食品安全风险预警信息3371条，获采用49条，上报三级风险信息14条，与海关总署进出口食品安全局合作编发进口冷链食品疫情防控要情3篇，并根据风险评估采取风险管控措施。

【扩大食品农产品进出口】2022年，南宁海关推进"附条件提离"改革措施，优化进境粮食检验检疫流程，畅通与西部陆海新通道沿线粮食调运机制。全年，关区共监管进境粮食1150.5万吨，有效保障广西进口粮食安全与稳定供应。建立进境生鲜农食产品快速通关机制，促进友谊关进境水果快速验放，共监管进境水果145.7万吨，排名全国直属海关第五、陆路口岸第一。推进进境种牛血样品前处理前置改革措施，保障3.9万吨水生动物和4.45万头种畜顺利进口，进口量分列全国第三和第四。指导帮扶南宁空港口岸顺利获得进境水果指定监管场地资质，实现空港进口水果业务零的突破，对进境水果和水生动物实施"风险分级+分层查验"监管模式，优化提高口岸查验和通关效率，助力南宁空港口岸鲜活食品农产品进口，进口食用水生动物9816吨、9.2亿元。协助配合海关总署开展检疫准入风险评估，开展境外视频检查57次，总时长达430小时，检查涉及柬埔寨、越南、泰国7个国家共580余家境外企业，成功推动越南鲜食榴莲、百香果、甘薯、燕窝，柬埔寨胡椒、低眼无齿芒鱼，巴基斯坦奶水牛胚胎等7种产品实现输华准入。主动协调市场监管部门，对申报食用且已获准入的药食同源商品，凭口岸药品监督管理部门出具的证明免验核药品通关单，使豆蔻等药食同源产品能以食品进口，促进广西香料产业快速发展。向自治区报送RCEP对广西食品农产品产业的影响与对策研究报告，并建议将其纳入广西乡村振兴战略统一实施。制订南宁海关支持广西特色农食产品扩大出口工作方案和RCEP下广西特色食品农产品通关指引，指导帮扶出口企业应对国外技术贸易壁垒，提升质量安全管理水平。全年，促进实现梧州鸡蛋首次供港，南宁八宝粥首次出口欧盟，柳州螺蛳粉首次出口韩国，南宁、玉林蚕种首次出口越南和中亚国家，促进贺州蔬菜直通香港，保障凭祥、贵港11.5万头活猪安全稳定供应港澳地区。应对境外通报，组织开展通报信息核查16次，指导出口企业将4条境外通报不实信息反馈境外官方机构，促使相关出口产品在境外顺利通关。

【支持边民互市产业发展】2022年，南宁海关成立专班，指导互市进口食品落地加工企业加强质量安全管理，解决15家企业实际困难和发展诉求30余个。推行"先放后检、定点加工""直通式运输"等通关便利化措施。压缩通关时间三分之二以上，关区全年进口互市落地加工农食产品5.26万吨、货值17.37亿元，实现凉粉草落地加工进口2485.8吨，推动首票18.4吨百香果从友谊关浦寨口岸顺利通关。优化落地加工食品大包装标识要求，确保风险可控前提下，支持东盟国家落地加工食品农产品经第三国输华，大力推进海运方式进口互市食品落地加工试点工作，满足边境地区加工企业原材料需求。

商品检验

【概况】2022 年，南宁海关全面筑牢危险品安全监管防线，提升商检把关服务效能。检验进出口危险化学品共 6114 批，检出不合格 364 批次。促进再生金属原料合规进口，严防"洋垃圾"入境，进口再生金属原料 2664 票、14.8 万吨，检出不合格 16 批、0.99 万吨。强化进出口商品质量安全风险预警和快速反应能力建设，开展重点敏感商品风险监测 126 批次、检出不合格 25 批次，开展危险化学品专项监测 42 批次、检出不合格 38 批次。落实落细 28 条举措，深化改革，释放红利，关区特色商检改革优化项目落地见效。全年对进口原油和矿产品实施"先放后检" 4138.61 万吨、货值 838.83 亿元；企业自愿申请、海关不再实施重量鉴定的进口大宗商品 2367 批次；"集

▲ 2022 年 11 月 10 日，南宁海关到广西国轩电池有限公司调研出口锂电池情况

矿优化"试点项目货物在港口的通关时长由 7 天缩减至 2 天；铜精矿"保税混矿"试点改革项目升级，混矿数、重量均位居全国试点首位，经验成效入选 19 个"全国海关外贸保稳提质典型案例"。发挥"老高质量安全工作室"专业优势，强化调研完成政研课题 3 项，为提升海关工

作效能建言献策。

【危险品检验监管】2022 年，南宁海关以开展"口岸危险品综合治理"百日专项行动为契机，成立专班，深入调研组织撰写的边境公路口岸危险品监管调研报告获海关总署署长俞建华批示。落实海关总署专项行动部署，举一反三、建章立制，补齐漏

洞短板，全面提升关区危险品管理能力，首批完成销号。加强制度建设，修订进口危险化学品及其包装检验等操作指引 3 项，组织编写关区常见危险化学品技术档案 73 个，收集技术标准 248 份，组织危险化学品检验监管业务指导工作组召开 3 次专题会议解决监管疑难问题，实现危险化学品监管"一港一品一企一策"指导。加强政策宣传举行"关企面对面"，完成进出口危险货物及其包装检验岗位资质培训 3 期。年内，关区 98 名同志获得进出口危险货物及其包装检验岗位资质，2 名同志获评"广西技术能手"荣誉称号。全年，检验进出口危险化学品共 6114 批，其中，检验出口危险化学品 5730 批次，进口危险化学品 384 批次；共检出不合格 364 批次，不合格率为 5.95% 。

【再生金属原料检验监管】2022 年，南宁海关指导企业规范进口，通过"线上＋线下"开展进口再生铸造铝合金原料政策宣传贯彻，赴重点企业实地指导，首批建设实操实训点，提升现场监管实操能力。全年，关区共进口再生金属原料 2664 票、14.8 万吨，同比分别增长 6 倍、5 倍，检出不合格 16 批（0.99 万吨），占总批次的 0.60%，主要为再生铸造铝合金原料（15 批），为自治区铝产业高质量发展保驾护航。修订进口货物固体废物属性鉴别操作指引及进口矿产品固体废物初筛操作指南；组织关区固体废物属性鉴别制度执行检查，发现问题 13 个；开展固体废物属性鉴别政策宣讲，实务培训并对进口固体废物典型案例进行解读。全年，共对进口货物实施固体废物属性鉴别 171 批，鉴别为固体废物 18 批次。

【进出口商品质量安全风险预警】2022 年，南宁海关开展重点敏感商品风险监测 126 批次，检出不合格 25 批次，不合格率为 21.6%，开展危险化学品专项监测 42 批次，检出不合格 38 批次。完成法检目录外抽查检验出口玩具 6 批，利用"3·15""6·1""双 11"等时间节点开展风险提示和消费指引。强化进口汽车检验监管，协调推进场所建设，全年检出不合格进口汽车 9 批。

【商检改革升级】2022 年，南宁海关深入落实"依企业申请"实施品质检验、重量鉴定等改革措施。全年，对进口原油和矿产品实施"先放后检" 4138.61 万吨、货值 838.83 亿元；进口铁矿依企业申请实施检验 246 批次、重量 1809.37 万吨、货值 34.7 亿元；企业自愿申请、海关不再实施重量鉴定的进口大宗商品 2367 批次，免于重量鉴定批次率达 49.15%。"集矿优化"试点项目落地见效，货物在港口的通关时长由 7 天缩减至 2 天，为企业节约通关时间与费用成本。全年完成"集矿优化"模式铅锌矿共 134 柜、3337.66 吨。铜精矿"保税混矿"试点改革项目升级，混矿数、重量均位居全国试点首位，经验成效获得海关总署相关信息载体刊发，成功入选全国海关外贸保稳提质典型案例，并向全国推广，成为全国海关系统混矿业务标杆。

口岸监管

【概况】2022年，南宁海关口岸监管工作坚持踔厉奋发、守正创新，全面落实总体国家安全观，不断提升正面监管效能。毫不松懈做好口岸疫情防控工作，加强疫情防控监督检查，认真开展"口岸危险品综合治理"百日专项行动并推进常态化治理，安全生产专项整治三年行动圆满收官，口岸监管环节反恐怖工作得到自治区反恐怖工作领导小组的高度肯定。持续推进西部陆海新通道建设，推动地方政府在边境口岸应用甩挂、吊装等无接触式货物交接模式，全力保障跨境物流通畅。继续支持跨境电商、市场采购贸易等新业态高质量发展，推动互市进口商品落地加工产业健康有序发展，创新互市药食同源商品免药品通关单申报改革。推进H986智能审图应

用，监管作业场所监督管理更加规范，南宁海关监管效能持续强化。

【口岸货物监管】2022年，南宁海关持续强化口岸查验监管。在用12台H986设备使用绩效达到海关总署要求，达到全国海关先进水平。推进H986智能审图应用，7次得到海关总署通报表扬，相关典型案例获全国刊发，CT机智能审图查发线索居全国海关前列，3名关员成为海关总署智能审图业务专家和后备业务专家。全年通过智能审图系统有效查发重大问题线索51起。强化口岸查验情况监控。每日开展查验作业数据监控和督导，对未查验报关单及时查找原因、推动及时查验，实施收发货人不到场协助查验，避免待查验货物滞留。深化查验管控集约化改革，"对外震慑、对内

监督"成效初显，人工干预等指标明显好转。对出口百杂、再生金属原料等监管难点开展调研，优化布控指令，减轻监管压力，规范一线操作。采取"一海关、一口岸、一对策"加强设备运行监控，全年完成CT机、H986设备调整使用，对中小型设备开展5个维度专项适用性评估，聚焦专项整治，建立"三个绝不"工作机制，深化装备购建领域腐败风险防范，并在全国进行了经验交流。

【口岸物流监管】2022年，南宁海关主动应对年初边境陆路口岸拥堵情况，推动地方政府在边境口岸应用甩挂、吊装等无接触式货物交接模式，中方车辆出入境时长减少2个小时以上，友谊关口岸进出境车辆近1400辆/日，超过2021年同期水平，有效保障疫情防控下口岸通行效

能和过货能力，经验做法获全国推广，并在国务院联防联控会议上作交流发言。创新北部湾港国际船舶保税油供应模式，优化"直提直装"流程，为企业节约成本6000万元；创新开展海铁联运班列"批量转关"模式，获评广西自贸试验区第三批改革创新试点经验，主动支持开展内外贸同船、沿海捎带等业务，促进西部陆海新通道海铁联运超8000列；推广"铁路快速通关"模式改革，开通全国首列"铁路快速通关"中越班列，实现铁路快通模式在凭祥与重庆间、南宁与阿拉山口间的南北跨区域双向通行。开展航空进出口货邮物流全链条运行情况专项调研，找准堵点、难点，支持和指导场所经营单位建设智慧航空物流综合服务平台，促进货站内卡口、车辆、仓库实现数字化管理，打通航空物流全链条信息壁垒。大力推动安全智能锁的应用和推广，升级卡口配置，在关区首次实现转关货物自动施、解封，提升航空运输物流效能，南宁机场国际货邮吞吐量突破7万吨，同比增长2.2倍，在千万级机场中增速第一。

【边境贸易监管】2022年，南宁海关推动互市进口商品落地加工产业健康有序发展，推动越南百香果等特许进口并成功试进口用于边境定点加工，将海运等多种运输方式进口模式拓展到龙邦互市区等地。开展"委托申报"、"移动申报"、"直通式"运输和"附条件提离"等一系列通关便利化措施，互市通关时间压缩三分之二以上，运输成本减少六成，边民每日获利增加3倍以上。充分调研广西边境香料产业落地加工需求。致函国家药品监督管理局研究明确药食同源商品通关监管事宜。全年，广西进口食用药食同源商品18.1亿元，有力推动广西边民互市落地加工产业规范健康发展。边民互市贸易进出口203.2亿元，占同期全国互市总额的61%，其中互市进口落地加工商品31.2亿元，占全国的98%以上。

【新贸易业态监管】2022年，南宁海关出台扶持跨境电商新业态发展举措10条，推动广西汽车、柳州螺蛳粉等特色产品触网外销，推动关区1210、9710、9810出口和出口退货等全业务模式二线，设置海外仓企业备案"绿色通道"，打造"15＋4－1＋1"的空陆海铁立体式物流体系，实现"通得快、出得去、退得回"。全年，关区监管跨境电商出口商品货值217亿元，同比增长162%。大力推行简化申报、一体化通关、查验免到场等海关通关监管便利措施，不断提升市场采购贸易方式便利化水平。同时，以支持扩大预包装食品出口试点范围和简化优化小额小批量适用条件为契机，进一步支持中小微企业开展市场采购贸易。全年，关区受理市场采购贸易申报3006票、出口额22.15亿元，同比分别增长6.66%、5.77%。其中，出口越南2998票、柬埔寨8票；运输方式包括公路运输、铁路运输2种方式。凭祥出口商品采购中心联网信息平台备案有效商品2万余种、各类经营主体150余家、采购商210余家。

【行李物品监管】2022年，南宁海关继续加强健康申报管理，旅检现场实现100%电子化健康申报，高质量、高效率完成668例确诊病例追溯。优化友谊关口岸等重点旅检口岸旅客通关流程，推动吴圩机场 T1、T2 航站楼改造，精准应对入境航班复航和增加。完成海关总署交办的邮件采样试点，为疫情监测提供有力支持。加强疫情防控监督检查，两级"挑毛病"工作组开展监控检查 2.9 万余次，查发整改问题 716 个。

【场所（场地）监管】2022 年，南宁海关编制关区场所（场地）建设指南提示，为地方政府和企业单位提供详细指导和支持，推动完成北部湾港 2 个新建场所验收。其中，加快验收钦州港华临码头金鼓江 19# 泊位，为广西单体投资最大工业项目加快建成打下坚实基础；指导南宁机场国际货站等 10 余个场所完成改扩建，支持钦州港口岸加快建成广西首个自动化集装箱码头；推动南宁机场水果指定监管场地获批运营，补齐广西空港进口水果短板；克服疫情困难完成对南宁机场水果、东兴粮食等指定监管场地验收工作；开展弄尧食用水生动物、钦州港原木等指定监管场地预验收，实现关区 26 个指定监管场地的种类覆盖率达 85.7%，有力支持广西高水平对外开放。

【安全生产】2022 年，南宁海关安全生产专项整治三年行动圆满收官，建立安全生产风险隐患"吹哨人"预警机制，组织大检查 7 轮，开展跨部门联合检查 70 余次，解决各类风险隐患 400 余个，向地方通报和移交隐患问题 100 余个。认真开展"口岸危险品综合治理"百日专项行动并推进常态化治理，打出"24＋16＋37"措施组合拳，构建及完善"加强版"危险品监管体系，推动实现及时提离率达 100%，"疏堵结合"推动实现口岸危险品保持"动态清零"。坚持综合协同治理，推动北海港烟花爆竹专用查验场地、友谊关口岸危险品查验场地建设并分别在 12 月 1 日、12 月 29 日正式启用，得到自治区党委高度肯定。

【口岸监管环节反恐】2022 年，南宁海关深入开展打击整治枪支爆炸物品违法犯罪专项行动，推进口岸核与放射性物质监测工作，防范枪支爆炸物、核材料等涉恐物品及放射性污染物输入，维护国家核安全和生态环境安全。承担海关总署口岸监管司组织的党的二十大反恐督导检查、核辐射监测工作规程修订等工作；继续完善两级涉恐突发事件应急处置预案及与地方联系配合机制；举办枪支爆炸物品涉恐突发事件应急处置演练，得到自治区反恐怖工作领导小组的高度肯定；参加"平安广西–2022"辐射事故应急演习，获得自治区辐射应急工作先进集体和自治区辐射应急工作先进个人。

统计分析及政策研究

【概况】2022 年,南宁海关充分发挥全球贸易监测分析中心(南宁)作用,围绕外贸形势等深入开展分析研究,获各级领导批示 30 余篇次。牵头 5 项、参与 7 项署级课题,完成 24 个关级课题,编制发布 2021 年中国—东盟贸易指数,海关总署相关信息载体采用量位居全国前三。举全关之力开展广西重点产业与对外贸易关联情况"1+14"课题研究,为推动广西重点产业及外贸高质量发展建言献策,获多位自治区领导和地市领导批示肯定。组织报送 6 篇高质量调研报告,获署领导批示 6 篇次。参与《中国海关统计摘要(2022)》等海关统计权威书籍编纂工作。强化统计数据质量管控,关区统计数据及时性和完整性均达 100%。认真开展南宁海关数据分类分级工作,健全完善数据安全管理体系,优化公众数据在线查询平台,政务数据共享质量指数与公共数据开放质量指数均在 90% 以上。

【统计分析】2022 年,南宁海关加强关区统计条线贸业融合,聚焦一般贸易异地出口、边境小额贸易出口突增、异地企业在关区出口异常等情况,共撰写各类统计监督信息 28 篇。其中,2021 年广西保税物流、广西加工贸易异动情况分析专题报送自治区政府;关区重点商品结构分析,进口移动硬盘和进口榴莲风险分析等获关领导肯定。参与编写海关总署海关统计实务手册;高质量组织开展出口先导指数、进口货物流向、跨境电商、出口订单转移等全国专项调查(调研),出口先导指数调查问卷填报及时率和填报率均达到 100%;参与全国海关外贸景气指数调查问卷设计,相关意见建议获采用;累计撰写各类调研报告 5 篇,参与 10 月份全国海关出口先导指数分析报告撰写获署领导批示。强化宏观、中观、微观三级审核和参数提炼工作。提炼加载检控参数 13 条,对重点敏感商品、大数量大金额报关单开展重点监控,实现贸易统计数据 50 万元以上记录全面复核,业务统计数据全覆盖,关区统计数据及时性和完整性均达 100%。编制关区主要数据简报和报表 256 份,参与海关总署速报、旬报编制工作 15 次,协助海关总署统计分析司开展中非贸易监测 24 次,为全国外贸新闻发布会等重要会议提供数据服务,及时满足各级领导和各部门决策需要,为海关各项业务管理提供数据支撑。

【统计数据管理和运用】2022年，南宁海关组织业务数据安全及报关单证档案管理培训，开展南宁海关数据分类分级，不断提高数据安全意识。建立南宁海关业务数据对外提供、发布检查机制，印发南宁海关业务数据内部使用、对外提供规范指引，开展业务系统操作日志检查，持续健全数据安全管理机制。持续优化公众数据在线查询系统，定期为有关政府部门提供按需定制的专项统计报表。推进数据共享和数据开放，发布贸易统计数据报表500余张。全年，政务数据资源管理与应用改革评估指标得分104.67分，政务数据共享质量指数与公共数据开放质量指数均在90%以上。

【政策研究】2022年，南宁海关认真贯彻落实海关总署党委关于加强和规范请示报告工作的要求，组织相关单位确定10个重点选题，向海关总署报送6篇高质量调研报告。牵头5项、参与7项署级课题，组织完成24个关级课题，数量和质量均为历年最好水平。认真做好相关课题研究，牵头及参与完成相关署级课题8个，编发相关日报80期，参与人数和采用率位居全国海关前列。组织开展广西重点产业与对外贸易关联情况"1+14"课题研究，提出政策建议200余条。办好办活政研载体，编发南宁海关相关政研参考35期，获关领导批示29篇次，其中增设的反映问题类"微课题"专刊8期，获关领导批示10篇次。注重加大研究成果转化力度，推动基层反映的92条建议转化为具体工作措施。作为全球贸易监测分析中心南宁区域中心主任单位，统筹协调湛江、海口、昆明、贵阳海关，做好全球贸易分析监测工作。监测东盟、南亚、RCEP等区域贸易情况，创立全贸中心专报作为反映监测情况的主要载体，共发布8期。全年，南宁海关统计类要情和专报获海关总署信息载体采用44篇，获各级领导批示超50篇次。完成2021年中国—东盟贸易指数编制，并于2022年9月在第19届中国—东盟博览会期间发布。对广西外贸运行情况进行监测分析，撰写《2021年广西外贸发展质量报告》，促进广西外贸保稳提质；针对上半年广西外贸下降明显的情况，切实做好原因分析，向地方提出具体政策建议；针对宏观形势，开展2次广西外贸影响调研分析；针对螺蛳粉、铝制品、汽车等广西特色产业，定期开展监测分析。撰写分析研究报告获自治区党委政府信息采用34篇，各级领导批示11篇次。

企业管理和稽查

【概况】2022 年，南宁海关持续提升稽查业务条线监管服务效能。推动稽（核）查业务改革和专项行动任务实施，实现多项突破；支持新兴业态发展，促进广西加工贸易和保税物流进出口再破双千亿元大关；提高"多证合一"和资质管理工作质量，加大"经认证的经营者"（AEO）认证培育力度并参与对印度

尼西亚 AEO 国际互认合作项目，切实增强企业获得感；构建关区属地查检运行机制，牵头全国性查检业务改革；顺利承接涉检行政处罚职能，实现量质并举。

【企业管理改革】2022 年，南宁海关持续做好报关单位备案"全程网办、全国通办"；深化"多证合一"和"注销便利化"改革，实现注册备

案"一地申请、一次办理"，持续降低制度性交易成本。依托企业协调员机制、重点企业对口联系机制和线上服务平台为关区企业提供政策宣讲、问题咨询及业务协调服务，共收集并解决企业问题 336 个。新增 6 家 AEO 企业，关区 AEO 企业达 38 家，同比增加 18.8%。做好企业信用动态管理，下调 11 家企业为失信企业；鼓励失信企业依规提升信用水平，对 13 家企业信用开展修复，关区失信企业数减少 77.9%。在各口岸申报大厅设立"AEO企业服务专窗"，实施优先检查，减少 AEO 企业稽（核）查频次。推动地方出台对 AEO 企业的鼓励支持政策，开发 AEO 认证辅助培育系统，提升认证效率。

【保税监管】2022 年，南宁海关全面提升加工贸易保税监

▲2022 年 3 月 24 日，南宁海关组织参加全国海关企业管理和稽查工作会议

管效能，促进广西加工贸易及保税物流进出口达 2757.9 亿元，占广西外贸进出口总值的 41.7%，再创历史新高，取得较好社会效益。与地方金融服务平台联合开展海关事务新型担保业务，促进新设立加工贸易企业投产放量，全年累计为企业解决 1.28 亿元保证金。支持综合保税区获批保税再制造项目并有序开展；健全和完善关区保税物流体系建设，根据国家战略需求加大能源、矿产品、粮食等资源性商品保税进口，保障供应链安全。紧密与地方商务部门的协同配合，支持广西加工贸易高质量发展，支持加工贸易向西部梯度转移；进一步优化大宗商品进出海关特殊监管区域流程，提升监管效能。支持铜精矿"保税混矿"试点和"集矿优化"试点健康稳定发展，帮助企业节约铜精矿采购成本 8000 万元，入选全国海关外贸保稳提质典型案例。

【稽查业务】2022 年，南宁海关持续提高精准查发能力，发挥稽查震慑力。推进高风险行业稽查专项行动。其中，再生金属行业查发问题企业 6 家，涉及货值 4430.2 万元，

税款 113.7 万元；进出口危险化学品查发问题企业 5 家，涉及货值 1.8 亿元；出口竹木草专项查发问题企业 18 家；形成行业性稽查建议 2 个并纳入海关总署 2022 年"金钥"行动，实现零的突破。以"稽查信息工作站"为抓手，依托"云擎"自建涉税涉检风险模型 23 个，涉及 9 类 20 种商品，转化有效率达 98%。深化"稽查—缉私"联动配合，移交刑事立案 5 起，案值 14.1 亿元，实现关区稽查查发刑事案件历史最好成绩。

【核查业务】2022 年，南宁海关优化核查作业事项和作业频次，创新作业方式，继续综合运用采信第三方认证结论、认可企业自查结果、互联网+核查、外勤作业叠加等作业方式，归集合并涉企外勤作业，减少非必要下厂。组建核查业务专家团队，牵头或参与全国海关核查法律体系建设课题研究、核查服务新发展格局路径探析等 10 余项课题研究工作。涌现出一批专家型人才，获海关总署企业管理和稽查司通报表扬人数全国海关排名第二。

【属地查检】对鲜活易腐农食产品实行优先查检和"5+2"

预约查检，并提供"随报随检"、快速出证等便利措施。2022 年 5 月绿色通道措施实施以来，通过绿色通道进出口货物共计 1498 批，货值 3.2 亿元，惠及企业 118 家。联合相关职能部门探索"出境竹木草制品检疫监管新模式"创新举措获海关总署自贸区和特殊区域发展司备案。针对管理水平较高的企业、产品风险低的出口产品（木衣架、胶合板）实施远程视频查检，作业时间由 2 个小时压缩至 0.5 个小时。全年，共开展远程视频属地查检工作 516 次，货值 2726 万元。挑选 6 个隶属海关试点开展现场作业实施和后续处置环节联合执法，探索统筹外勤作业一体化、执法结果共享机制，实现海关行政执法资源有效利用，提升企业获得感。全年，共实施执法联动 357 次，分享执法信息 113 条，压缩外勤下厂 357 批次。

【审核管理】2022 年 8 月至 12 月 31 日，共办结涉检案件 752 起，全国海关排名第三。案件办理质量得到海关总署企业管理和稽查司肯定，4 个案例入选典型案例。从严从快办理涉危行政处罚案件，

落实"口岸危险品综合治理"百日专项行动有力，获海关总署肯定。夯实执法基础，汇编梳理关区常见涉检违法行为341种及适用法律法规依据690条；及时统一、明确关区涉检行政案件程序和操作等问题；加强案件监督检查，发现、整改法律文书制作等5方面11类问题，全年无因涉检案件而引发复议诉讼情事。

查缉走私

【概况】2022年，南宁海关贯彻落实习近平总书记关于打击走私工作的重要指示批示精神，在海关总署党委的坚强领导下，始终保持打私高压态势，严打各类走私违法犯罪，深入推进反走私综合治理，着力提升打私专业能力，各项工作取得新成效、再上新台阶。

【专项打击】2022年，南宁海关深入开展打击走私"国门利剑2022""蓝天2022"等联合行动，聚焦"重点地区、重点渠道、重点商品"，常态化开展专项打击，有力遏制走私势头。全年，共立案查办各类案件3386起、案值106.95亿元，同比分别下降27.8%、增长4.54%。其中，共立案查办"洋垃圾"案件23起，涉案"洋垃圾"1617.89吨；立案查办濒危物种案件42起，案值5.91亿元，涉案羚羊角5131根、犀牛角78.47千克、海马干7.4万只、穿山甲鳞片282.56千克等；立案查办烟酒走私案件53起，案值26.08亿元，涉案香烟2719.73件、酒1.2万件；立案查办冻（水）海产品走私案件10起，案值6378.75万元，涉案冻（水）海产品5131.6吨；立案查办水果走私案件1起，案值47.3亿元，涉案水果34万吨；立案查办枪爆物品、毒品、非法出版物案件57起，涉案枪支18支、弹药2429发，各类毒品及违禁药品5097.31克，淫秽出版物1.02万册。

【重击团伙】2022年，南宁海关坚持"破大案、打团伙、摧网络、断链条"，协调各方力量开展合成作战，强化区内协同打击、跨区联合打击和跨境延伸打击，严打走私

▲2022年7月27日，南宁海关缉私局成功破获一起特大走私酒类案

幕后团伙和首要分子。全年，共立案侦办"GN"系列走私大要案39起，案值81.69亿元，获批海关总署挂牌管理案件22起，挂牌管理案件数量全国海关排名第二；打击高鼻羚羊角走私系列案入选"国门利剑2021"典型案例战法；"5·17"走私水果案入选海关总署2022年打击走私十大典型案例，是中华人民共和国成立以来广西最大的涉税犯罪案件。

【全员打私】2022年，南宁海关密切关警联系配合，积极发挥监管"堤坝"和打私"利剑"作用，坚持"责任到人、目标到位、考评到底"，压紧压实全员打私职责任务，进一步提升监管打私整体效能；制订关区全员打私绩效考评方案，量化指标任务，细化职责分工，坚持按月通报，开展全员打私"百日会战"行动，推动全员打私取得实效；强化案件复盘分析，深入剖析案件侦办中各类走私手法特征，加强风险防控调研，研究完善正面监管防线。全年，共查发海关监管渠道各类案件3217起，案值70.59亿元，涉税3.13亿元。

【夯实打私基础】2022年，南宁海关深入推进"智慧缉私"，持续推动"一个中心、三个实验室、三个平台"系统升级、规范运行，依托情报专业平台强化态势研判和线索派送；大力推进执法示范单位创建工作，南宁海关缉私局情报技术处和东兴海关缉私分局侦查科2个单位部门获评全国海关缉私系统执法示范单位；加强司法鉴定中心建设，实验室顺利通过中国合格评定国家认可委员会（CNAS）资质认证；扎实开展警务实战大练兵，提升关区缉私队伍警务实战能力水平；制定实施南宁海关缉私部门办理刑事案件工作规程、刑事案件审查委员会工作规程，梳理73种常用行政、刑事法律文书及执法工作模板，推动缉私执法行为进一步规范、高效。

【反走私综合治理】2022年，南宁海关推动自治区打私办统筹组织开展濒危物种、冻品、烟酒等专项打击行动12次，严防形成走私热点。联合公安、税务、中国人民银行等部门开展走私及非法经营、骗退税、骗补贴、洗钱、非法售票等上下游关联犯罪全链条打击，破获走私及上下游关联犯罪重特大案件4起，总案值近170亿元，其中涉及走私案值59.3亿元，有力维护正常贸易秩序。落实"党政军警民"五位一体联防联控机制，会同广西各地各部门深入开展"亮剑·清边靖海"等专项行动，一体推进打私防疫各项工作；持续强化沿海、沿边地区封堵管控，严打走私、偷渡等跨境违法犯罪，筑牢边海安全立体防线。行动开展以来，共出动警力4.03万人次、执法车船1.95万辆（艘）次，现场查获走私案件102起。联合打私办、公安、市场监管等部门开展中药材、活体禽畜、电子商品交易市场及"黑冻库""黑油站"清查整治40余次，斩断走私货物市场流通链条，进一步推动行业自律、规范经营秩序。推动地方政府将反走私工作纳入地方网格化管理体系，有力夯实反走私工作基础。充分发挥涉越研究专业优势，跟进越南拟重开"副口岸""边境开放通道"问题，推动各层级持续开展对越交涉，敦促越方规范口岸设立开放活动，进一步巩固源头治理成效。联合相关执法部门深入学校、社区、企业、村屯、市场开展各类反走私普法宣传教育活动640余场次，通过群众喜闻乐见的方式传播反走私正能量，努力营造良好反走私社会氛围。

风险管理

【概况】2022年，南宁海关风险管理提质增效，建立机制长效防范业务领域政治风险。扎实推动"4+2"重点专项风险防控，探索构建关区"大风险"管理体系，深化"一会两机制"运行，推动关区风险防控合力不断增强，有效防范化解重大、系统性风险。做强南宁风险情报站，创建"渠道+专题"立体防控模式，协同查发水果、水烟果燃、粉体涂料固体废物等8起走私大案，案值8.1亿元。深度用好"云擎"大数据平台，建立大数据模型质效再创新高，大数据辅助领导决策、职能管理、现场执法的作用不断凸显。

【风险预警和分析】2022年，南宁海关深化海关风险情报工作站（南宁）建设。加强南宁站情报队伍建设，完善情报工作规范，持续发挥隶

▲2022年7月12日，南宁海关风险防控分局向关党委作跨部门风险联合防控机制工作专题汇报

属海关对情报站工作的支撑作用。密切与缉私情报合作，资源互补形成关区风险信息网络，及时掌握口岸、商品、企业、物流链等宏观风险态势和进出口微观风险。情报风险点涉及面从非贸邮寄渠道的毒品、枪爆、反宣品风险，逐步拓展到货运渠道的出口骗退税、综合保税区侵权、食品涉检安全准入、伪

瞒报逃税等风险上，情报搜集方式和转化处置思路不断拓宽。加强实地调研和联合研判，促进边境地区信息交换效能提升，预警防范步调一致，执法尺度更趋统一。持续强化边境地区口岸数据异动监测，组织南宁海关所属友谊关海关、凭祥海关成立业务风险数据异动分析工作专班。助推关区业务运行

质量提升，通过全景系统预警监控处置，加大对基层业务异动异常的监控，强化一线业务执法纠偏，提升执法效能，助推口岸压缩通关时间，优化口岸营商环境。始终将禁止"洋垃圾"入境作为生态文明建设标志性举措，持续开展固体废物专项风险防控。全年，精准布控查获固体废物11起1360吨，相关工作经验在全国风控条线作经验交流。深入推进濒危专项一体化防控，布控查获涉濒危货物806起。守牢安全底线；结合"口岸危险品综合治理"百日专项行动，开展全链条伪瞒报分析，布控查获危险化学品违法违规案件181起1718吨。实行"谁布控、谁监控、谁负责"，全环节压实布控主体责任，实施风险布控多点加载、集约管理、定期评估，紧扣查发导向动态清理无效、低效规则；开展边境贸易风险分类分级管理，结合企业信息、历史查获、地方推荐等建立企业、边民、运输工具高、中、低风险清单，实行梯度布控检查比例及差异管理；构建与各部门"布控需求提交—评估转化—

反馈改进"口岸布控管理回路，从源头上增强指令科学性、精准性。持续强化非贸渠道濒危及野生动物、有害政治出版载体、涉枪涉暴涉毒、外来物种、疫情物品等重大风险防范，推进"风雷""阻源""清邮""护旗""异宠"等专项行动，准确研判重点商品风险形势，发挥业务优势，同向发力联动防控提升重点防控效能。全年查发涉及毒品情事67起、枪支散件情事6起，立案4起。

【大数据应用】 2022年，南宁海关深化大数据应用支撑保障作用。创建大数据工作室，建立专业人才库，完成日常需要、专项行动、案件侦办等全方位数据服务。发挥"云擎"大数据实践社区作用，引导全员建模、精品建模、实战建模，应用大数据预警风险、辅助布控，运用模型固化传承风险防控特色战法，推动"智慧风控"。全年南宁海关创建全国平台级模型11个、关区级应用300多个，完成18个口岸风险画像，为进一步掌握关区各口岸现场业务状况和主要风险提供参考。

【口岸风险联合防控】 2022年，南宁海关探索构建关区"大风险"管理体系：立足毗邻越南、连接东盟的特点，探索构建关区"大风险"管理体系，统筹压实各方责任作用，协同防范化解业务领域风险。全年，共集中研判化解业务领域风险点31个，推动各部门出台对应方案、指引8项，防范了综合保税区美国玉米饲料生产、食糖预混粉加工内销、维修再制造等重点风险。有效筑牢国门安全防线。发挥派驻边境科室优势，畅通与隶属边关风险联络渠道，派员多次实地参加边关风险例会。优化口岸风险联防联控机制运作，加强跨部门、跨关区在信息情报、联合研判、精准拦截上的合作，提升风险分析布控精准度、深挖扩线成效。全年，开展跨部门联合研判56人次；围绕"清邮""护旗"等专项行动，与国安部门合署办公、联合行动，协同查发一批政治有害刊物、军国主义纪念章等；协同缉私、地方税务、经侦部门处置出口代用茶、菌菇罐头骗退税风险等，打击效果持续提升。

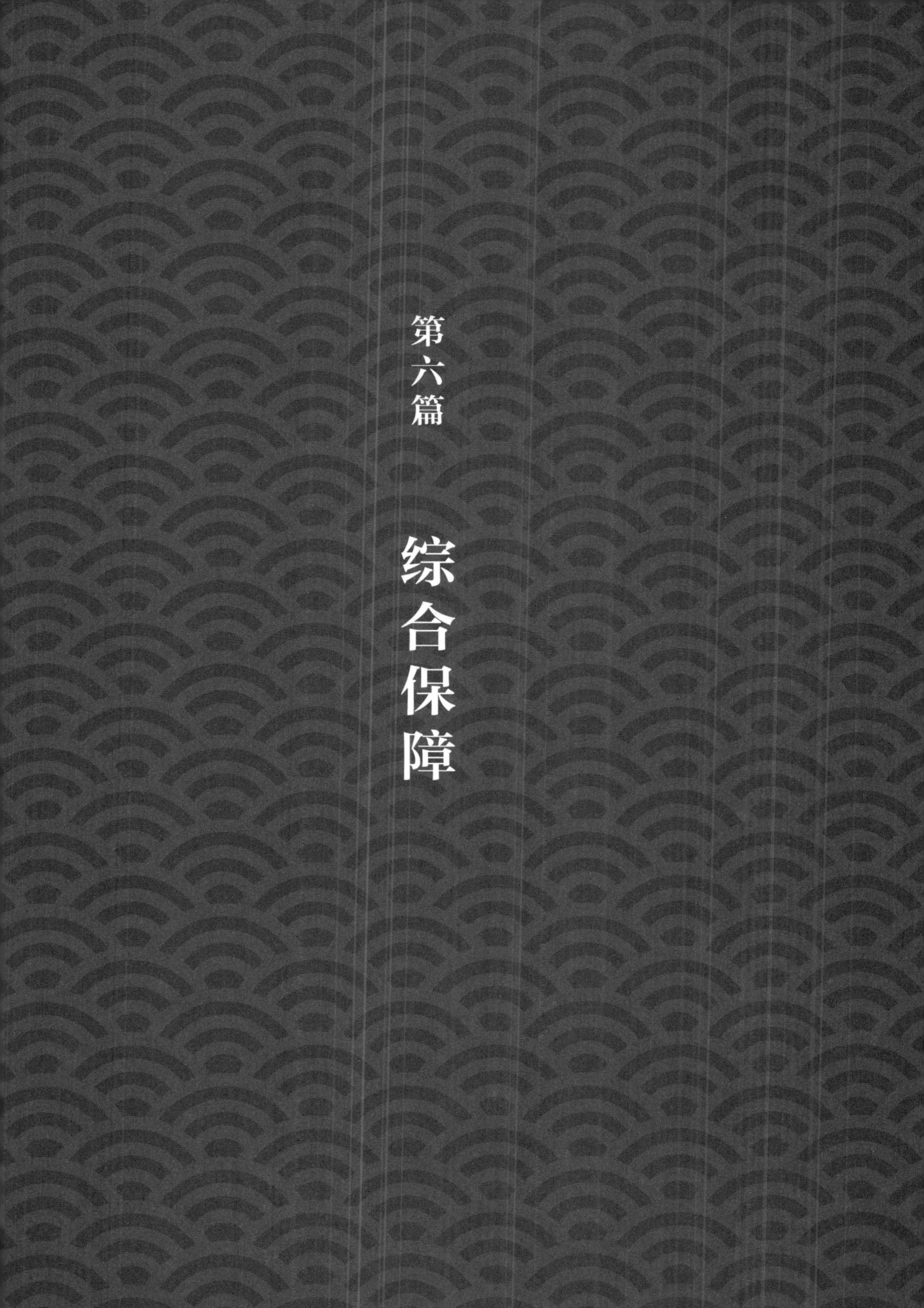

第六篇

综合保障

政务管理和国际合作

【概况】2022 年，南宁海关落实全国海关工作会议和全面从严治党工作会议精神，加强对关区的政务管理，机关运转顺畅，督查督办、信息宣传、政务公开、值班应急、档案综合管理等工作更加规范。12360 海关热线满意率、海关政务服务"好差评"系统好评率均达到 100%。新闻舆论工作实现"一体策划、一次采集、多元生成、多渠道传播"，全年在省部级以上重要媒体发布新闻宣传报道、稿件共计639 篇次。深入实施档案综合管理评定、数字档案室建设和推行工作质量评估管理模式，完成各类档案资料整理 7000 余件，提供档案资料查询利用服务 6200 余件（卷）。

【应急值守】2022 年，南宁海关对各隶属海关政务值班工作抽查共计483 次，编发值班工作情况通报 4 期，重点工作视频点名通报 3 次；开展国家安全反奸防谍宣传教育，针对疫情防控、应急处突、消防、反恐等方面内容开展应急演练和桌面推演共计 11 次；提升舆情敏感度，共编辑舆情要览247 期，承接海关总署舆情专项工作 32 次，有效防范处置 2 起舆情风险事件。全年，未发生负面重大舆情，获评 2021—2022 年度全区国家安全人民防线工作先进单位。

【政务信息】2022 年，南宁海关上报海关总署信息累计获海关信息载体采用 58 篇，同比增长 56.8%；获综合信息载体采用 11 篇，同比增长 22%。南宁海关信息工作在全国各直属海关排名第 11 位，比 2021 年同期前进 9 名，为

▲2022 年 3 月 29 日，南宁海关办公室党支部重温入党誓词

历史最好成绩，获评全国海关信息工作先进单位及先进个人。作为政务信息工作成绩突出的中直驻桂单位，获评2021—2022年度全区政务信息工作突出贡献奖个人及突出贡献奖单位称号。

【会议管理】2022年，南宁海关严格落实中央八项规定及其实施细则精神，严肃整治形式主义、官僚主义，对参会部门涉及隶属海关的会议进行严格审批，精简会议，改进会风，按季度对机关各部门召开涉及隶属海关会议情况进行通报，切实为基层减负。通过提高视频会议比例、加大合并套开会议力度等措施实现减少会议数量，全年原计划召开三类四类会议10个，实际召开6个，通过财政经费支出的现场会议数量同比减少9.1%。

【公务处理】2022年，南宁海关严格落实中央八项规定及其实施细则精神，精简公文数量，切实为基层减负。全年以党委、机关、办公室名义制发的正式下行文件共203份，同比减少10%。在压减数量的同时，进一步加强公文质量把关，关区公文质量明显提升，错情大幅减少。

【督查督办】2022年，南宁海关坚持把学习贯彻习近平新时代中国特色社会主义思想和习近平总书记系列重要讲话、重要指示批示精神作为南宁海关党委会、月度形势分析及工作督查例会"第一议题"，并将落实情况列入重点工作督查例会专题汇报，建立每周集中学习、每月集中研讨的常态化学习制度，采取会前自学、会上领学、会后研学等形式强化学习效果，重点跟进习近平总书记关于打击野生动物、象牙等濒危物种及其制品走私，全面禁止"洋垃圾"入境，学习宣传贯彻党的二十大精神，开展党史学习教育，加强安全生产，加强海关统计和政策研究，做好档案工作等指示批示精神在关区的推动落实。坚持用好关区重点工作督查例会制度，梳理形成习近平总书记重要指示批示涉及海关工作任务清单、习近平总书记关于广西工作系列重要指示清单，有效推动习近平总书记关于稳外贸促发展、"三智"海关建设等重要指示批示精神在关区落实落实。

细，强化南宁海关年度重点工作任务、总关领导批办和调研重点任务的督查，共督查立项426项。

【建议提案办理】2022年，南宁海关共办理自治区级人大代表建议议案22件、政协委员提案及建议28件，均已在5月底前办理完毕。答复意见得到人大代表和政协委员的赞同和认可，获2022年度全区人大代表工作先进集体。

【保密管理】2022年，南宁海关以党的二十大保密保障为总抓手，聚焦防范风险隐患和规范工作管理，把好保密安全关。抓住基层完善两张清单管理，对年度关区13项机要保密重点事项细化为23条具体措施清单，新调整关区保密协作组4个并制定3类共7项的保密协作组任务清单，把保密工作部署在基层、执行在基层；抓牢基础严格制度机制执行，梳理形成11类共94个制度在内的保密制度目录清单下发关区单位，上线涉密文件阅办催办提醒系统，坚持季度定期答疑机制和上岗、业务跟班交流机制，搭建上下联动融会贯通的关区保密平台；抓强引导推广特色品牌教育，在南宁海关机关建成关区首个保密宣传教育基地，探索并常态化实施"党建+保密"海关特色保密教育品牌，固化党建工作开展到哪里，保密教育就延伸到哪里，推动保密安全和工作纪律教育实现支部全覆盖、人员全覆盖。年内，南宁海关获得自治区保密工作先进集体，并作为全区保密条线三个集体之一在全区秘书长和办公室主任会议上接受表彰。组织为期四个月的保密档案专项排查和为期一个月的党的二十大保密专项检查，开展涉密场所使用电子及智能设备排查、微信泄密整顿、重要会议活动安全管理 3 项专门行动，综合研判关区态势自主组织办公区重点区域无线网络信号、管理网客户端保密、办公区不明信号 3 项保密专门检查，多轮次多维度检查力求覆盖式查细，通过查制度执行、查实地运行、查问题整改力求流程式防严，以查促学促改促进。

【档案管理】 2022 年，南宁海关紧扣党的二十大安全这一首要政治任务，紧抓基层基础这个关键，组织覆盖关区检查 2 次，特别是从 6 月份开始在关区组织开展为期 2 个月的全方位档案检查暨风险隐患排查整治，有效推动档案工作部署在基层、落实在基层、防范在基层、提升在基层。同时，坚持打牢基础不放松，调整库房档案摆架，更新库区安全警示标识标志和库位示意图，于 10 月正式启动南宁海关技术业务用房档案用房建设搬迁工作，全面提升实体档案安全管理设施设备条件。南宁海关机关档案年度工作质量在自治区档案局组织的中直、区直单位考核中获评优秀等次；8 个隶属单位在地方档案行政管理部门组织的年度考核中获评优秀等次。着力增强管理执行效能，以提升关区档案科学化、规范化、法治化为任务，以开展档案综合管理评定、数字档案室建设、工作质量评估为抓手，推动隶属单位全面清理和梳理历年档案情况、规范开展年度档案工作，实现关区档案质效较大提升。加强专业门类档案管理，制定南宁海关财物档案管理操作指引；进一步明确档案资料借阅利用要求，细化南宁海关档案借阅利用工作指引；继续推进南宁海关机关纸本专业门类档案规范整理和数字资源采集，丰富档案电子资源存量，提升档案服务机关日常工作的便利和时效。全年，完成 1999 年以前定期文书档案的整理组卷和电子目录采集，以及 1951—1999 年关区业务统计报表、2011—2019 年内部审计档案等传统载体档案的整理、目录著录及数字化工作；完成年度归档工作和专业档案接收工作；共收集整理 2021 年度文书档案 5243 件、纸本涉密文书资料 440 件、电子文书资料 1285 件、照片档案 230 组、音像档案 20 件、实物档案 10 件、疫情防控文件汇编 17 册等；继续补充收集完善积存档案资料，接收历年或多年度处室及事业单位保存的会计、基建等专业档案 1900 多卷入库；完成关区 1969—1999 年大事记、组织沿革和全宗介绍编写计 17 万字；举办 2 次档案业务培训；精准统计南宁海关机关档案室室存档案及资料做好库房搬迁准备；为"海关重点项目和财物管理以权谋私"专项整治工作提供档案利用服务6000多件（卷）。截至2022年12月31日，南宁海关12个隶属海关档案综合管理达到"署一级"标准，11个达到"署二级"标准，档案管理水平再上新台阶。

【政务公开】2022年，南宁海关突出务实，精心打造"关企面对面"政策宣讲平台，共开展系列活动30期，宣讲政策内容涉及互市加工、保税业务、综合保税区发展、RCEP政策宣讲、企业信用培育、口岸通关改革、农产品出口监管等，几乎涵盖所有海关业务，覆盖关区所有隶属海关，惠及企业超2000家，解决企业疑难问题超200个。围绕企业、群众通关过程中高频问题、疑难梗阻等，制作刊发海关政策宣传、通关政策解读等近百篇，各地方主流媒体、网络平台刊发、大量转发"关企面对面"相关报道，宣传效果突出。印发南宁海关年度政务公开工作要点，落实政务公开主体责任，规范开展依申请公开工作，全年未发生投诉举报、复议、诉讼等情况。坚持实

行"7×24小时"全天候人工服务。同时，通过月度"高频问题"总结、话务指标分析，不断提升热线应答水平；进一步明确办理时限，完善热线受理台账，加强与业务主管部门及现场海关的协作联动，形成了齐抓共管的良好局面。全年，人工接听咨询电话15031通，企业、群众满意率100%。

【信访工作】2022年，南宁海关不断提升建议提案、来信来访办理质效。办理自治区级人大代表建议22件，政协委员提案28件，协助办理全国人大代表建议2件，获2022年度全区人大代表工作先进集体。全年办理关长信箱事项85件、关长接待日共接待群众来访4人次，做到件件有回音、事事有落实。做好重大活动期间海关信访保障工作，细化工作措施，加强工作指导，圆满完成全国"两会"、党的二十大，以及国庆等重大活动节日期间海关信访保障工作。

【新闻宣传】2022年，南宁海关注重新闻宣传的选题策划，全年在省部级以上重要媒体发布新闻宣传报道、稿件共

计639篇次，同比增长17.2%。其中在电视媒体方面增幅显著，在中央电视台《新闻联播》《焦点访谈》《新闻30分》等栏目发布电视新闻110条，同比增长44.7%。南宁海关新闻舆论计分排名列全国海关第九，创历史新高。加强融合发展，围绕迎接宣传党的二十大这一主题主线，宣传海关助力广西融入"一带一路"高质量发展，壮大主流舆论。

【外事管理】2022年，南宁海关持续巩固"三智"特色优势，推动关区形成12个"三智"项目，其中互市机检智能查验系统参评海关总署"三智"早期收获项目。继续落实中越"两国四方"合作机制，成功举行中越"两国四方"海关第八次会谈。持续推进中越边境监管部门执法互助，分别与越南谅山省、高平省、广宁省的海关局、卫生厅开展反走私工作零千米会晤、跨境卫生检疫合作交流等。组织隶属海关深入一线调查受国外技术性贸易措施影响的产业龙头企业、大型出口企业，建立由20家企业组成的重点企业数据库，

有效调动关区内利益相关企业深入参与对国外技术壁垒的交涉应对。全年共提出关于韩国丙酸限量设置不合理等贸易关注 4 篇。完成海关总署交办的各项贸易关注、技术性贸易措施影响遁查工作，按时高质高量完成相关分析材料报送工作。

财务管理

【概况】2022年，南宁海关推进"10+N"民生工程54项和边关保障能力提升项目前期设计工作和部分项目开工建设，统筹保障南宁海关机关各部门重点工作49项；统筹资金落实关心关爱一线人员措施，保障一线医疗防控物资173.68万件；实施采购项目177批次、节约资金661.18万元；持之以恒推进关区"节约型机关"创建，南宁海关机关和16个隶属海关获评"节约型机关"荣誉称号。

【政府采购管理】2022年，南宁海关制定财物档案管理操作指引、采购代理机构管理操作试行指引，修订非政府采购操作指引、完善采购流程图；提升采购信息公开透明度，在南宁海关门户网站设立"采购信息"专栏，增设"非政府采购"信息模块，加大拓宽非政府采购信息公开受众面；强化监督管理，组建采购代理机构备选库和南宁海关自行组织项目评审专家库，用小程序随机抽取，健全"两库"的考核、奖惩、保障机制。

【预算管理】2022年，南宁海关强化预算编制，组织研究2023—2025年关区项目申报方案，申报二级项目32个。制定预算绩效运行监控实施细则、项目支出绩效评价实施细则；有序推进预算绩效一体化建设，全面完善项目核心绩效指标体系；主动选取海关综合业务管理专项（二级海关）和国门生物安全专项（三级海关）作为重点项目开展绩效评价，进一步牢固树立绩效意识，严格落实绩效主体责任。建立关区"过紧日子"定期评估机制，从严从紧编制预算，从严控

▲2022年4月26日，南宁海关召开关区财务条线学习党的二十大精神宣讲会

制"三公"经费和一般性支出，优化支出结构，将有限财政资金用在刀刃上、花在紧要处。全年，关区因公出国（境）费用未发生支出，公务接待费支出较 2021 年下降 90%、公务用车运行维护费支出较 2021 年下降 10.35%，压缩的经费全部用于重大改革项目等重点领域。

【做好缉私部门财务保障】 2022 年，南宁海关协助缉私部门向地方财政争取到 2022 年缉私辅警保障经费和打私工作经费；统筹资金用于关区执法办案场所、办公楼消防系统等共计 14 处缉私办公用房改造修缮，落实防城等 10 个边关及缉私分局生活设施保障能力提升项目建设，改造食堂宿舍、配备"五小"生活设施等；保障关区海警回流人员社保缴费资金。

【机关财务管理】 2022 年，南宁海关科学调配资金，保障关区各类资金需要，发挥统筹资金最大效用；统筹保障南宁海关机关各部门重点工作 49 项，南宁海关"10+N"民生项目 27 项，落实关心关爱一线人员措施，保障消除安全隐患资金需求；严格落实支出事前审批，整理

日常报账审核要点、日常业务会计核算模版、会计科目核算内容明细、岗位工作流程等，形成会计日常工作操作手册。

【涉案财物管理】 2022 年，南宁海关组织关区开展涉案财物仓库安全检查 6 次、系统库存数据全面核查 5 次及危险化学品排查 3 次，防控涉案财物仓储管理风险，全年关区未发生涉案财物管理安全事故。深化关地合作落实"双无"固体废物移交地方处置、濒危动植物及其制品移交所在地主管部门处置，同地方打私办移交"双无"固体废物 3.3 吨、实现关区库存固体废物动态清零，累计向林业和农业部门移交 37703 件约 27.22 吨涉案濒危动植物及其制品。重新制定印发涉案财物管理实施细则、编制涉案财物管理业务流程图，建全内部控制；组织关区涉案财物管理条线共 62 人参加执法业务培训和考试，实现关区涉案财物管理岗全员持海关执法证上岗；按时完成系统数据迁移，全面启用新版涉案财物管理系统。完成处置审批 277 批次，其中公开拍卖涉案货物物品 25 批次、

100%实行网络平台公开拍卖。关区库存 5 年涉案财物全部清零，并实现关区库存 2 年以上未完成处置涉案财物占比率为 0。

【企事业财务管理】 2022 年，南宁海关圆满完成国企改革任务，其中：广西金荼花物业管理有限责任公司由全民所有制企业改制为公司制企业；桂林凯斯顿大酒店完成清理注销；广西恒凯卫生除害处理技术有限公司通过清理注销完成脱钩；南宁东方口岸科技服务有限责任公司完善公司治理体系；参股的中国检验认证集团广西有限公司 49% 的股权已通过北交所挂牌交易完成转让。

【基建管理】 2022 年，南宁海关关区基建项目 11 个，完成梧州海关交流干部及单身职工宿舍、防城海关业务技术综合楼、北仑河办案中心、南宁海关北仑河区域私货仓库等缉私业务配套用房等重大项目建设。争取财政资金用于平孟、峒中、防城海关边关"五小"文体设施；改善边关生活条件、丰富精神文化生活。加强房屋建筑安全检查和安全隐患排除，申报消除业务技术楼和宿舍安

全隐患项目4个。

【装备管理】2022年，南宁海关制发节约能源资源管理及考评实施细则，规范和加强关区节能减排和节约型机关创建工作；关区包括南宁海关机关在内17个单位获得国家机关事务管理局等四部门联合颁发的第二批"节约型机关"荣誉称号。修订完善公务用车使用管理办法，组织开展关区公务用车使用管理专项检查，消除安全隐患，保障安全生产。推动落实年度关区政府采购贫困地区农副产品工作，超额完成63.61万元采购计划。完成制服13.93万件（套）和单证113.82万份的保障管理任务，保障一线各项业务正常运转。做好关区应急物资装备储备库管理，做好南宁海关应急物资装备储备库管理，全年入库应急防疫物资317.49万件（套）、出库310.71万件（套），确保应急防疫物资精准配发、使用安全高效。

【资产管理】2022年，南宁海关继续推进关区资产标签信息化管理工作，抓好关区各单位部门设备资产的实物盘点及贴标工作，确保各类资产装备账实相符。按期完成海关总署闲置房地产整合利用三年规划任务；抓好房产安全治理，完善房地产台账，规范稳妥管好公有住房。

科技发展

【概况】2022 年，南宁海关充分发挥科技引领支撑作用，完成署党委项目"关长走进口岸封管区"卫生检疫作业系统互联互通专项工作，为口岸一线减负提效。运用各种技术全面夯实关区网络安全基础，网络攻防演习成绩优异，1 篇技战法报告入选公安部典型防护案例，是海关系统唯一入选的优秀技战法。

南宁海关是唯一在典型防护、优秀技战法和报送材料 3 个方面均获得海关总署表扬的单位。运用智能电子锁、GPS 定位、RFID 标签等技术升级样品管理系统，创新应用，有效提升工作效率和防范廉政风险。采用"大中心、专业化、一体化"运行模式推动南宁海关检验检测实验室运行机制改革。全年，拓展检测能力 1594 项，检测周期压缩至 3.2 天；分 3 批推进口岸现场实验室建设，首批基本完成并已助力重点口岸进口水果当天验放，该课题报告刊载在相关信息载体上并获多位署领导批示。成功申报 2 项广西重点研发计划项目，获批中央外经贸发展专项资金 1 项。获批准立项海关技术规范和地方标准 13 项，正式发布螺蛳粉全产业链地方标准 5 项；获得国家知识产权局授权的发明专利 4 项，实用新型专利 15 项。科研项目 1 项获广西科技进步奖三等奖，1 项获中国商业联合会科技进步奖三等奖。

【技术支撑】2022 年，南宁海关完成署党委项目"关长走进口岸封管区"卫生检疫作业系统互联互通专项工作。海关总署点名南宁海关作为卫生处置应用和疫情二报系

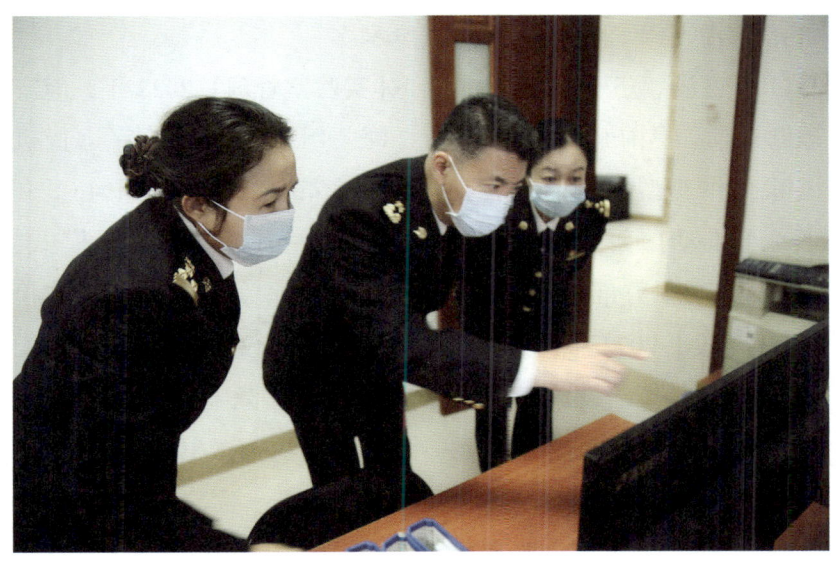

▲2022 年 1 月 31 日，南宁海关党委书记、关长王味冰（中）到科技处看望慰问值守关员，实地检查南宁海关机房安全生产工作

统互联互通的唯一试点单位，与科技发展司共同组建工作专班，协助梳理有关系统重叠数据项共114项，完成系统互联互通任务书编制，对全国海关反映强烈的"数据孤岛"问题开展"解题式"攻关，仅用时3个月打通3个署级系统，简化数据填报62项，切实为口岸一线减负提效。

【安全保障】2022年，南宁海关网络攻防演习取得优异成绩。第一时间成立5个工作专班，建立4套工作机制，累计加班超200人次、2100余小时，4篇技战法入选公安部优秀技战法，1篇技战法报告入选公安部典型防护案例，是海关系统唯一入选的优秀技战法，是唯一在典型防护、优秀技战法和报送材料3个方面均取得海关总署表扬的单位。全面夯实关区网络安全基础，部署动态防御系统，有效防护各种攻击；安装数字证书，实现关区互联网应用的安全数据传输；完成署级、关级渗透测试并完成漏洞整改；加强接入管控，实现对9个现场监管场所客户端的安全管控。圆满完成全国两会、北京冬奥会和冬残奥会、党的二十大等重要时期关区网络安全保障工作。

【科技创新】2022年，南宁海关"制度+科技"建设课题研究获科技发展司唯一推荐参评中央和国家机关工委"关键小事"项目；升级南宁海关智能实验室样品管理系统，运用具备智能电子锁、GPS定位、RFID标签等模块的智能样品箱对采样、送样等关键环节智能化管控，有效提升送检工作效率和防范送检廉政风险。启动南宁海关边民互市贸易数据接口服务平台的开发；完成"供港澳活猪AR远程视频辅助监管"等5个微创新的关级审批和申报；参与广西智慧口岸试点建设，形成调研报告1篇、研究报告1篇。参与研提智慧口岸建设"五个问题"的破题建议，提前开展"三智"国际合作典型案例研究，为下一步推动广西智慧口岸建设落地实施做好准备。

【基础建设】2022年，南宁海关持续推进基础设施云化进程。增加国产紫光桌面云系统服务器等，更好满足关区不同类别业务需求。清理关停老旧设备，优化调整基础云平台资源配置，有效缓解主机运行压力，保障核心系统安全稳定运行。

【规范管理】2022年，南宁海关制定印发信息化应用项目管理实施细则，严格按要求完成西部陆海新通道"陆海通"互联互通项目的报署审批，做好南宁海关实验室辅助管理应用项目等3个关级项目的立项审批。强化信息化应用项目规范化管理，完成26个应用系统的绩效考核工作，扎实开展关级信息系统整合，在线运行的43个关级系统整合率达100%。自主开发南宁海关科技处项目文档管理小程序解决项目档案管理难题；开发项目评审专家随机抽取小程序，协助采购执行部门建立统一评标专家库。

【实验室管理】2022年，南宁海关组织开展实验室运行机制改革，采用"大中心、专业化、一体化"运行模式，统筹管理关区各实验室的检测人员、仪器设备、检测能力、品牌效益、质量体系。结合隶属海关执法保障主要检测业务、实验室特色能力，"有保有压"布局各实验室检测能力配置清单。全年，拓展检测能力1594项，检测周期压缩至3.2天。推进柳州汽车检测实验室与地方机构业务合作，转型发展玉林海关陶瓷实验室拓展化肥检测能力233项，盘活设备资源123台、原值2344万元。制定"一关一策"法检商品送样操作指引，解决样品多头送检、检测周期过长的问题。构建"技术中心重点实验室—隶属海关常规实验室—口岸现场实验室"一体化的检测网格体系，以沿海、沿边隶属海关为重点，分3批建设食品农产品和植物检疫口岸现场实验室，首批钦州港、友谊关海关现场实验室已基本形成检测能力，助力重点口岸进口水果当天验放。课题报告在海关信息载体刊载，获多位署领导批示。加快推进重点商品检测提速，与广西大学签订科研合作框架协议，推进广西危险废物重点实验室建设，助力危险品整治百日专项行动，具备烟花爆竹、爆炸物、危险货物、危险包装等13大类、119项检测能力，检验周期由10天压缩至3天；压缩进口粮食、能源和高级认证企业样品检测周期2天以上。组织开展重金属快速筛查法研究、优化样品前处理环节等技术创新，将东兴进口活性水产品检测时长由4小时压缩至1小时。

【科研管理】2022年，南宁海关继续承担国家重点研发计划课题"典型进口固体废物属性鉴别技术与高效监管体系研究"工作。申报2项广西重点研发计划项目，获批1项中央外经贸发展专项资金茧丝绸项目。获批准立项海关技术规范和地方标准13项，正式发布螺蛳粉全产业链地方标准5项，获得国家知识产权局授权的发明专利4项，实用新型专利15项。申报的烟花运输危险分类定级与联合国TDG爆炸品分类定级的差异分析研究项目获海关总署科研项目立项。多项科研项目获省部级奖励，其中牵头完成的广西特色农产品质量安全关键技术开发与应用科研成果获2022年度广西科技进步三等奖，参与完成的绿色优质蚕丝品质管控关键技术与装备创新及应用获中国商业联合会科技进步三等奖。持续深化科技人员跟班作业品牌效应。组建5支党员先锋，组织开展科技人员跟班作业22次。全年，共收集解决基层科技应用"急难愁盼"问题200余个，好评率、解决率均为100％。指导帮扶习近平总书记调研的桂林全州县才湾镇毛竹山村产业发展，科技兴农助力葡萄产量每亩增加250千克以上，同比提高20％，村民的人均收入由3万元提高到3.5万元；完成关区18个隶属单位的视频监控归集管理工作，有效缓解基层运维压力。

督察内审

【概况】2022年，南宁海关督审部门以习近平新时代中国特色社会主义思想为指导，深入学习贯彻党的二十大精神，坚持守正创新、坚持问题导向，围绕两级海关工作会议和全面从严治党工作会议精神，突出重点，服务大局，聚焦"国之大者"，坚持把好督审监督的政治属性，抓好重大决策部署专项督察、领导干部经济责任审计和专项审计；聚焦基层基础建设，全力推进"内控示范科室"创建；聚焦"三个不放过"，认真完成国家审计整改任务，做好国家审计配合工作，运用大数据开展执法评估，优化督审监督方式，防范分解风险能力不断提升。

【配合国家审计】2022年，南宁海关推动完成整改2021年国家审计指出问题，组织各单位部门对照海关总署2022年督察审计风险清单，紧扣重点领域、关键环节问题开展自查自纠，建立整改台账，对制度落实不到位、执法不规范的问题采取措施即时纠正，同时举一反三，查找业务管理制度机制不健全、内控措施不完善的短板和漏洞，建立整改长效机制；做好国家审计的配合工作，密切与相对单位部门的沟通联系，通过建章立制、明确责任，在单证跟踪督办、反馈资料审核等方面发力，在情况收集汇报方面主动协助海关总署各司局及时完成审计资料需求清单的提供及取证单的核查工作。

【督察监督】2022年，南宁海关加快对关党委关切问题的响应速度，第一时间组织开展进口煤炭监管和安全生产

▲2022年12月15日，南宁海关督察内审处对南宁海关所属北海海关执法分离制约操作列表执行情况进行现场检查

等专项督察，及时将发现的问题向关党委报告并推动整改；按照党委要求编发督审风险预警专刊，在关党委层面组织相关职能部门进行专题的分析研判；强化"国门绿盾"、优化营商环境等重大政策开展跟踪督察，南宁海关发挥督察监督作用推动外贸保稳提质措施落地落实做相关经验做法被海关总署信息快报采用。

【内部审计】2022年，南宁海关采用"远程联网＋现场核查"融合、同步审计整改跟踪检查等方式开展关级经济责任审计及专项审计；开展贸易管制措施落实情况、大金额差错报关单专项审计调研等署级项目；印发内部审计查出问题整改工作实施细则，建立督审问题管理内因分析机制，有针对性选取问题开展政治责任和管理内因分析，从源头上实现"改正一个、规范整片"的目标。

【内控建设】2022年，南宁海关以提升基层科长能抓善管、履行一岗双责能力，增强基层执法关员自控意识为目标，选定基层一批科室进行"内控示范科室"培育，以内控"三个关键在"为核心评选认定关区优秀"内控示范科室"，并向海关总署推荐；在"学习强国"App、南宁海关政治工作简报等平台载体刊发典型经验，强化内控宣传，优化关区内控环境。在南宁海关职能部门推广内控节点岗位落实清单，协助海关总署更新完善数据分中心领域内控节点，并同步设置为关级节点。进一步优化升级"督审分析预警模块"，新增"南宁海关内控工作专栏"版块、优化多项指标功能；新增业务、财务数据表进入数据库，不断拓宽数据资源；搭建监控分析模型，固化监督成果，应用于整改认定、日常监控和审计监督，常态化风险防控机制不断健全。对标一流深化HLS 2017内控平台应用，通过关领导带头应用、定期通报、送教上门、处科两级成效展示等方式推动平台应用。

【执法评估】2022年，南宁海关针对属地查检、农产品进口关税配额管理、进口冷链商品监管、动植物检验检疫等重点业务领域开展专题评估，新建执法评估指标，利用"数据＋分析＋指标＋调研"的方法，发现存在的问题和风险，提出相关意见建议，促进制度的进一步完善。加强对关区口岸整体通关时间的计算和监测，为地方政府部门和本关职能部门提供通关效率数据支持。

第七篇

隶属海关

南宁吴圩机场海关

【概况】 南宁吴圩机场海关于 2018 年 12 月 28 日挂牌成立，位于南宁市江南区吴圩镇南宁吴圩国际机场空港北一路，关区范围为南宁吴圩国际机场。下设 8 个正科级机构，分别为办公室（党委办公室）、人事政工科（党委组织宣传部）、综合业务科、监管一科、监管二科、监管三科、监管四科、监管五科。主要业务：承担关区进出境运输工具、货物、物品、人员、各类海关监管作业场所的实际监管；承担关区进出境卫生检疫、进出境动植物及其产品检验检疫工作，对进出境运输工具的卫生除害、检疫处理情况进行监督管理，承担进出境运输工具的监装监卸工作；承担关区进出口商品法定检验工作，开展进口食品、化妆品检验检疫和监督管理；承担免税商店的

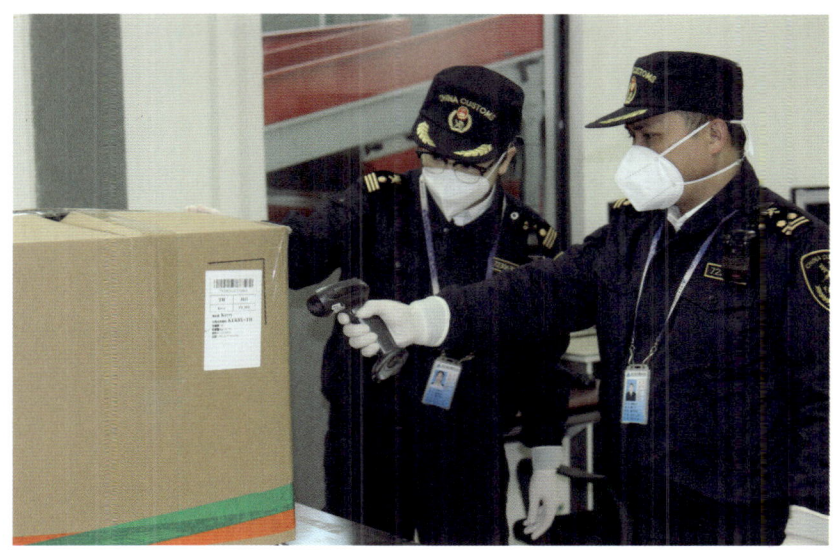

▲2022 年 4 月 20 日，南宁海关所属南宁吴圩机场海关关员对跨境电商出口货物进行监管

设立和终止，免税品销售、报损和核销，以及免税店仓库出入库等监管工作；承担口岸食品生产、食品销售、饮用水供应和餐饮服务单位、公共场所、储存场地的行政审批和日常卫生监督；负责南宁空港保税仓、快件中心的监管工作。

2022 年，南宁吴圩机场海关坚持以习近平新时代中国特色社会主义思想为指引，全面贯彻海关总署南宁海关党委工作部署，坚持政治统领，坚决捍卫"两个确立"，增强"四个意识"、坚定"四个自信"、做到"两个维护"；坚持统筹疫情防控和促进外贸稳增长，坚决守住国门安全；坚持全面从严治党，压紧压实"两个责任"，坚决贯彻严的主基调；坚持严紧实

工作作风，"抓基层、打基础，守底线、创佳绩"，出色完成上级党委及地方党政全年工作任务，为建设一流空港基层海关接续努力。

【政治建设】2022年，南宁吴圩机场海关深入学习宣传贯彻党的二十大精神，搭建线上学习平台，建立"每日一讲、每周一测、每月一评"机制，通过党委会、党委理论学习中心组、专题研讨等形式开展学习41次，拍摄宣讲视频17个。扎实开展政治机关建设专项教育活动，"我来献一策"活动获职能部门采纳意见9条，2篇论文分获南宁海关基层基础建设主题征文二、三等奖。落实意识形态工作责任制，建立"季度专题分析、半年专题讨论、年度专题总结"机制，组织全体干部职工思想状态问卷调查，开展队伍思想动态分析4次，及时发现和消除队伍管理中的不良倾向和苗头。基层党建基础有效夯实。年内，1个支部通过"全国海关党建示范品牌"复核，2个党支部获南宁海关"四强"党支部称号，8个党支部均被复核为南宁海关合格党支部。开展政治风险隐患排查，梳理政治要求90条、风险隐患32个，查摆问题15个已全部完成整改。建立健全监督组织和机制，选举成立南宁吴圩机场海关机关纪律检查委员会，完善各支部支委监督职责。完成新一届海关特约监督员聘用，拓展"八小时以外"管理监督，构建单位、社会和家庭"三位一体"监督体系。加强新时代海关廉洁文化建设。3件廉政文化作品获西南协作区"清风国门"主题活动表彰，2篇廉政宣讲稿件获南宁海关"以廉正心"专栏刊发。强素质善用人，建设过硬队伍。优化激励机制，注重成绩导向，提任正科级领导干部2名，副科级领导干部3名，职级晋升7名。坚持"一把尺""一张单""一盘棋"，对有德有能有绩者用之奖之，培树41人次获表彰奖励。

【业务建设】2022年，南宁吴圩机场海关落实"外防输入，内防反弹"总策略。从严落实封闭管理，全年组织封闭54轮次，要求全体干部职工走进封闭组，参与封闭373人次。创新开展"一机一方案""一机一复盘"，有效保障国际客运航班复航。全年，共监管进出境客运航班301架次，旅客近2.6万人次；做好"多病同防"工作，检出登革热2例、流感3例。正面监管和打私效能不断提升。全年共审核报关单8865票，同比增长63.3%。综合治税不断深入，全年入库税收1亿元，同比增长277.6%；共补征行邮税98票，征收税款36.88万元。各项打私指标均处于绿区，其中非涉检简易程序和快速办理行政案件、移交案件线索成非涉检普通程序案件分别完成年度目标任务的575%、450%。严把口岸食品安全关。开展日常卫生监督213次，监管食品从业人员1334人次，实施食品抽检74批次，有力保障口岸食品安全。筑牢国门生物安全防线。首次开展外来入侵物种普查，发现红火蚁、非洲大蜗牛等9种外来入侵物种，其中发现红火蚁巢穴18个。促进国际货邮逆势增长。组建进口货物监管封闭管理专班全天候值守，投入人力约1800人次，实现"5+2"全天候、无假日通关。全年国际航空货邮吞吐量超7万吨，同比增长207%，圆满完成自治区"保六争七"目标，增速跃居全国千万级机场首位，连续3年实现每年"翻一番"。支持进境水果指定监管场地建成并投入使用，全年共监管进境水果约1260吨，货值约4333万元。大力支持新兴业态发展。协调调配CT机供空港跨境电商中心使用。跨境电商货物出口实现从"0"到40亿元的突破性增长。协助推进南宁国际区域航空枢纽重大项目工作。大力支持南宁智慧航空物流综合服务平台建设，助推南宁机场货站二期2号库正式启用。打造南宁机场口岸"一卡放行"模式及全区首个推广应用转关货物"智能关锁"自动解锁、随到随放模式。

【政务及后勤保障】2022年，南宁吴圩机场海关规范高效做好办文。细致规范做好上传下达工作，对临界办理期限的文件进行催办，保障关内收发文处理顺畅，发文无差错。提升督查工作质效。严格落实"第一议题"制度，围绕关区稳外贸促增长、"百名科长百日督查"等重点工作，反馈南宁海关督查单30件，制发南宁吴圩机场海关督查单60件。

南宁邮局海关

【概况】南宁邮局海关成立于2019年3月11日，位于南宁市良庆区金海路20号，关区范围为南宁综合保税区围网内。内设科室6个，业务范围以广西国际邮件互换局、南宁综合保税区、南宁跨境电商综合试验区的各项海关业务为主。

【政治建设】2022年，南宁邮局海关坚持以政治机关建设为统领，深入开展政治机关建设专项教育活动，党委会、外贸形势分析暨重点工作督查例会组织"第一议题"学习38次，办好党委中心组（扩大）学习会，组织"讲政治强监管 忠诚保卫二十大"誓师活动，开展各类集中学习62次、联学共建活动5次，梳理岗位政治要求90条，整改政治风险13条。聚焦"疫情要防住、经济要稳住、发展要安全"，统筹推进疫情防控、安全生产、国门安全、促进外贸稳增长等重大任务，圆满完成全国唯一一个进境邮件新冠病毒监测试点工作任务。深入学习宣传贯彻党的二十大精神，成立学习宣传贯彻党的二十大精神领导小组及工作机构，制订本级工作方案，安排10个专题开展中心组学习，撰写心得体会45篇，学习宣传贯彻党的二十大精神相关稿件获关区工作快报、政治工作专报、"关馨"、南宁海关网站专栏刊发22篇。坚持不懈推进全面从严治党、从严治关。制定实施全面从严治党工作指引、主体责任清单重点任务项目、重点工作任务分工表，与派驻纪检组召开全面从严治党会商会议、党风廉政建设工作例会，研究修订南宁邮局海关党委议事清单、南宁邮局海关贯彻落实"三重一大"决策制度实施办法；坚持党委委员深入现场巡查和跟班作业65次。扎实开展巡视反馈问题整改，推动3个问题14项措施全部整改完成。采取个人自学、专家导学、集中研学等形式深学细悟党的二十大精神，4个专题学习扩大到支部书记，以"三会一课"、主题党日等形式开展集中学习34次，为党员干部配发理论书籍128册。深化"强基提质工程"和"双提升"行动，开展2期党务工作培训，扎实推进"书记项目"，提升支部书记党建工作水平，推动"丝语"党员工作室提档升级；常态化开展"三会一课"等党建基础工作检视，组织开展党建统筹考核，推动7个党支部通过合格支部评选复核，1个支部获评关区"四强"党支部。开展"基层基础大家谈"

21 场次，组织"我来献一策"获南宁海关采纳 11 条；党委书记政治机关建设专题党课获评关区优秀党课案例；1 篇理论文章获评关区基层基础建设主题征文二等奖。组织开展警示教育月活动 2 次，在外贸形势分析暨重点工作督查例会上组织纪法教育 10 次，开展"海关重点项目和财物管理以权谋私"专项整治工作，梳理问题风险 6 类 14 项，制定整改措施 25 条；深化以案促改工作，研究制定措施 38 条；巩固提升处级领导"双巡视"、科室"双梳理"质量效果，关领导开展谈心谈话 55 人次，运用"第一种形态" 6 次，有效掌控队伍"三大风险"；发挥纪检委员探头、哨卡作用，建立纪检委员按季度向党总支报告支部廉政情况制度；有效运用外部监督，加强政风行风建设，及时规范办理了 299 单 12360 海关热线工单咨询投诉，通过政务服务"好差评"系统、海关特约监督员，收集办理意见建议；扎实推进新时代海关廉洁文化建设，组织参观反腐倡廉警示教育馆、广西家庭家教主题展，签订家庭助廉倡议书，推进

"清风国门"宣传教育活动见行见效。加强队伍建设，坚持党管干部原则，严把政治关、作风关、能力关和廉洁关，开展队伍思想调研分析，组织全覆盖问卷调查，党委委员到一线深入掌握队伍思想动态和风险隐患；强化对党员干部的监督，从内务建设、会风文风、考勤打卡、请休假管理等细节抓起，强化作风养成；着力提升队伍监管工作水平，组织审图查缉技能等各类集中培训 16 场次，扎实提升为民服务本领，引领党员干部在服务高质量发展中当先锋、打头阵。

【业务建设】2022 年，南宁邮局海关强化正面监管，推动落实"跨境电商寄递'异宠'综合治理""国门利剑 2022""国门绿盾 2022""扫黄打非"等专项行动，实现建关以来首次查发冰毒、首例涉淫秽物品刑事案件，查发外来物种 69 种次，获得认定外来物种 19 种，查获枪支及散件 7 起；查发管制类精神药品、毒品等 68 起；查获涉濒危动植物制品、濒危野生动植物制品 771 批次；查获违禁印刷品、音像制品 10278 件。强化疫情精准防控，顺利完

成全国唯一进境邮件新冠病毒监测试点工作，试点以来监测邮件 3462 票。制作进出境邮件监管查验手册规范监管流程，强化作业污染控制，监督落实寄递行业关于进境邮袋和邮件 100% 六面消毒要求，对相关单位制发整改要求单。推动南宁综合保税区高水平开放、高质量发展。建立海关、管理委员会、外汇管理三方协同管理机制，加强加工贸易企业管理提升发展质量；加强"关企面对面"、AEO 企业认证、RCEP 等政策宣讲力度；打造"保税+"全链条产业发展，大力支持加工产业转型升级，新增一般纳税人企业 3 家。全年，南宁邮局海关监管进出口总值 492.68 亿元，同比增长 7.1%，占南宁口岸进出口总值的 71.31%。南宁综合保税区外贸进出口总值为 548.66 亿元，同比增长 17.2%，占南宁市外贸总值的 36.33%。持续深化跨境电商出口监管改革，提升规范守法企业通关便利化水平；实行全天候预约式通关优先办理电商货物的通关手续，有力保障"6·18"、"双 11"和"双 12"等电商大促期间

正常通关；深化跨境电商出口通道建设，累计配合开通15条出口空运专线，打造"1+1+4+15"立体物流网络。优化口岸营商环境，出台细化惠企帮扶措施12条，推广行邮税征管应用和关邮缴税信息联网试点，提升缴税便利性；开通临时邮路，缓解疫情期间邮路拥堵压力；落实"简化进出区管理""四自一简"等便利措施和制度，有效压缩货物进出区耗时。全年，进、出口整体通关时间分别为10.9小时、0.71小时，维持稳定向好的通关效率。

【政务及后勤保障】2022年，南宁邮局海关围绕口岸疫情防控、促外贸稳增长、守护国门安全、打击走私等方面重点工作，及时反映海关领域工作情况。编报各类政务信息442条，获南宁海关采用92篇（条），其中统计分析信息1篇，综合信息呈报1篇；获自治区党委政府采用1条；编写新闻宣传稿35篇，获学习强国、中央电视台、《国际商报》、《广西日报》、《广西法制日报》等媒体采用8篇。撰写政研文章3篇，获南宁海关采用3篇。认真做好机要保密工作，失泄密事件零发生，档案室获评"署二级"档案室。值班应急、信访处理等工作有力有效，政务服务"好差评"系统好评率保持100%。财务后勤方面，落实"过紧日子"要求，认真做好经费预算执行工作，做好防疫后勤保障。统筹防疫物资保障，做好防疫物资申报、接收、发放、监督检查及统计台账工作。加大对一线执法关员关心关爱力度，为一线人员配备"防暑降温暖心大礼包"，年内开展职工慰问9人次；建成并启用精神文明实践所、图书室、书画室、乒乓球室、台球室、健身室等文化体育设施，极大丰富业余生活，促进干部职工身心健康。

邕州海关

【概况】邕州海关成立于2013年12月23日，位于南宁市良庆区体强路9号，关区范围为南宁市除南宁空港、南宁综合保税区以外的七区四县一市，下设12个科室。业务特点以加工贸易监管，跨境铁路、公路进出口货物监管，特色食品、农产品监管，原产地证签发，服务中国—东盟博览会为主，同时承担南宁关区H986集中审像和稽查集约化改革两项集约型改革任务，业务范围延展辐射全广西。

2022年，邕州海关围绕学习宣传贯彻党的二十大精神这一主题主线，落实海关总署党委"铸忠诚、担使命、守国门、促发展、齐奋斗"要求，践行南宁海关党委"抓基层、打基础、守底线、创佳绩"工作思路，紧抓基层政治能力建设，政治机关

▲2022年5月27日，南宁海关所属邕州海关关员在南宁国际铁路港海关监管场所开展巡查

建设基础不断夯实；紧抓基层监管把关能力建设，国门安全防线基础不断加固；紧抓基层服务发展能力建设，外贸稳中向好基础不断巩固；紧抓基层改革创新能力建设，业务提质增效基础不断厚实；紧抓基层队伍管理能力建设，全面从严治党基础不断提升。通过基层5大能力建设，有力推动了邕州海关基层建设

再开新局面、基础工作再上新台阶、基层风险防控再筑新堤坝、基层事业发展再添新业绩。

【政治建设】2022年，邕州海关认真学习宣传贯彻党的二十大精神，坚持每周开展两次党委理论学习中心组集体学习，建立"党委书记领学+党委委员重点发言+支部书记交流分享"学习机制，在南

宁关区各类载体刊发学习感悟20余篇，在关区人政部门学习会上做交流发言。坚持运用好贯穿其中的世界观和方法论指导实践，围绕智慧口岸建设等重点项目，组建专班深入研究，研提对策建议。捍卫"两个确立"、做到"两个维护"。优化"第一议题"学习机制，将参与范围扩大至支部书记，每周组织学习确保"零遗漏"。严格落实疫情防控"四严""四零"要求，以"时时放心不下"的责任感狠抓安全生产，保持"零事故"运行。发挥集中审像和稽查集约化优势，联合口岸查获涉固体废物、危险品、濒危动植物、防疫物资案件72起，有力维护了口岸安全。扎实推进巡视巡察整改，采取23项有力措施、完善8项工作机制，切实推进整改落实。推进基层党建和政治机关建设，量身定制党建高质量统筹发展考核体系，全新升级后的"一月一品一讲堂"特色党建品牌体系成熟运转，党建考核成绩保持关区前列。政治机关建设专项教育活动取得实效，梳理各岗位政治要求144个，查摆政治风险隐患问题

18个，提出化解措施及建议39条。稳固基层廉政防线，深入开展"海关重点项目和财物管理以权谋私"专项整治工作，自主分析发现风险点13个，提出防范措施及有关建议9条，非执法领域风险隐患得到深入排查整治。深入开展纪法教育、警示教育、以案促改，深入排查日常管理"小微风险"66项，提出147条整改措施并纳入清单化管理。与派驻纪检组的监督同向发力，对纪检组的监督建议第一时间整改处置。强化"由风及腐、风腐一体"的警觉，从快从严纠正苗头性、倾向性问题。加大基层队伍建设，选人用人"五重"导向更加鲜明，干部选育管用全周期管理机制和科级班子结构不断优化。典型培树捷报频传，1人荣获"全国海关百名优秀执法一线科长"称号，多个集体荣获"民族团结进步创建模范集体"等荣誉。暖心聚力的民生工程持续推进，关员获得感、幸福感进一步提升。

【业务建设】2022年，邕州海关提升监管效能，受理进出口报关单4587份，同比增长18.7%。税收征管质效稳步提

高，支持服务4家大额税源企业在邕申报。全年税收入库1.3亿元，同比增长45.5%。监管查验成效明显，完成194票进口目的地查检作业，检出进口不合格产品23批。增强国门生物安全防护，严格供港澳活猪检疫监管，建成关区唯一实训基地，示范引领效应凸显。深度参与广西引进巴基斯坦奶水牛胚胎准入评估系列工作，为两国议定书签订贡献力量。严格开展动植物疫病疫情监测及外来物种入侵普查。加强企业管理，关区注册备案企业增至7300余家，全年成功培育3家AEO认证企业，占关区全年新增数的50%。实行全员打私，加强与缉私部门和地方打私办的联系配合，深入开展全员打私"五进"活动，参与创作"壮族三月三，反走私山歌唱起来"等系列宣传活动，得到新华网等媒体广泛传播，打私业务绩效指标处于关区领先水平。深化集约化作业模式，优化调整审像部门内部职责，风险分析指导下的查发能力明显增强，濒危野生动物制品查获实现零的突破，相关查获案例获入选全国海关

H986 智能审图查获典型案例等。稽查集约化改革实现 3 大重要突破，综合运用创设信息工作站、贸易调查、与缉私部门协同办案等手段，推动实现大要案查发"跨越式"突破，经大要案查发实现"跨越式"突破，上报行业性稽查建议并获海关总署采纳 2 条，实现零的突破。创新业务改革，加工贸易风险担保新模式改革顺利落地，企业获得感明显，成功将 AR 远程视频辅助监管技术复制推广到属地查检领域，深度参与广西茧丝绸产品技术性贸易措施应对机制创新课题，填补了海关系统内对生丝生产企业管理的空白。促进地方经济发展，立足南宁国际铁路港，不断畅通中越跨境物流通道。服务开往 RCEP 成员方的国际货运班列、跨境电商出口班列等顺利开行，全年开行跨境班列290列。助力比亚迪等新能源汽车龙头企业成功落户南宁，以优质高效的服务全力保障了第 19 届中国—东盟博览会顺利举办。培育认证全国首家 RCEP

"经核准出口商"，签发广西首份 RCEP 原产地证书，RCEP 原产地证书数量和签证金额均居关区首位。推动关区以沃柑为主要代表的特色农副产品不断扩大出口，全年新增办理出境果园注册 18 家，沃柑出口量激增94%。全关研究和创新氛围浓厚，共向南宁海关报送政研文章、微课题等 16 篇，获南宁海关政研参考刊发 4 篇，刊发量位列关区前列。

【政务及后勤保障】2022 年，邕州海关政务办公运转顺畅。强宣传、树形象，政务信息和新闻宣传亮点频出，多篇新闻报道登上中央电视台，严格把关、热情服务的"邕关形象"愈发闪耀。抓创新、促发展，充分发挥技术性贸易研究小组各位成员的专长，参与技术性贸易措施署级、关级研究课题 4 项，共报送课题研究报告 8 篇，相关技术性贸易研究成果获海关总署标法中心、东盟技术性贸易措施专刊等采用，技术性贸易研究基础进一步夯实。抓法治、强规范，对海关系统权责清单（征求意见稿）

开展研究论证，摸清各科室执法权责，开展 2 批制度执行情况自查和企管业务条线 4 大业务门类的执法检查。强基础、提质量，有声有色地开展保密宣传工作，扩大保密宣传效果。办文办会质量稳中提升，督查督办严格高效，推动重点工作落实到位。后勤保障服务能力进一步提升。严格落实海关和属地各项防疫措施，从严从紧从细做好办公场所消毒工作和外来人员、备勤楼住户及第三方服务单位人员的管理。全力防范化解安全风险隐患，压紧压实安全生产责任，切实消除安全风险隐患。组织开展安全生产大检查共计 11 次，对消防、电梯、公车、燃气管道、用电、防汛及食堂、招待所、防疫物资仓库、办公楼等重点设备设施、区域进行全方位安全风险隐患排查工作。用心用情做好民生和关心关爱工作，争取南宁海关及地方政策和资金支持，调增公积金基数。创建节约型机关，多举措"过紧日子"。

北海海关

【概况】北海海关成立于1950年2月16日，位于自治区北海市海城区西南大道中段6号，关区范围为北海市及周边县乡。内设科室18个，派出机构1个（驻铁山港办事处），事业单位1个。主要业务：北海口岸进出口征税，北海口岸进出口货物、人员、交通工具监管及检验检疫，北海进出口企业服务管理，北海口岸进出口数据统计，南宁关区加工贸易手册、账册的设立、变更和核销，打击走私等。

2022年，北海海关坚持以习近平新时代中国特色社会主义思想为指导，深入贯彻党的十九大和十九届历次全会精神，坚决捍卫"两个确立"、做到"两个维护"，认真落实两级海关工作会议、全面从严治党工作会议部署，统筹发展和安全，高标准推进"五关"建设，讲政治、

▲2022年6月29日，北海港口岸举办铁山港区5#、6#泊位对外开放启用仪式

强基础、重落实、提效能，坚持政治引领，强化监管优化服务，抓好班子带好队伍，以忠诚为本做祖国南大门的坚强守护者，以实干为先服务好"品质北海、魅力北海"建设，以优异成绩迎接党的二十大胜利召开。

【政治建设】2022年，北海海关强化理论武装，推动学习宣传贯彻党的二十大精神学深悟透。党委理论学习中心组共组织11次专题学习，形成调研文章5篇，党委班子成员下沉宣讲14场次，21个党支部开展专题学习90余次，撰写心得体会200余篇。扎实开展"学查改"专项工作和政治机关建设专项教育活动，党委委员带头讲授党课5次，开展"政治意识大家谈"专题研讨22次，28篇

经验体会交流文章获海关总署、南宁海关信息载体刊发，并在南宁海关专项教育活动推进会上进行交流。压实主体责任，全面从严治党工作持续深入。将全面从严治党放在首要位置，全年党委班子2次专题研究全面从严治党工作研判政治生态，4次专题研究全面从严治党、党风廉政建设和反腐败工作，班子成员调研管党治党工作11次，形成5篇调研报告。全年各基层支部全部完成全面从严治党工作会议任务分解布置21项。完善制度机制，基层党组织基础不断夯实。修订党委议事清单等2项制度。深入推进"海关重点项目和财物管理以权谋私"专项整治，整改非执法领域问题15个，制定廉政风险防控措施15条，建立规章制度2项，修订规章制度1项。健全党建高质量发展考核机制，细化党建考核指标16项47条。推动实施3个"书记项目"，其中党委"书记项目"被选取为关区优秀"书记项目"在南宁关区推广。开展党建基层基础短板问题集中整治，自查整改4个方面6个问题，制定1项基本制度，3

个党支部获评南宁关区"四强"党支部，1个党支部品牌被评为南宁关区党建培育品牌，所有党支部通过合格党支部复核和认定。加强警示教育，党风廉政建设不断深化。开展警示教育月活动3次，各支部开展廉政专题党课21次，关党委书记和派驻纪检组长带头走上"廉政讲台"进行廉政宣讲。开展弘扬廉洁文化系列活动，征集廉政主题书法、摄影、漫画和视频作品40余部。注重家庭家风家教建设，给干部职工家属推送廉政信息和警示教育视频10余条，与276名家属签订助廉倡议书。持续纠治"四风"，在重要时机、敏感节点，开展廉政提醒和纪律检查，未发生违反中央八项规定精神情事。

【业务建设】2022年，北海海关全力以赴抗击疫情。精准科学筑牢口岸疫情防线，关党委委员全部走进封管区，研究解决问题20项，完善"船前会"船舶染疫风险评估机制，形成"3+X"科长轮流进专班的工作模式，实现连续1000余天北海口岸疫情防控零输入。积极开展新版入境健康申明卡启用等政策

宣传，强化与地方联防联控部门执法互助，全面评估关区入境船舶及人员风险，针对突发情况制订应急预案，实现口岸疫情防控转段平稳有序。直面北海"7·12"疫情"大考"，在疫情管控的35天里，实现全关人员没有感染、口岸通关没有停摆、重点企业没有停产的有力战果。安全生产管控有力。压紧压实各级安全生产主体责任，制定安全生产具体措施42条，发挥"吹哨人"预警作用整改安全隐患16个，常态化开展安全大检查5次，发现并整改安全风险21个，持续保持关区安全生产"零事故"态势。攻坚克难推动出口烟花爆竹恢复港内查验，大幅降低作业风险，实现烟花爆竹出口效率提升50%，写入北海市经济工作会议主报告。扎实做好"口岸危险品综合治理"百日专项行动，制定23条具体措施及3个工作预案，督促企业提离滞留口岸的危险品40余万吨，支持烟花爆竹安全高效出口，1条"北海经验"获海关总署信息载体刊发。税收征管提质增效。聚焦重点，对北海关区税收前20位的税源企业

开展4次调研，精准掌握重点税源商品和企业税收计划，充分挖掘税收潜力；优化常态化税收监控，每月开展税收分析，密切关注税收动态走势；加强属地纳税管理，为南宁关区纳税前30名的3家属地税源企业建立属地纳税企业底账，"一企一策"制定差别化合规管理服务，确保税收应收尽收。全年，北海海关税收入库45.47亿元，同比增长22.07%。优化营商环境创优创实。紧抓RCEP实施历史机遇，推动北海对RCEP各成员方进出口增长46.4%，进出口规模位居广西前列。助推企业抢抓RCEP政策红利，指导太阳纸业应用RCEP政策案例入选广西十佳案例。充分释放政策红利，为LNG项目返税3.8亿元。助力北海连续4年获全区优化营商环境第三方评估第一名。支持特色产业做大做强。支持企业稳产扩能，助力近900万吨初级原料、38批次设备快捷通关；聚焦北海特色产业，推动烟花爆竹出口大幅增长30.2%，体育设备及用品出口大幅增长102.1%；服务铁山港区五大主导产业、三大产业基地出

口倍增，推动北海外贸全年增长14.4%，助力北海全年规模以上工业总产值和增速稳居全区前三。发挥好专业优势，支持北海水海产品出口量占广西近70%。

【打击走私】2022年，北海海关缉私分局实施联动办案机制和多警种合成作战，破网除链，严打幕后，刑事立案数较强提升，立案侦办刑事案件16起，其中4起案件被南宁海关缉私局列为"GN"系列大要案，2起案件被海关总署缉私局列为二级督办案件；超额完成业务主要指标。年内，抓获犯罪嫌疑人56人，逮捕40人，追逃到案11人；自主查发行政案件，完成23起；全力侦破"犯罪主体不明"案件12起；全力推动全员打私，以"百日会战"为契机，牵头制订北海海关缉私分局进一步提升"全员打私"效能工作方案，强化案件研究，定期通报完成进度，成功打掉海南离岛免税"套代购"走私犯罪团伙2个，抓获犯罪嫌疑人8名，监管区案件查发取得新突破，全员打私效能明显提升；主动融入地方防疫反走私反偷渡工作大局，以地方政府高

度重视防控走私为契机，充分依托疫情防控"网格化"管控机制，主动加强走访沟通，协调解决反走私工作存在的问题。年内，走访地方政府及各执法部门90余次；以非设关地走私"挂图预警"督查机制为抓手，定期通报打私工作情况及走私态势变化，及时发出走私预警提示，加强对反走私综合治理主体责任落实情况的督导检查；推动并参与"亮剑·清边靖海"打击治理走私专项行动、清理整治"三无"船舶专项行动。年内，组织联合开展关区巡查28次，参与地方"三无"船舶"断链"清理整治专项行动4次，查获无合法手续摩托艇41艘（壳）、无合法手续摩托艇发动机9台，及时移交相关部门依法处置，有力斩断反走私运输工具链条。

【反走私综合治理】2022年，北海海关缉私分局发挥"全调中心"北部湾工作站的作用，主动加强对反走私各综治成员单位宣传素材收集，加强稿件多媒体编报，进一步营造浓厚反走私氛围。年内，共在"中国反走私""南缉利剑"等新媒体刊发稿件

26 篇（条），其中短视频 4 条，极大提升了缉私队伍对外形象和反走私工作的群众知晓率；严格落实财务制度及开支报销程序，做好经费测算追加及申报等工作；着力打造警营健身房，采购健身器材投入使用，定期组织开展体能训练，丰富广大民警辅警业余文体生活；从严从细、动态化抓好固定资产及警务装备管理，着力提高使用效益。

【政务及后勤保障】2022 年，北海海关落实精文简会要求，政务运行高效顺畅，值班应急等工作平稳有序，3 篇海关要情经中央办公厅采用，4 条信息获海关总署采用，3 篇政研文章获南宁海关刊发，政务信息和新闻宣传工作位列南宁关区第一梯队。财务管理有力推进，坚持"过紧日子"，获财政部等四部门联合授予"节约型机关"称号。切实发挥实验室支撑作用，有力服务疫情防控等中心工作。做好年度网络安全各项工作，保障全关计算机病毒零感染。

钦州海关

【概况】钦州海关成立于1997年7月，2019年功能化改革后，转为属地型海关，关区范围为钦州市及周边县（不含钦州港口岸）。现有7个科室和1个直属事业单位。主要承担钦州市境内企业管理、保税监管及核查外勤业务作业、原产地证签证等职责；沿海、南宁片区的统计分析、数据审核复核等业务；钦州市境内现场、常规、区域、国家检测重点实验室管理；综合保税区监管业务；三级监控指挥中心职责；打击走私等。

【业务建设】2022年，钦州海关累计入库税款51.55亿元，同比增长4.98倍。开展"国门绿盾2022"等专项行动，完成4批次21018头种牛进口隔离检疫监管，监测发现4种实蝇、2种检疫性杂草和约40种一般性杂草。开展重点

▲2022年12月14日，南宁海关所属钦州海关关员对进境种牛开展驻场监管

敏感进出口商品质量安全风险监测2批次。制定安全生产检查清单，常态化开展安全检查，发现并整改安全风险28个，扎实做好"口岸危险品综合治理"百日专项行动。联合地方应急部门开展大检查，强化对重点场所的管理，组织开展火灾防爆、涉案财物仓库盗窃等应急演练3场次。持续保持关区安

全生产"零事故"。开展"国门利剑2022""百日会战"等专项行动，共立案查办各类走私违法犯罪案件71起，案值29.76亿元。开展重点联系企业走访调研，指导企业应用RCEP等政策措施，收集到的22条问题建议全部有效推动解决。设置"RCEP服务专窗"，推出"原产地+RCEP"享惠叠加包，推动1

家公司成为钦州首家、广西自贸试验区首家经核准出口商。全年，钦州海关指导钦州跨境电商监管作业场地、北部湾保税冷链中心、进口平行汽车整改场地高标准建设并顺利通过验收；支持综合保税区进口原油突破340亿元，同比增长17倍。全年，钦州综合保税区实现进出口值达396.4亿元，同比增长375.5%，开展综合保税区高质量发展课题研究，形成发展绩效提升建议12条。推广"两步申报"、"提前申报"、无陪同查验、远程查验等通关便利化措施。年内，关区进口、出口整体通关时间分别为9.72小时、0.22小时，推动钦州外贸进出口值达642.2亿元，同比增长150.8%，增速位居广西14个地市首位。实现63家企业注销"零差错"，192家企业备案"零等待"。联合举办"关企面对面"钦州专场，引导16家企业自查自纠主动披露违规事项，免于或减轻行政处罚约8万元。对保税进口原油、液化气、粮食及出口成品油、磷酸等大宗商品实施"先放后检""依企业申请""附条件提离"等检验措施，压缩通关时间70%以上，

保障大宗商品有效供给，满足粮油、造纸、绿色化工临海产业群加速集聚需求。年内，钦州海关紧跟国际形势热点，分析研究，撰写的4篇海关要情获中共中央办公厅、国务院办公厅采用，11条信息获海关总署采用，4篇政研文章获南宁海关刊发。

【疫情防控】2022年，钦州海关坚持"日报告、周研判"机制，落实"一场景一策"织密织牢"人、物、环境同防"立体防控网，组建38人备战队，分4批次选派10人次支援重点口岸。

【打击走私】2022年，钦州海关缉私分局深入开展打击走私"国门利剑2022"行动和夏季治安打击整治"百日行动"行动，充分发挥缉私警察专业警种优势，坚持全链条打击，持续推进"破大案、打团伙、摧网络"，强效震慑走私分子。全年，共立案侦办走私犯罪案件17起，案值28.31亿元。其中侦办"8·25"特大走私酒专案，全案查证总案值25.51亿元，冻结涉案资金2956万，逮捕22人，移送审查起诉32人。与钦州海关建立周研判工作机制，实行钦州港派警驻点联合办公，与钦州港海关制定

联系配合办法、办理固体废物行政处罚案件取证指引，有效推进钦州海关、钦州港海关年度全员打私绩效全面完成。全年，该分局共立案查办监管渠道类案件53起，其中查发走私水烟果燃案，列为"GN"系列大要案，移诉5人，及时向海关业务部门反馈走私案件手法、规律、特点，共同查找薄弱环节，规范行业管理。与地方公安建立信息共享、协同高效、运行顺畅的警务协作机制。全年联合办理各类走私违法犯罪案件11起，其中办理的"8·13""8·25"专案坚持的"分别立案、共同侦办、一并起诉"原则所取得的办案质效获得各级领导充分肯定。

【反走私综合治理】2022年，钦州海关缉私分局加强与烟草部门的联动配合，建立反走私综合治理联合研判中心，签订合作备忘录，全年与烟草部门联合查获香烟走私违法犯罪案件8起。与钦州市人民检察院联合成立侦查监督与协作配合办公室，建立与检法机关互派骨干培训交流、提前介入阅卷、问题商会机制。全年，共主动走访检法机关24次，邀请检察院提前介入案件10起共16次。

联合各执法部门深入广西自贸试验区钦州港片区、钦南区沿海10个镇村（社区）开展反走私"五进"主题宣传活动，通过悬挂标语、设置宣传展板、开展知识有奖答题、发放宣传手册等方式开展普法宣传；走访关区重点企业，开展进出口政策法规普法释法。

【政务及后勤保障】2022年，钦州海关规范公文处理，做好办件登记及催办工作；强化信息宣传、政务公开、值班应急、机要档案等工作，机关运转顺畅。立足于关区业务特点，聚焦促外贸稳增长等工作重点，全面准确、及时有效地宣传国家和海关最新政策，展现海关良好形象。在各类主流媒体发布新闻宣传103篇次，信息宣传工作稳步向关区第一梯队靠拢；值班应急、保密机要档案、政务公开等工作平稳有序。年内，钦州海关综合技术服务中心的国家石油化工品检测实验室、国家燕窝及营养保健食品检测重点实验室等5个实验室通过CNAS、检验检测机构资质认定（CMA）现场评审。涉及石油、粮谷、矿产品、化工产品、燕窝、动植物及其产品等26大类64个检测对象，共1086个检测项目，以及扩项项目包括再生金属、液体化工品、矿产品等15个检测对象74个项目71个检测标准符合实验室资质认定现场评审。落实"过紧日子"要求，认真做好经费预算执行工作。主动配合各税费征收业务部门完善相关手续。做好固定资产清查，做好机关运转和业务后勤保障。按季度开展固定资产现场检查。多措并举，做好防疫后勤保障。统筹防疫物资保障，做好防疫物资申报、接收、发放、监督检查及统计台账工作。推进民生工程建设。科学统筹多方资源，完成蓬莱办公区路灯改造等9项民生工程建设。

钦州港海关

【概况】钦州港海关是隶属于南宁海关的正处级单位。前身是2011年2月16日开关的钦州保税港区海关，2018年国家机构改革关检融合后更名，于2019年1月30日重新挂牌。截至2022年年底，共内设11个正科级机构，在编工作人员117人，中共党员86人。主要负责钦州市钦州港口岸的各项口岸通关监管业务，关区共有14个海关监管场所，38个对外开放泊位，38条外贸航线，已实现东南亚、东北亚主要港口全覆盖。

2022年，钦州港海关按照南宁海关党委"抓基层、打基础、守底线、创佳绩"工作要求，统筹做好疫情防控和促外贸稳增长，全力服务西部陆海新通道建设和广西自贸试验区钦州港片区发展，守住了口岸"外防输入"

▲2022年10月11日，南宁海关所属钦州港海关关员巡查海关监管作业场所安全生产情况，保障西部陆海新通道物流安全畅通

防线，实现"零感染"目标，助推口岸外贸逆势上扬，钦州外贸增速居全区第一，国门生物安全防线持续筑牢，口岸监管安全顺畅。

【政治建设】2022年，钦州港海关深入学习宣传贯彻党的二十大精神，对标"12个必"和"38个深入思考"研究具体措施75项，在新华

社、《人民日报》、《广西日报》等主流媒体刊发学习情况20余篇。深化党建统领，强化基层支部高质量建设。年内，3个党支部获评关区"四强"党支部，2个党支部获评"培育品牌"，2名党支部书记在关区专项教育活动和警示教育大会上作交流发言。开展"严纪律、强作风、

提效能"专项整顿月活动，制定相关措施 99 项。梳理科室、岗位职责设置，制定岗位工作指引，开展岗位交叉培训，完成"两室一中心"建设，执法基础得到不断完善。全年，获海关总署、自治区、南宁海关各级表彰奖励 18（项），获自治区食品安全先进集体等集体荣誉 14 次、"广西五一劳动奖章"等个人荣誉 40 人次。推进党风廉政建设和反腐败工作，开展警示教育月活动，召集青年关员开展廉洁主题团日活动，组织科级领导干部及家属开展清廉家风座谈会。强化廉洁文化建设，建设"港关清风"廉政文化长廊和党建文化广场。

【业务建设】2022 年，钦州港海关口岸疫情防控工作扎实有力。率先完成关区海港无接触卫生检疫试点，推行无接触式卸货监管模式和附条件夜间登临检疫，提升检疫效率 80%；扎实做好进口冷链货物风险监测，确保冷链产品"动态清零"，关区内首创"2+2+1"现场作业模式和"四定一优"工作方案；全力促进外贸保稳提质，先

后 2 次共发布 26 条促外贸保稳提质措施并推动实施。扎实推动口岸开放建设，完成全国首个海铁联运自动化集装箱码头、金鼓江 17 号、19 号泊位开放验收工作，完成大榄坪 12 号、13 号泊位海关监管作业场所、大榄坪作业区进境原木指定监管场地验收启用，海关主动作为推动西部陆海新通道枢纽港建设获各级媒体广泛报道；改革创新成果涌现。"海铁联运港站一体化智能监测新模式"制度创新成果获广西自贸试验区 2022 年制度创新奖励 B 类制度创新成果，"国际航行船舶卫生检疫分级分类监管"获自治区第四批制度创新，"创新陆海新通道海铁联运'批量转关'监管新模式"获批第三批自治区级制度创新；助力产业链、供应链安全稳定。保障原油、粮食、矿类、煤炭等大宗资源性商品"随到随检"，维护西部陆海新通道沿线供应链安全稳定；安全生产责任压紧压实。认真开展"口岸危险品综合治理"百日专项行动。优化完善"吹哨人"预警、在场危险品日报告、不合格快速处置等

制度 5 项，建立党委委员月度安全生产专项检查工作机制，联合口岸相关部门开展危险化学品泄漏事件应急处置演练，确保口岸安全稳定。全年，钦州港口岸进出口总值为 1798.9 亿元，同比增长40.6%，口岸进出口整体通关时间为 13.98 小时、1.67 小时，比 2017 年全年分别压缩94.77%、96.17%，企业通关获得感持续增强。

【政务及后勤保障】2022 年，钦州港海关综合办文质量稳步提升，全年差错通报为 0，办文效率稳居关区前列。法治、宣传工作发挥更大作用，建成关区首个新时代"枫桥经验"工作室，为党委提供法律意见 200 余条次，规范处置投诉举报 34 项，高效完成首起行政诉讼案件应诉。对外发布新闻稿件 130 余篇次，在中央电视台、《人民日报》等载体刊发 20 篇次，首次实现《新闻联播》同期采用。机要保密、档案管理、技术保障扎实有力，顺利挂牌"署一级"档案项目。网络系统安全稳定，认真开展网络安全攻防演习，做好党的二十大期间网络安全保障，客

户端感染率为 0，无重大网络安全事故。关心关爱工作务实推进，推动在市区集中住宿，完善备勤房设施设备，改善居住环境。扎实落实"过紧日子"要求，全力争取福利保障经费落实，集中资金保障民生，队伍凝聚力向心力持续增强。

防城海关

【概况】 防城海关成立于1983年8月，位于自治区防城港市港口区，关区范围为防城港市港口区、上思县、防城区（除峒中镇、那良镇外），关区有1个国际性口岸防城港口岸，企沙、江山2个边地贸口岸。下设1个副处级机构，16个科（室）、1个科级事业单位。业务特点以大宗散货为主。

【政治建设】 2022年，防城海关梳理各部门岗位政治要求221个、需要注意的政治风险131个；坚持标本兼治，不断巩固拓展专项教育工作成果，制定或修订制度规定11个，建立长效机制8个。推进落实基层党建"双提升"行动。2个项目入选关区"书记项目"试点工作，1个党支部顺利通过全国海关党建示范品牌复核认定，19个党支部通过南宁海关"合格支部"复

▲2022年9月7日，南宁海关所属防城海关依法退运固体废物123.26吨

核。通过海关与企业联络微信群等途径向与海关在非执法领域有往来的14家企业及关区500余家企业告知专项整治重点内容和举报途径，扩大社会监督面，深挖问题和廉情来源，制定廉政风险防控措施24条，建立规章制度1个，修订规章制度4个，建立操作指引1个。突出利民为本，确保干部职工和离

退休人员福利待遇应享尽享。加大优秀干部培养选拔力度，坚持党管干部原则，突出政治首要标准，将政治素质考核贯穿于干部育选管用全过程各环节，建立健全干部队伍常态化研判机制，注重在执法一线、抗疫一线、改革攻坚一线培养锻炼干部。坚持抓好事业单位和非编人员管理工作，配合事业单位制

订绩效工资分配方案，不断优化事业人员收入分配机制和考核奖励机制；强化非编人员进出管理，定期更新掌握从事岗位工作，加强监督检查。

【业务建设】2022年，防城海关全年共监管进出口货物8246万吨，货值1826亿元。年内，防城海关创新监管模式，推动海关监管场所建设，提升口岸承载能力，着力解决制约口岸发展问题，不断服务外贸保稳提质。同时推动大宗散货智能监管作业改革模式，通过科技装备应用、监管数据集成等方式创新进口大宗散货智慧监管模式，推动现场监管逐步向远程监控、智能研判、自动处置等模式转变；指导企沙渔港经济区相关功能配套区规划及基础设施建设，为渔港经济后续开发奠定良好基础；推进口岸危险品治理常态化，强化作业场所日常监管，建立关区进口危险化学品监管信息档案，设立"催报、催查、催提"日报工作机制，对口岸危险品"进、出、转、存"进行动态监控，压缩危险品口岸停留时间。

【口岸开放工作】2022年，防城海关所辖防城港渔澫港区401号泊位、404～406号泊位、501号泊位，企沙港区赤沙作业区3号、5号泊位，顺利通过对外开放验收。渔澫港区501号泊位顺利实现对外开放，实现了防城港口岸液体油气码头泊位零的突破。

【优化口岸营商环境工作】2022年，防城海关精准施策积极助力RCEP落地生效，指导企业用足用好RCEP优惠税率和原产地规则，全年签发出口原产地签证492份，其中优惠原产地证书374份。

【税收征管】2022年，防城海关建立"一企一策一档"帮扶机制；建立集保证金、银行保函、关税保证保险、财务公司担保等多元化税收担保体系，提升纳税便利化水平。全年，累计征收两税入库207.86亿元，同比上升3.72%。其中关税15.81亿元，同比下降15.99%；进口环节海关代征税192.05亿元，同比增长5.76%。

【商品检验】2022年，防城海关强化进出口商品检验监管，加强对大宗资源性商品安全、环保等项目的检验监管，年内检出有害元素含量超标的铜精矿3批2072.4吨，货值441万美元；检出辐射超标矿产品7批次共6.6万吨，对具备放射性矿开发利用资质企业进口的4批钛矿登记放行，对3批无合法进口证明文件的锡精矿做退运处理。

【动植物检疫】2022年，防城海关开展口岸医学媒介生物监测工作，共捕获成蚊256只、白纹伊蚊幼虫60只，防范口岸医学媒介生物所引起的公共卫生事件。对码头运营方和企业人员开展疫情防控个人防护培训，讲解个人防护要求，现场示范指导防护装备穿脱方法，编写医疗废弃物处置操作指南，指导做好口岸医疗废弃物的处置。完成进出口饲料、进境粮食、转基因安全风险监控取样67批，检出不合格零批次。完成13931头进口新西兰种牛的隔离检疫监管工作；全关区设置33个实蝇监测点，全年诱捕到橘小实蝇等实蝇7种共计26034头；监管熏蒸处理出境货物木质包装26批次79256件。开展"国门绿盾2022"行动，全年共截获有害生物336种9567种次，其中截获检疫性有害生物32种1343种次。对关区进境粮食生产加工存放单位组织开展考核备案 4 家。

【保税监管】关区共有 12 个保税仓库，1 个保税物流中心（B 型），露天或单层建筑仓库面积 378215 平方米，筒仓、储罐容积 117100 立方米。全年共完成行政审批许可事项 19 次。全链条指导保税物流中心业主企业抓好运行管理，助力企业拓展保税仓储商品种类至 20 种；全年防城港保税物流中心进出口货运量达 64.6 万吨，同比增长 10.1%；进出口值 56.4 亿元，同比增长 24.8%。进出口值连续两年在全国保税物流中心列第六位。

【智慧海关建设】2022 年，防城海关推动"大宗散货智能监管作业改革模式"。通过科技装备应用、监管数据集成等方式创新进口大宗散货智慧监管模式，推动由传统主要依赖关员进行现场监管逐步向远程监控、智能研判、自动处置等模式转变；向全关区推广大宗散货智能监管模式及相关设备和系统，完善智慧监管一体化平台相关监管数据和图片信息，对现有作业计划和数据修正规则进行优化，研究拟定相关配套的制度规范，完成广钢码头全自动取制样系统相关配套制度规范的上墙。

【打击走私】2022 年，防城海关缉私分局深入开展"国门利剑 2022""护卫 2022""勇士 2022"等专项行动。推进"破大案、打团伙、摧网络"，破获"GN2211""GN2230"走私香烟案、破获"GN2227"走私犀牛角案等刑事案件，查获香烟 397 件、冻品 7 吨、白酒 450 瓶、冰毒 0.95 克、犀牛角 12 块、羚羊角 1 根，涉案运输工具 12 辆。参与侦办关区"8·25"林某某犯罪团伙特大走私白酒案，共逮捕 7 名犯罪嫌疑人，涉案案值 1.27 亿元，偷逃税款 0.45 亿元。严厉打击"洋垃圾"走私，坚持总体国家安全观，关区露头的就打、反弹回潮的就压，年内立案查办"洋垃圾"案件 2 起，查证固体废物 463 吨，"洋垃圾"走私大幅减少，国门生态安全屏障进一步筑牢。推进"犯罪主体不明"案件侦破和积案清理工作。整治顽瘴痼疾、堵塞执法漏洞，全年共破案、结案 20 起"犯罪主体不明"案件，在缉私局举办的刑事执法缉私大讲堂，防城海关缉私分局代表关区缉私部门作"犯罪主体不明"案件侦办经验介绍。强化历年在逃案件的侦办。通过架网布控、关系人研判深挖、大数据摸排、视频布控追踪等，深入推进追逃追赃工作，消除社会隐患，全年共追逃到案 3 人，其中境外追逃到案 1 人。探索完善大要案联动机制，侦查、情报、法制等部门在经营、查缉、突审、后续侦办、滚动打击各个环节，分段主导、紧密配合，实行一体联动、合成作战的整体联动办案机制，成功办理 2 起大要案，极大提高办案效率，实现精准打击和缉私执法效益最大化。深入推进"全员打私"，立足海关监管主阵地，与防城海关党委班子共同统筹、协调、督办，召开动员部署会、业务形势分析会、座谈会等 20 余次。全年防城海关移交线索指标数、办理非涉检简快案件指标数、移交线索成涉检普通程序案件数超额完成 11.7%。深入开展"亮剑·清边靖海"、"铜墙铁壁"、"百日行动"、"猎鼠·断道"、"断链"、涉渔船舶监管等综合治理专项行动，投入警力 1200 余人次，常态化巡查管段 9600 余千米，协同各执法部门对易上货点、重点走私村屯全面加强封堵，现场查获非设关地案件 21 起。全员打击非法进出口野生动植物及其制品走私活动。根据风险布控指令发现 5 票原产越南的干鱼肚和 2 票原产越南的干仿刺海参存在伪瞒报风险，涉及的水产品申报重量共 108147 千克，并从中查获黄乳海参 2.87 吨，其属于《濒危野生动植物种国际贸易公约》（CITES）附录 Ⅱ 物种；保持打击"洋垃圾"走私高压态势，查获禁止进口固体废物 120.72 吨。突出反走私宣传预防和宣教。深入关区学校、企业、市场，讲授反走私课程、教育帮扶受刑释放人员、开展执法质效回访，引导关区群众远离走私、抵制走私，策划并发布图文推送、视频 36 篇次，获"南缉利剑""中国反走私"微信公众号等平台及抖音直播等形式发布各类宣传报道 21 篇次，创新开展的"反走私禁毒线上直播"广受好评。

【政务及后勤保障】2022 年，防城海关精耕细作办公室政务信息、新闻宣传、政策研究、业务协调等工作，始终坚持与双优化改革、新海关职责调整等各项要求接轨，确保知识"保鲜"、格局不降，政务信息质量明显提升。不断强化档案工作质量。通过派专人参加地方档案馆档案检查及档案培训、整理防城海关各类档案等方式，对照片档案、录音录像档案数字化。提升政务公开"含金量"；依托"关企面对面"座谈会，对 20 余家企业代表提出的问题进行现场解答。通过"关长接待日"、"办不成事"反映窗口等方式，为企业提供"一站式"咨询服，实行问题处理"一三五"办结机制，累计协调解决企业、群众反映问题 10 项。全年，通过各类政务公开渠道主动公开政府信息 490 余条，通过南宁海关微博公众平台、中央及省市级媒体公开 89 条，现场公示栏公开 10 余条。扎实推进"海关重点项目和财物管理以权谋私"专项整治工作；全面排查，调取财务管理系统数据，地毯式查询重大项目支出数据；在疫情防控资金方面采用全覆盖调取支出数据，并按照场所维修改造、防疫设备购置、防疫物资及其他支出进行分类。

罚没财物管理处置效能不断提高，共组织无害化销毁涉案香烟 116061 条和 3300 罐；拆解涉案运输工具 33 辆；无害化销毁涉案手机 1 部；移交涉案运输工具 2 辆，涉案酒类 912 瓶；每月定期对涉案财物保管仓库进行巡查，确保涉案财物保管完整与涉案财物保管场所的安全。年内，防城海关综合技术服务中心通过"CMA/CNAS 二合一换证+扩项"评审，实验室检测范围增至 44 类，共 834 个检测项目；通过海关总署进口废催化剂属性鉴定区域实验室验收评审，实验室的检测能力大幅提升。全年，共完成固体废物鉴别 820 批次，检出固体废物 14 票；顺畅"呼应"服务开放发展需求，对企业 185 批进出口货物加急检测、优先出具检测报告，铜精矿、锌精矿、电煤平均检测时长分别压缩 50%、45%、66%。如期完成"广西钢铁集团有限公司进口原料海关监管模式创新与应用"科研项目并顺利通过专家验收，获得自治区科学技术成果登记证书；智慧监管涉及改革项目已申请专利 2 项，并在国内核心期刊发表科研论文 6 篇，自行研发的固体废物快筛在线作业装置和分析平台、智慧巡场机器人达到全国海关领先水平；牵头开展的"智慧监管手段在海关查验中的应用研究"被南宁海关确定为 2022 年度首批关级课题，"探索创新智慧监管模式　推动进口大宗散货降成本提效能"获 2022 年防城港市改革攻坚优秀成果。

东兴海关

【概况】 东兴设立海关的历史可追溯到1895年清政府设立的东兴常关，其后几经更迭、停顿；1992年8月18日恢复业务，正式对外办公。东兴海关所在东兴市位于祖国大陆海岸线最西南端，地处中越边境北仑河沿线，与越南北方重镇芒街市隔河相望，国界陆路边境线长39千米，海岸线长52千米，是中国大西南地区与边境沿海地区的重要节点、出海出边的咽喉重地，便捷的陆海大通道。关区有国际性公路口岸1个（包含东兴口岸一桥、二桥，是中越唯一海陆相连的国家一类口岸）、边民互市区1个（东兴边民互市贸易区，包含码头、浮桥、海运三条通道），具有点多线长、业务门类齐全的特点。东兴海关现有科室13个，事业单位1个。东兴海关关区业务门类较为

▲2022年2月14日，南宁海关所属东兴海关全力保障货运车辆快速通关

齐全，主要为进出境旅客监管、边民互市贸易监管、一般贸易和边境小额贸易监管。

【政治建设】 2022年，东兴海关迅速掀起学习宣传贯彻党的二十大精神热潮，多形式专题学习研讨40次、多渠道宣讲18次。严格落实"第一议题"制度，健全完善党委及时学、理论中心组系统学、形势分析及工作督查例会结合实际学的"三会联学"机制，共开展"第一议题"学习56次。扎实开展巡视整改工作，全面自查摸排存在问题19个，结合东兴海关实际制定措施62条，建立问题整改台账和整改通报销号机制，确保整改实效。突出"强化党委抓双基能力、强化科级领导队伍、强化青年干部培养、强化科室现场管理"4个

强化，围绕 4 个方面制定 20 条具体措施，抓好督促落实。推行"一册三清单"模式，创设 16 个科室内部管理"工作手册"，将岗位之间衔接协调、配合联动的具体要求和"HACCP"原理嵌入内控节点，强化权力监督制约；以探索建立青年人才政治业务"双导师制"为主题开展"书记项目"，切实提高青年干部综合素质，该项目被评为海关总署基层党建创新案例。推进内务规范强化月及"回头看"活动，开展内务检查 18 次，不断提升准军事化纪律部队建设水平和队伍精神面貌。建立健全关心关爱一线防疫人员长效机制，按照"八有"标准配备隔离用房，成立志愿服务队伍为 1000 余人次提供居家隔离期志愿服务。将东兴海关老旧小区改造纳入东兴市重点改造工程，顺利推进东兴海关老旧小区改造工作。推进精神文明单位创建工作，研究制订精神文明建设规划及工作方案，开展"月月创兴"系列活动 6 次，提高干部职工对东兴海关文明单位创建工作的参与度。深入开展"海关重点项目和财物管理以权谋私"专

项整治工作，全面深挖细查梳理问题隐患 68 个，制定措施 52 个，立即整改问题隐患 15 个，并制定和完善机制措施 18 项。严密制度机制建设，强化处科领导一线带班，促进制度规范的严格执行落实，持续推进互市集中审单等改革，进一步堵塞管理漏洞；主动联合派驻纪检组拓展监督渠道，发挥好家庭助廉、特邀监督员等作用，发放家庭助廉倡议书 170 份，收集并反馈特约监督员建议 8 条。深化以案促改工作，做到"零距离"警醒。建立完善"导学＋交流＋点评"学习模式，支部书记带头讲授廉政党课，各支部开展廉政主题党日活动。

【业务建设】2022 年，东兴海关共组织 75 批 292 人次参加闭环轮战，建立三级监控指挥中心"关领导轮班"制，在南宁海关疫情防控专项考核中排名第三。本土疫情期间，东兴海关做好口岸人员、货物应急通关和滞留处置等工作，同步开展内部核酸检测 364 轮共 8.4 万人次，实行轮班机制确保工作有序运转。加强百杂货物等高风险货物的查验管控，知识产权保护

"龙腾行动"成效明显，关区查获涉嫌侵权案件 70 起、同比增长 59%，数量 9.49 万件、同比增长 3.7 倍。加强国门生物安全监测及食品安全工作，截获检疫性有害生物 19 种次，水生动物检出不合格 3 批次，进口食品检出不合格 33 批次。落实"四个最严"要求，共计检出不合格商品 9 批次。严厉打击危险品伪瞒报，共计查获危险品 117 批次 208.19 吨。坚持每月对重点领域、每季度全面开展 1 次安全生产检查，共累计发现风险隐患 92 条，均已整改完成并建立长效机制。发挥风险预警"吹哨人"作用，鼓励全体干部职工参与安全生产监督管理，全年共有 14 人次主动吹哨预警。认真开展"口岸危险品综合治理"百日专项行动取得实效。其间，货运渠道共查获危险品 16 批次共 27 吨。深入推进"国门利剑 2022""蓝天 2022"等专项行动，全年侦办违法违规案件 471 起，其中刑事立案 13 起，侦办海关总署缉私局二级以上督办案件 3 起，案值 17.96 亿元，涉税 6.31 亿元；行政案件 458 起，案值 5723.55 万元，涉税 46.33 万

元。持续推动地方政府落实主体责任，群防群治的反走私综合治理格局进一步形成，关区反走私态势积极向好。

【支持开放开发】2022年，东兴海关成立"东枫工作室"，开展RCEP、药食同源商品进口等海关政策宣讲25次。发挥企业对口联系工作机制作用，关领导带队实地走访调研关区重点企业9家，收集并解决各类问题26个。落实互市食品用药食同源商品通关便利化改革，落地加工进口商品量值同比分别增长70.4%、59.7%。全力助推外贸恢复，派员参加地方保供应链作业专班，参与制订疫情防控工作方案11个，推动东兴口岸快速恢复通关。推进东兴口岸进口缓冲区建设，科学整合增加场内查验位配置；制定口岸保障畅通应急响应机制，为应对车辆滞留风险做好预案。年内，东兴口岸进口整体通关时间为0.49小时，出口整体通关时间为0.01小时，均位居关区第二。发布东兴海关支持广西高水平开放高质量发展31条细化措施。成立工作专班推动进境粮食指定监管场地

申请海关总署验收及指导进境种苗指定监管场地问题整改工作。推动跨境电商业态发展和危险品监管等场所改造，推动地方政府开展各项食品安全重点检查、食品安全示范县迎检工作及防城港国际医学开放试验区改革创新等相关工作。

【打击走私】2022年，东兴海关缉私分局关区边境管控力度空前加强，进出口贸易锐减，东兴中越边境非设关地"蚂蚁搬家"式走私活动断崖式下降，陆路边境非设关地走私呈零星偶发态势，海上走私处于历史低位，防控形势得到根本性好转。扎实推进重大专项行动。围绕党的二十六安保维稳、夏季治安打击整治"百日行动"、"国门利剑2022"等专项行动，重拳打击濒危动植物及其制品、冻品、农产品等走私，打团伙、捣幕后取得扎实成效。年内共刑事立案13起（其中，"GN"系列大要案件7起，海关总署缉私局二级以上挂牌督办案件3起），案值17.96亿元，涉税6.31亿元；执行逮捕36人，移送起诉25案69人，判决24起94人；行政立案458起，案值

5723.55万元，涉税46.33万元。牢牢掌握海关监管区主动权。以防范化解风险为目标，发挥情报先导作用，以定期态势研判和全员打私"百日会战"为抓手，聚焦濒危动植物及其制品、毒品、"百杂"货物等夹藏走私和危险品违规出口，凝聚全员打私合力，牢牢把住国门安全第一道关口。年内，东兴、峒中海关移交案件线索成刑事案件7起，查获危险货物和危险化学品100轮次202吨，查获疑似犀牛角、穿山甲鳞片等6544.28克。

【反走私综合治理】2022年，东兴海关缉私分局坚持系统观念，将缉私工作融入属地防疫大局。借力"亮剑·清边靖海""筑牢边海疫情防控铜墙铁壁"等专项行动，将党政军警民"五位一体"新的反走私综合治理格局不断推向深入。保持高压严打态势，把刑事打击作为惩治犯罪、震慑犯罪、预防犯罪的有力武器，把全天候、全时段巡逻管控作为维护边境安全稳定的有效手段，做到除恶务尽。践行新时代"枫桥经验"，依托网格化管理促进缉私警务与基层治理深度融

合，全面提升联防联控、群防群治合力，健全共建共治共享社会治理新格局。推动边境管控物防技防提质升级，根据工作实际增建增设探照灯、滚网、喊话喇叭等设施，同时与东兴镇人民政府、公安、边海人防、城管等职能部门加强协调沟通，持续推进物防技防建设。年内，管段全线安装预警监控系统，铺设安装新型执勤板房，在重点区域加装阻拦栅栏、滚网、护栏挡板、路灯、探照灯和喊话喇叭等，翻新改造缉私哨塔，配置执勤电动单车，在执勤点安装安防监控及网络设施，增开一号缉私哨塔执勤车出入口，修缮硬化通勤道路约2千米，清理国防栏外巡逻道逾4千米，视频监控巡查和机动巡逻管控效能显著增强。传播好反走私声音，全方位、多角度、立体式开展普法宣传，营造强化社会治安整体防控、推

进扫黑除恶常态化、依法严惩各类违法犯罪的强大声势，巩固全民反走私的思想基础。开展全警实战大练兵，依托最小作战单元培训、北仑河缉私大课堂、科室例会开展"滴灌式"练兵培训，持续推进执法规范化建设，侦查科获评全国缉私部门执法示范单位。年内，共出动执勤警力3200余人次、车船2100余辆（艘），检查进入边境管控区域人员约48.64万人次、车船约13.62万辆（艘），开展反走私宣传80余次，现场查获走私违法犯罪案件13起，查获涉案高鼻羚羊角332根、香烟339.84件、冻品13.43吨、电脑显卡12块、禽类羽毛214.4千克，查扣涉案运输工具11辆（艘），抓获涉案人员25名，抓获涉嫌偷渡人员38名，驱离企图非法出入境人员160余名。

【政务及后勤保障】2022年，东兴海关组织开展东兴海关

政研工作，承担2篇关级课题任务，3篇政研文章被南宁海关政研参考采用。加强新闻宣传和舆论引导，组织重要信息上报，东兴海关政务信息居关区前列，其中撰写海关要情4篇被海关总署采用，2篇被中共中央办公厅采用，1篇获中央领导批示。加强海关网络和业务数据安全工作，确保重要信息零泄漏。完成年度网络攻防演习，提升网络安全应急处置能力。按时按量完成非国产化终端操作系统替换工作。加强视频监控运维管理，视频在线率约97.74%。成功申报立项"进境鲜菠萝蜜检疫熏蒸技术研究"课题并投入海关监管过程中测试应用。实验室认定认可总项目达374项，自检率由85%提升至96%，参加能力验证和测量审核共16项，包含2项A类国家级能力验证，均取得"满意"结果。

峒中海关

【概况】峒中海关成立于 2020 年 11 月 18 日，是隶属于南宁海关的正处级海关，位于防城港市防城区峒中镇峒中村。关区范围为防城港市防城区那良镇、峒中镇，陆路边境线长 111 千米。承担峒中口岸、里火互市点的海关监管职责，负责关区征税、监管、出入境检验检疫、统计等工作。其中峒中口岸位于防城区西南端的峒中镇，距防城城区 124 千米，距东兴市市区 80 千米，与越南广宁省平辽县接壤，对应的口岸是越南横模口岸；里火互市点位于防城区那良镇，对应的是越南北风生口岸。现设 4 个正科级机构：办公室（党委组织宣传部）、综合业务科、监管一科、监管二科。关区业务特点是以一般贸易和边小贸易出口货物为主，主要是百杂货物、瓷砖、布匹、味

▲2022 年 11 月 13 日，南宁海关所属峒中海关监管二科党支部"学习二十大、永远跟党走、奋斗新征程"主题党日活动

精、八角、桂皮等商品。

【政治建设】2022 年，峒中海关党委严格落实"第一议题"制度，始终把贯彻落实习近平总书记重要讲话和重要指示批示精神作为首要政治任务，做到第一时间传达学习、第一时间研究部署、第一时间抓好落实。全年共召开党委会"第一议题"学习 13 次、形势分析及工作督查例

会"第一议题"学习 3 次、党委理论学习中心组学习 8 次。统筹推进政治机关专项教育活动，围绕"政治意识大家谈""基层基础大家谈"累计开展研讨 300 余人次，撰写心得体会 50 余篇，获南宁海关刊发 13 篇，开展研判专题会议 7 次，排查梳理 22 条政治风险隐患。专项完成"学查改"工作，研提 11 个

风险隐患问题，建立了"实施整改—反馈结果—跟踪评估—建立档案"4个环节的风险隐患整改工作机制，落实落地33项整改措施。抓实抓好巡察整改工作，对照巡察反馈的4个方面16项47个主要问题，立足长效有序建章立制，有针对性地制定整改举措108项，逐条对账销号。峒中海关深入贯彻落实党的二十大精神，坚持制度化开展"带头学"，进一步推进学习制度化、规范化。全年党委理论中心组开展学习8次，其中围绕党的二十大精神开展专题学习5次。坚持多形式"创新学"，兼顾采用"书记领学、成员互学、集体研学"集中学习和共建联学、基层宣讲等多种形式，全年中心组和各基层党支部开展理论提升、政策宣讲、廉政教育等累计学习60余次，党委成员参加各支部主题党日等活动31次，与属地政府单位、相关联检部门开展共建联学5次，撰写心得体会33篇，学习氛围浓厚。坚持结合实践学，引导广大党员干部立足自身岗位，围绕海关总署党委提出的"12个必"重点任务强化学习成果运用，

对标对表全面增强守国门、促发展和建设现代化海关的能力，深入企业调研，解决企业"急愁难盼"问题。峒中海关坚持严的基调，坚定不移全面从严治党。发挥好"一把手"和领导班子重点事项监督自查报告制度作用，认真履行"一岗双责"，与第七派驻纪检组同向发力，共同抓好队伍监督管理。狠抓队伍廉政思想，做到学习不掉线、教育常态化，全年共开展党风廉政和纪法教育集中学习300余人次。落实好"三会一课"制度，党委委员到联系支部狠抓"三会一课"学习教育质量提升，全年各支部开展"三会一课"共计200余次。创新采用现场会的形式研究党风廉政建设工作，分析研判现场执法风险。深入开展"海关重点项目和财物管理以权谋私"专项整治，排查风险问题6项，研究制定措施15项。开展弘扬清廉家风主题宣传教育活动，青年关员代表向南宁海关推送6篇有关家风的文创作品。

【业务建设】2022年，峒中海关监管进出口贸易货运量24.24万吨、货值103.81亿元，监管进出境运输工具

21518辆。统筹推进全员打私工作，深入推进"国门利剑2022""国门绿盾2022""口岸危险品综合治理"等专项行动，严密口岸监管工作，全年查办各类案件125起，罚没金额19.64万元；查获侵权货物约1.31万件，货值25.7万元；查发夹藏危险货物出口情事12起，货重约63.2吨。牢固树立"一盘棋"思想，精准防控不走样不动摇，不断强化内部防控措施落实，从严做好外防输入，全年共开展各类口岸应急处置演练5次，开展安全防护培训30余次，培训人员90余人次，强化安全防护监督，发现并整改问题152个。坚持"以人为本"的安全理念，压紧压实安全生产责任，开展"送法上门"宣传活动，选取了关区8家有代表性的公司企业和口岸监管场所业主，推动"第一责任人"守法履责。定期对照15个重点领域和重点环节开展安全生产隐患排查治理，全年关区自查安全生产风险隐患共计37个，形成整改长效工作机制21个。年内，峒中海关紧贴关区实际，落实促进外贸保稳提质20条细化措施，提升口岸通

关和服务水平。年内，峒中海关进出口整体通关时间分别为 0.41 小时、0.01 小时，居关区前列。宣传落实减税降费措施，与防城区商务局组建工作专班共同研究互市落地加工产业发展"包子商务平台"建设，探索打造"RCEP+互市落地加工"新发展模式。结合广西出口 RCEP 零关税优势商品清单等"三张清单"和防城区产业特色，深挖产业潜力，助力防城区肉桂、八角、沃柑等特色农产品、深加工产品"走出去"。年内，峒中口岸出口肉桂、八角货值达 11.5 亿元，占广西出口肉桂、八角的 79%，成为肉桂、八角的主要出口口岸。同时助力属地沃柑种植企业开拓海外市场，实现了防城港市水果出口零的突破。

【政务及后勤保障】2022 年，峒中海关对年度重点工作任务实化量化，明确责任部门、实施步骤和时间节点，全年总计完成工作任务 78 项。用好峒中海关 12 个跨科室业务骨干小组，以点带面培养业务骨干，抓好业务传承。开展信息、新闻宣传工作，3 万斤沃柑出口新加坡的新闻是峒中海关首次被中央电视台报道。认真做好机要保密、舆情监测、政务公开、值班应急、信访处理等工作，全年无失泄密事件、无重大舆情事件发生。年内，峒中海关着力统筹关区人力和物资保障，圆满完成关区 13 批次封闭管理工作专班人员轮换和后勤保障工作。稳步推进边关生活基地建设，主要包括边关生活设施工程建设和办公二区招待所项目建设。着力优化食堂管理和服务质量，从食材采购、卫生消毒、成品留样、餐后评价等方面健全长效机制，不断丰富菜色，提高口味质量，力求健康营养保障到"胃"。

爱店海关

【概况】爱店海关于 2019 年 7 月 16 日挂牌成立，属于口岸型海关，办公地点位于广西壮族自治区崇左市宁明县爱店镇和平路 9 号，关区范围为宁明县行政区域，关区与越南接壤的边境线长达 212 千米。内设 3 个科室，分别为办公室（党委组织宣传部）、监管科和综合业务科。主要负责进出境人员通关管理、进出境运输工具监管、进出口货物监管、税费征收、检验检疫、打击走私、企业稽查等业务工作。爱店陆路口岸与越南峙马口岸相对，是国家边境陆路一类口岸。

2022 年，爱店海关以习近平新时代中国特色社会主义思想为指导，贯彻落实两级海关工作会议、全面从严治党会议精神，强化监管优化服务，统筹疫情防控和促外贸稳增长工作，全力完成

▲2022 年 9 月 19 日，南宁海关所属爱店海关关员在对一票以边境小额贸易方式出口的货物实施查验发现 1 辆未申报新能源老爷车

全年各项工作任务指标，为努力建设一流监管服务能力、一流队伍管理水平的隶属海关夯实基础。

【政治建设】2022 年，爱店海关深入开展理论学习。落实"第一议题"制度，以党委会、理论中心组学习会、月度形势分析会为载体，第一时间贯彻落实习近平总书记重要指示批示精神，学习党

的十九届历次全会精神和二十大精神，结合本关实际，部署落实安全生产、国门生物安全等重大事项。全年，共组织开展党委理论中心组学习 4 次、集中学习 30 余次，形成学习研讨材料 21 篇。优化基层党建工作。严格规范"三会一课"制度，组织召开支部党建专题例会 5 次，每季度评选先进党支部，强化

党建引领。牵头实施"'设立国门党建联合体，整合优化边关党建资源'书记项目"，加强边境单位党组织之间的广泛联系，围绕"123"党建目标发力，加强党支部标准化、规范化建设。年内综合科党支部被南宁海关评为"四强"党支部。狠抓党风廉政建设。各党委委员自觉履行"一岗双责"，形成"一把手负总责、班子成员齐抓共管、科室领导各负其责"的闭环式责任链条。将监督执纪"第一种形态"贯穿于日常工作中，2022年共运用"第一种形态"开展提醒谈话及约谈3次，关网通报批评4次，开展"海关重点项目和财物管理以权谋私"专项整治工作，主持召开以案促改、以案为鉴及"树清廉家风"主题党日活动，带动全关52名干部职工分享观看感悟。开展廉洁家风建设、支部书记家风小课堂，举办廉洁文化作品创作等活动，征集书法作品6幅、廉洁家风小故事2篇。严肃队伍建设管理。严格选人用人制度执行，全年成功完成科级领导提任、副科级以上领导试用期满转正、协助南宁海关开展四级

高级主办、一级主办晋升、新关员任职定级等人事工作。抓好准军纪律部队建设，开展内务规范检查17次，内务规范月活动1次，开展准军队列演练集训1次。全年爱店海关全员培训总学时达标率、全员培训总学分达标率均为100%。建立关员—非编人员"结对子"管理机制，加强对非编人员的管理。

【业务建设】2022年，爱店海关一般贸易货值在南宁关区总体排名第六，在南宁关区边境海关中排名第三，报关单数是关区内6个报关单数量破万的海关之一。落实全员打私"百日会战"行动，坚持"每月工作通报、定期风险研判、案件及时反馈"工作机制，圆满完成全年缉私工作绩效。开展口岸危险品综合治理工作，全年共查获14票危险品，货重约72吨、货值约175万元，涉及烟花、电池、松脂、油漆、胶水等货物，对查获的危险品、疑似危险品进行妥善处置。发挥主动靠前服务，助推地方经济发展。2022年5月，推动爱店口岸获批中药材进口指定口岸后，中药材进口顺利通关。优化口岸用

挂、吊装等非接触式通关模式。通过"关企面对面"、政策宣讲会、政策进企业等方式，为企业宣讲RCEP优惠政策，提供"一站式"的咨询和服务。开展内部工作人员感染新冠疫情防控桌面应急演练，做好内部疫情防控工作。强化疫情防控，筑牢口岸安全防线。在全关范围内进行进口冷链采样实操培训，全员通过实操考试。

【政务及后勤保障】2022年，爱店海关落实好中央八项规定精神，改进文风会风，减少本关会议和收发文次数，提高办文效率和质量，全年收发文无差错无退文。严格落实"过紧日子"要求，强化预算执行和绩效管理，规范修缮维护资金使用。落实好海关总署、南宁海关关心关爱干部职工各项措施，持续推进爱店海关第二生活区房屋改造工作，举办羽毛球、篮球、书法等大型活动，丰富职工文娱生活，进一步改善工作生活环境。疫情防控期间，通过"一对一"专项服务，第一时间解决封闭管理人员用餐、卫生、个人所需，做好封闭管理人员各项生活保障共计55条。

友谊关海关

友谊关海关成立于2019年10月16日，关区范围为凭祥市境内各口岸（除凭祥铁路口岸外），包括1个国家一类口岸和5个边民互市点（浦寨互市区、弄尧互市点、平而互市点、油隘互市点、叫隘互市点）。友谊关海关业务门类齐全，包括凭祥市境内各口岸（除凭祥铁路口岸外）、通道的海关监管作业场所和进出境运输工具监管、舱单管理、场所管理、查验、检查、检疫、检验鉴定、卫生监督等现场监管业务，单证审核、税费征收、原产地证签证等综合业务，边民互市点及驻点的边民互市贸易监管业务，凭祥综合保税区内各项监管业务，快件、跨境电商等监管业务。友谊关海关现有13个科室。2022年，友谊关海关荣获全国文明单位荣誉称号。

▲2022年8月16日，南宁海关所属友谊关海关所辖凭祥综合保税区卡口三正式开通

【政治建设】2022年，友谊关海关严格落实"第一议题"制度，创新支部支委列席"第一议题"模式，全年通过党委会、党委理论中心组会议开展学习77次；学习宣传贯彻党的二十大精神，坚持学原著、读原文、悟原理，在全面学习、全面把握、全面落实上下功夫，通过设置专题学习、讲述微党课、撰写微调研，带着问题学，带着思考学，加强调查研究，党委撰写调研报告5篇，支部书记撰写微调研13篇，并通过量化评比的方式晒出成绩单，用党的二十大精神指导实践，破解难题能力进一步提升。贯彻落实习近平总书记重要指示批示精神，深入开展"国门利剑2022"行动，全年查获海马干、砗磲、

夜光蝶螺等等濒危物种及其制品走私3批次86.05千克。以"时时放不下心"的责任感狠抓安全生产,开展"口岸危险品综合治理"百日专项行动成效明显,严厉打击危险品夹藏、瞒报,查获危险品货物57批次约160余吨。友谊关海关把专项教育、"学查改"工作作为重大政治任务,强化组织领导、风险排查和问题整改,建立"月研判+周研学+专题研讨"机制,梳理出175条政治要求,查摆岗位政治风险123条,逐项销号,整改完成率100%,相关做法在关区推进会上作经验交流。强化"强基提质工程"和基层党建"双提升",开展党建高质量考核,评选"流动红旗",形成比学赶超、创先争优氛围。参与开展"友谊关国门党建联盟""友谊关党旗红"等联学联建活动,党建工作形式不断丰富。加强党员的教育管理,通过身边鲜活案例教育警示党员干部;强化党建和业务的融合,发挥"党建+网格"作用,相关经验做法在关区内作交流;开展先进典型评选,9名党员被评为优秀党员,4名党员被评为优秀党务工作者,2个支部获先进基层党组织;监管二科党支部、物流监控科党支部及监管六科、监管七科联合党支部被评为关区2022年"四强"党支部,2个支部入选关区党建培育品牌;入围关区首批"书记项目",总结报告获关区优秀"书记项目"汇编采用;文章《以提升组织力为重点,不断增强基层党组织政治能力》获评2022年区直机关"八桂先锋"优秀作品,并被纳入区直机关党员干部教育精品课程库。

【政治监督】2022年,友谊关海关以问题为导向,采取分解任务、督办跟踪、逐项销号等方式,推动海关总署党委巡视问题全部整改完毕。完善友谊关海关党委贯彻落实"三重一大"决策制度实施办法等4个制度规范,进一步健全制度体系;配合开展国家审计自查自纠、疫情防控专项督察等,归纳整理历次审计、督察发现问题,反哺现场对照,执法进一步规范。深入开展内控工作,上报新增内控节点109个,列关区第一名,一个科室获选关区内控"样板间"。年内,友谊关海关落实全面从严治党主体责任,推进"现场监管与外勤执法权力寻租"专项整治"回头看"工作,规制现场自由裁量权;深入开展"海关重点项目和财物管理以权谋私"专项整治工作,规范非执法领域权力运行;落实中央八项规定及其实施细则精神,驰而不息纠治"四风";常态化抓好纪法教育和警示教育,坚持"每月一案",用身边案教育身边人;综合运用自我监督、派驻监督、外部监督,让权力在阳光下运行;持之以恒正风肃纪,对街谈巷议较多的人员建议南宁总关进行跨关区岗位调整,一体推进"三不腐"的成效不断增强。

【队伍建设】2022年,友谊关海关树立重实干、重实绩、"让吃苦者吃香,不让流汗者流泪"的选人用人导向,制订职级晋升量化考核工作方案,大力培树典型,22人次荣立个人三等功,荣立1次集体三等功,52人次获南宁海关荣誉。持续加大队伍关心关爱力度,关党委定期慰问一线疫情防控人员,合理安排参加封闭管理人员轮休间隔,推荐休假疗养。

【疫情防控】2022 年，友谊关海关落实习近平总书记关于疫情防控的重要指示批示，始终将疫情防控作为首要政治责任，全关上下众志成城、并肩作战，建立境外预约、口岸科技赋能、境内关地联动三道防线，实施"一口岸一对策""一场景一对策"，创新"一压二看三擦拭"的采样法；强化登革热、非洲猪瘟、猴痘等"多病共防"工作，严防疫情叠加，检出病毒性肝炎等传染病 2 例；完成进口冷链食品新冠病毒监测采样 558 批次。做好"关长走进口岸封闭管理区"，相关调研报告获得南宁海关关长王味冰批示肯定。成功实现了"疫情疫病零遗漏，关员零感染，操作零失误，通关零延误"的工作目标，在"大战"中展现了友谊关海关风采，在"大考"中交出了完美答卷。

【海关监管】2022 年，友谊关海关深入推进综合治税，全年入库税款 10.72 亿元，汇总征税率高出关区平均水平 19.5 个百分点；审核进出口报关单申报 26.13 万份，占关区的 48.7%；监管进出口货物 274 万吨，货值 1861.3 亿元；建立常态化业务监控处置机制，集中清理长期未结关报关单 162 份，规范人工抬杆，优化查验排队叫号系统，率先在关区开展现场即决式风险布控试点工作，自主下达即决式布控 142 票，风险量化考核排名关区第一；严把国门生物安全关，扎实开展"国门绿盾 2022"行动，打击"跨境电商寄递'异宠'综合治理"专项行动，严防外来有害生物入侵，截获进境一般性有害生物 1457 批次，检疫性有害生物 358 批次；落实"四个最严"要求，开展进出口食品安全监督抽检和风险监测；持续保持打私高压态势，压实各方责任，全年移交缉私案件线索数、办理简快案件数及行政处罚案件数均排关区第一；加强海关知识产权保护，深入开展"龙腾行动 2022"，知识产权立案数及查获量双双排关区第一。

【保通保畅】2022 年，友谊关海关率先推动实施甩挂非接触式货物交接模式，该模式得到国务院第九次大督查组充分肯定，友谊关口岸成为自治区内唯一一个保持 365 天不间断通关的陆路口岸，全年共监管进出境车辆 21 万辆次；为化解口岸拥堵风险，党委制订"预警前移、提前预判、每日关注、分级响应、内外联动"5 步法应急预案，坚持每晚对当日业务数据研判，对超长、超短时间查验、超长时间滞留等异常情况及时干预、研判，切实把问题发现在之初，得到南宁海关关长王味冰充分肯定；加强自贸试验区制度创新，"双智平台"助推海关监管口岸物流创新模式获得第三批自治区级制度创新成果被复制推广。落实中越两国元首会晤精神，扩大优质农产品进出口，设置鲜活农副产品快速通关"绿色通道"，实施边民互市进境水果"附条件提离"，服务首票越南榴莲顺利通关，在全国率先设立进口鲜榴莲专用通道，有效压缩申报、查验、送检时间；为 AEO 等重点企业建立协调员机制，专人指导、全流程跟踪；对高新技术电子产品快验快放，推动地方政府在浦寨建成危险品监管查验场地并顺利投入使用，有效解决锂电池等危险品通关难题，为保障中国—东盟产业链、供应链畅通稳定打下坚实基础。多点发力助推关区外贸发展。出台促进凭祥外贸保稳提质 12 条措施,大力优化口岸营商环境,提高通关便利化水平,进出口通关时间分别为 4.59 小时、0.2 小时,较 2017 年累计压缩比分别为 37.61%、75.73%;帮助企业抢抓 RCEP 实施机遇,签发广西首票中缅 RCEP 原产地证书,全年签发东盟原产地证书 1.7 万份;互市贸易继续保持关区龙头地位,互市进口货运量 146.59 万吨,货值 77.23 亿元,货运量位居关区第一;成功推动首票越南百香果从关区进口并落地加工;新业态迅猛发展,全年跨境电商出口货值 43.5 亿元,同比增长 141.5%;市场采购贸易出口货值 22.3 亿元,同比增长 10%。

【科技工作】2022 年,友谊关海关继续加强科技保障工作。召开网络安全和信息化领导小组会议,组织 6 次网络安全自查,5 次弱口令整改,常态化对各客户端安装杀毒软件、病毒库是否升级到最新版本、PC 客户端本地管理员账号重命名等情况进行自查。参加 2022 年多部门网络攻防演习,严格做好党的二十大期间网络安全保障,印发友谊关海关关于做好 2022 年全国两会期间海关网络安全保障工作的通知等,定期检查网络安全基础环境,多次巡查现场 10 个机房,配合安全生产领导小组做好安全检查,落实整改 10 项问题,加强对重要信息系统及设施设备的运行监控和保障,保障了疫情期间各业务现场运行平稳有序,做好友谊关口岸扩大开放至浦寨、弄尧,凭祥综合保税区卡三开通信息化设备系统的服务保障。

【政务及后勤保障】2022 年,友谊关海关加强综合保障力度。规范公文处理,通过政务网内通知、加大培训,提高公文处理水平,做好办件登记及催办工作。信息宣传亮点频出,通过约稿、协作以及错情通报的模式,围绕优化营商环境、促外贸稳增长等重点工作加强宣传,多篇稿件获中央级媒体刊播,新闻宣传持续保持关区第一方阵,"友关声音"夏加响亮;保障党的二十大期间网络运行安全顺畅,完成终端国产化系统安装;署二级综合档案室顺利通过验收;财务后勤保障能力显著提升;法治建设逐步强化,开展全关性现场执法情况检查,行政执法水平不断提升。

凭祥海关

【概况】凭祥海关位于广西崇左市凭祥市友谊关大道6号，是隶属于南宁海关的正处级机构。凭祥海关始建于1952年1月，时称凭祥工作组，1953年1月更名为凭祥支关，1955年3月升格为凭祥分关。1958年1月，南宁关迁往凭祥，改称凭祥关。1958年1月至1960年9月凭祥关为广西总关。此后南宁关恢复，撤销原凭祥关并复设凭祥分关。1979年2月后，凭祥分关业务基本停止。1989年，经海关总署批准，正式设立正处级凭祥海关。2018年机构改革后，凭祥海关负责崇左市凭祥、扶绥、江州3个市县区的属地查检、企业管理、实验室检测等属地业务及1个国家一类口岸凭祥陆路（铁路）口岸各项口岸监管业务，关区总面积6428平方千米，为偏属地型综合性

▲2022年6月7日，南宁海关所属凭祥海关聚焦保稳提质助力农食产品快速出口

海关。凭祥海关现内设办公室、人事政工科、财务科、技术科、企业管理与核查科、审核科、统计分析科、业务监督科、业务监控科、综合业务科、监管科11个科室，另有综合技术服务中心1个事业单位，以及国家热带和亚热带水果检疫重点实验室、鼠类检测国家重点实验室2个国家重点实验室。

【政治建设】2022年，凭祥海关走深走实学习宣传贯彻党的二十大精神，以党委理论学习中心组为龙头，强化科室党支部理论武装建设，全年党委集中学习12次，基层支部专题学习39次，做到学思用贯通、知信行统一，不断提升基层党支部的战斗堡垒作用。年内，凭祥海关监管科党支部获评南宁关区

"四强"党支部，综合业务科党支部通过海关总署复核，党建效能持续提升。同时，凭祥海关始终保持反腐高压态势，努力实现"遏增量、去存量"，抓好审计、执法问题整改，通过"四份清单"不断排查风险漏洞，推动纪法教育常态化、案件剖析经常化、以案促改随时化，实现反腐败与反围猎同向发力，并充分发挥家庭助廉作用，组织文体活动丰富"八小时以外"生活，及时发现和纠正苗头性问题，促进全员廉洁自律。

【业务建设】2022年，凭祥海关严格落实新冠疫情防控的各项要求，强化口岸和内部疫情防控，新冠病毒核酸检测实验室实行"365天+每天3班倒"的工作模式，全年共检测新冠核酸样本17.8万份。在凭祥本土发生多轮疫情的背景下确保通关零延误、人员零感染。同时，建立安全生产"吹哨人"制度，不定期组织开展消防安全等应急演练，承办南宁关区口岸监管环节枪爆物品涉恐突发事件应急处置演练，不断提升突发事件应急处置能力。并与地方部门对口岸查发危险品的"进、出、转、存"实施动态监控，精准打击进出口伪瞒报。全年监管进出口危险货物81批次，退运4批次。通过"国门绿盾2022"等专项行动强化国门生物安全监管，全年共截获41批次有害生物，其中检疫性有害生物14批次。落实"四个最严"重要指示精神，全年对进出口食品化妆品开展监督抽检337批次，检验检疫不合格进口食用农产品43批次，保障食品安全。以RCEP落地实施为契机，切实化解企业RCEP的应用难题。全年签发各类原产地证书71784份，为2021年的300倍，并成功签发崇左首份RCEP原产地证书。针对凭祥铁路口岸转关货物多、鲜活水果需快速通关等特点，上线施行跨关区"铁路快通"模式，为冷链班列开辟绿色通道优先查验，助力中越跨境班列开出加速度。全年凭祥铁路口岸累计通行跨境班列2220列，同比增长14.8%；累计监管进出口货物68万吨、货值164.9亿元，同比分别增长39.8%、90.8%，其中进口冷链水果3.6万吨，同比增加1.1倍。助力凭祥市2022年外贸进出口达1657亿元，同比增长1.3%，顺利扭负为正；同期崇左市外贸进出口达2210.9亿元，同比增长3.9%，创历史新高。持续提升后续监管水平，全年落实"放管服""多证合一"等便民利企改革措施，受理企业注册登记业务1336单，同比增长40%。针对疫情形势变化，采用实用、高效、便捷的核查作业模式，全年开展零接触网上核查9次，合并下厂14次，持续优化营商环境。推动地方政府优化浦寨出口农产品海关集中查验区建设，全年累计受理出口报检2.88万票，在业务量同比增长近两倍的情况下保障农食产品快速出口。推行供港澳活猪监管和竹木草检疫监管创新改革，推广应用AR远程视频辅助系统提升查检效能。全年高效监装供港澳活猪214车、23883头。

【打击走私】2022年，凭祥海关缉私分局坚持"破大案、打团伙、摧网络"，聚焦幕后走私团伙打头挖根、破网除链，共立案侦办刑事案件19起，其中获批署局挂牌管理案件7起（完成率233%），获批关区缉私部门"GN"系列大要案数 7 起（完成率 175%），均位列各分局第一。强化信息共享，密切关警办案协作，全员打私综合治理绩效排名关区第一。坚持立足海关监管区、非设关地"两大战场"，既保持非设关地打私高压态势，又瞄准海关监管区打私阵地不放松，同步推进案件经营侦办，"两个战场"大要案均有较大突破、案件结构更趋合理。共侦办非设关地刑事案件 7 起，案值 1.67 亿元；尤其是在海关监管区案件方面取得新突破，侦破海关监管区刑事案件 12 起，案值 55.63 亿元，涉及低报价格、伪报品名、伪报原产地、货运渠道夹藏、邮寄走私等多种类型，是 2022 年关区监管区案件侦办数量多、类型丰富的分局，也是关区唯一一个监管区刑事案件占比超 50% 的分局。在刑事办案绩效方面，共刑事案件立案 19 起，案值 57.3 亿元，逮捕人数 27 名，追逃人数 9 名（完成率 180%），刑事拘留 44 名，取保候审 18 名，移诉 43 名，各项指标均超额完成全年任务，刑事案件质量目前综合考评分及个案考评分暂列关区第一位。

反走私态势掌控、案件经营和情报创新等指标也持续位列关区首位。2022 年先后侦破涉及腰果、红木、砗磲等 7 起即发型案件，坚持"以快打快、先发制人、一鼓作气"打击策略，全力克服未经事先经营的现实困难，通过简单线索实现全案突破，确保办成刑事案件。实施"上溯下挖""循线摸排""全链条狙击"等战术战法，推进大要案深挖扩线，确保应抓尽抓、除恶务尽。"GN2204"走私羚羊角案，从 1 名犯罪嫌疑人和 1 根羚羊角着眼，最终查获羚羊角 595 根，逮捕 9 人，获批一级挂牌管理案件。"GN2209"走私羚羊角、海马干案，从立案之初抓获一名快递员，到最终逮捕、移诉 5 名，查扣海马干 629 尾、高鼻羚羊角 1 根。从 1 起行政案件中涉及 1 张酸枝桌子出发，最终查发"GN2223"走私红酸枝等半成品家具案，查扣各类红木家具 910 件，案值 650 万元。主动加强走访协调，推动地方党委政府落实反走私综合治理主体责任，一体化统筹防疫和打私，既严厉打击中越边境非设关地走私，又有

效防范疫情输入，借力打击治理走私问题，实现关区态势平稳可控。加强反走私宣传，开展反走私"五进"主题宣传活动 6 次，在"中国反走私"等公众号刊发微信推送 20 余期。

【反走私综合治理】2022 年，凭祥海关缉私分局健全完善与地方公安机关的联系配合和信息共享工作机制，2 次向崇左市副市长、公安局局长汇报沟通集群作战工作，先后到崇左市各级公安机关开展案件协调、走访调研、党建联建等 20 余次，联合研判在办案件线索 20 余条，在案件经营、线索研判、执法协作等方面配合更加紧密、合作更加顺畅，地方公安在技网侦手段、警力调配、嫌疑人看守等方面予以更多倾斜，联合侦破走私及相关案件 6 起。尤其是在党的二十大安保维稳期间，班子走访崇左市公安局建立情报工作专班，研判线索成案 4 起，获地方党政高度肯定。进一步强化与越南执法部门的国际执法合作，年内开展中越国际执法合作 30 余次，协助接收引渡遣返人员 8 人。

【政务及后勤保障】2022 年，

凭祥海关内外宣全面发力，着力在推送优秀稿件、展现基层监管改革成效上下功夫，如及时宣传"铁路快通"模式改革、查获夹藏砗磲、服务 RCEP、服务中药材专列进境等情况获主流媒体采用，撰写的广西中越铁路与云南中老铁路口岸的相关研究等分析文章在社会上取得良好反响。响应网络攻防各项要求，厘清凭祥海关信息系统、网络设备、存储设备、供应链底账，形成 15 个子项电子数据，并推进国产设备替换工作，全年累计梳理清退 H4A 系统人员授权 10 项，开展常态化病毒防治和滑洞隐患整改 20 余次。通过形成技术管理闭环，提升纵深防御，全力筑牢边关科技保障基础。年内，凭祥海关充分贯彻财务保障一体化改革，协调友谊关海关和爱店海关明确事权划分和财务业务办理流程，加强一体化保障重点工作环节的内部控制和监督制约，以"过紧日子"为基础，持续提高财务管理和后勤工作效率，在吃住保障、公房规范管理等方面为财务资源的集约化使用和后勤综合保障的高效运转作出有益探索，圆满实现一体化试点改革后"三关一局"各项综合保障工作的平稳运行。

水口海关

【概况】水口海关于 1994 年 1 月经海关总署批准，升格为正处级海关，位于祖国西南边陲、红八军的故乡龙州县城，办公地址在广西崇左市龙州县龙州镇龙水路 15 号。业务范围为崇左市龙州县行政区域，关区毗邻越南高平省和谅山省，边境线长 184 千米。关区有 1 个口岸：水口口岸；1 个互市区：水口互市区；3 个互市点：那花、布局、科甲。水口海关内设 10 个科室，在编工作人员 66 人。关区贸易方式以一般贸易、边境小额贸易、边民互市贸易为主；主要贸易国为越南，贸易量占比达到 99%；主要进出口货物为腰果、木材、矿产品、种牛、整车、焦炭等。

2022 年，水口海关坚持以习近平新时代中国特色社会主义思想为指导，贯彻习

▲2022 年 5 月 7 日，南宁海关所属水口海关关员在水口口岸查验等待出口的重卡

近平总书记重要指示批示和党中央、国务院决策部署，认真落实海关总署、南宁海关党委工作部署，围绕南宁海关"抓基层、打基础、守底线、创佳绩"工作思路和"从严管理队伍、从紧推动落实、从实细化执行"工作要求，全力完成各项重点工作任务并取得新进展。

【政治建设】2022 年，水口海关第一时间专题学习党的二十大精神，研究制订学习宣传贯彻党的二十大精神工作方案；第一时间研究贯彻习近平总书记重要讲话和重要指示批示精神，强化落实疫情防控、安全生产、意识形

态、防范化解重大风险、保稳提质、全员打私等各项决策部署。开展基层党建"双提升"行动，细化制订党支部责任清单，强化支部书记责任落实。党建考核排名较上年有较大提升。抓好3个"书记项目"，推行行动学习法，创新主题党日＋联建活动，2个党支部获评南宁关区"四强"党支部，1个党员品牌工作室列为南宁关区示范单位，1个支部品牌列为南宁关区培育品牌。开展"海关重点项目和财物管理以权谋私"专项整治工作、"以身边案警示教育身边人"等专题警示教育活动，组织各类学习60次。坚持与派驻纪检组同向发力，反馈纪检监督建议书6份。开展家庭助廉座谈，发放廉政线上家书93份。征集社会特约监督员意见和建议，有针对性推进政风行风建设。参与南宁海关廉洁文化、廉洁家风等作品征稿活动，获书法类一等奖1件，获美术类二等奖1件。建好干部"政治档案""廉政档案""成长档案"3份档案。6人纳入关区优秀青年干部库，2人晋升四级高级主办。选派6人参与海关总署、

南宁海关专项工作，20人次获专项工作先进奖励；团支部获评广西"五四红旗团支部"；获评崇左市"阅读典型—书香机关""六大振兴"先进集体。推进"内控示范科室"创建，1个科室（物流监控科）获评南宁关区内控示范科室。

【业务建设】2022年，水口海关制定支持龙州县高质量发展18条措施，"两步申报"应用率达54.18%，超过南宁关区平均水平；深化综合治税，全年税收入库5083万元。通关效率大幅提升，口岸过口通关时长3.04小时，关区排名第四；出口通关时长0.01小时，关区排名第一。全年口岸外贸进出口值41.95亿元，同比增长1.26倍，增速居关区前列。推动口岸整车高效出口，累计监管整车出口11039辆，得到中央电视台专题报道和自治区党委领导批示肯定。指导进境种牛隔离场建设并通过海关总署验收，完成全国单次进口量最大共计1.37万头进境种牛隔离检疫工作。推动全国版互市贸易监管系统上线运行，进一步提升申报及查验效率；大力支持多种运输方式进口

落地加工商品，成功验放崇左市首票海运模式进口互市落地加工商品。完善企业协调员机制，走访关区重点企业17次，收集企业困难诉求12个并及时回应。组织开展"关企面对面"政策宣讲活动，得到地方政府、外贸企业一致好评。组织业务骨干上门送政策20余次，指导乡村振兴企业用好用足优惠政策。参与海关政务服务"好差评"，好评率达100%。严格执行疫情防控工作要求，开展疫情防控人员培训及应急处置演练17次。"挑毛病"专家组查发一线疫情防控作业问题120余个，并及时通报整改。细化优化口岸卫生检疫措施，制定职业暴露应急处置演练方案脚本，得到南宁海关认可并在关区内推广。协调地方率先提出跨境司乘人员进入口岸缓冲区视为"不入境""不出境"，得到南宁海关和自治区疫情防控指挥部认可并在广西边境陆路口岸推广。

【打击走私】2022年，水口海关缉私分局聚焦主责主业、持续高压严打，推动打击走私"国门利剑2022"行动取得好成绩。建立打私业务、

综合保障联席会议制度，进一步深化关警联动。推动反走私综合治理，加强与地方相关部门联系配合。全年共办理走私案件18起，案值8.2亿元，其中侦办"GN"系列走私大要案3起、署局二级挂牌管理案件1起，刑事拘留8人，取保候审9人，追逃到案3人，逮捕6人，移送审查起诉案件7起13人，崇左市中级人民法院作出一审有罪判决案件9起33人，自治区高级人民法院作出二审判决案件10起59人；查获涉嫌走私进口高鼻羚羊角31.19千克、食肉目犬科狼牙齿2.21千克、犀牛角14.13千克、胡椒30.56吨等货物一批。落实"全员打私"，办理监管渠道案件8起，案值7.94亿元、偷逃税1.42亿元；指导海关办理案件37起。推动深化综合治理：派出1400余人次协助开展全天候巡查封控；开展宣传活动5

次、发放宣传资料近2万份、发送打私防疫短信36万余条；立案办理非涉关地案件10起，案值2554万元。服务安保工作大局，敏锐捕捉线索并成功破获1起非法持有枪支案，抓获涉案人员3名，查获气动力步枪3支、铅弹176颗及枪支配件14件；派出警力168人次、84车次，参加龙州县强化边境管控"镇边行动"，共检查6000余车次、50000余人次，全体民警辅警用辛勤汗水高质量完成党的二十大安保工作任务。攻坚克难敢为人先，成功侦办1起逃避商检罪这一新型涉检刑事案件，该案查证涉嫌走私出口尿素49.75吨、案值16.2746万元，是近年来全国首起通过非设关地出口法检商品而以逃避商检罪判决的案件；在侦办"GN2231"走私犀牛角案过程中，查证该案所涉及的洗钱犯罪事实并顺利移送审查起诉，该案

是崇左市检察院2022年成功起诉的唯一一起反洗钱案件。

【政务及后勤保障】 2022年，水口海关持续改进文风会风，提高办文效率和质量，全年收发文无差错、无退文。重点工作督查督办扎实有效，督办单按时办结率、反馈率均达100%。强化预算执行推进力度，预算执行率达100%，闲置资产处置率达100%，规范资产入账及报废流程，保证资产账实相符。认真开展网络安全攻防演习，做好党的二十大期间网络安全保障，客户端感染率为0，无重大网络安全事故。获评国家级节约型机关。"20+N"民生工程高效落地，完成政务值班室改造、生活区车辆识别系统安装。与地方政府建立"产权移交、实物代管"的涉私固体废物移交处置机制，处置洋酒、胡椒、高鼻羚羊角等涉案财物16批次。

硕龙海关

【概况】硕龙海关于 2020 年 11 月 29 日挂牌成立，位于广西崇左市大新县硕龙镇，关区范围为大新县、天等县，关区内 3 个在建监管点分别为硕龙口岸硕龙通道、硕龙口岸岩应通道及岩应边民互市点、中越德天（板约）瀑布跨境旅游合作区。下设办公室、综合业务科、监管科 3 个科室。负责关区内的企业管理、核查、涉企外勤作业等属地业务（旅检和货运监管业务除外），受理关区内进出口货物申报、单证审核、税费征收、减免税、担保、原产地证签证、检验检疫、检验检疫证书审核签发、统计、保税监管、加工贸易监管等非口岸实际监管业务工作。

2022 年，硕龙海关以习近平新时代中国特色社会主义思想为指导，深入贯彻党

▲2021 年 9 月 24 日，南宁海关所属硕龙海关关员对关区内企业出口硫酸锰进行查验

的十九大和十九届历次全会精神，坚决捍卫"两个确立"、做到"两个维护"，认真落实两级海关工作会议、全面从严治党工作会议部署，以政治机关建设为统领，围绕"抓基层、打基础、守底线、创佳绩"总体工作思路和"讲政治、强纪律、严管理、抓落实"工作要求，以

开展"基层基础建设年"活动为抓手，强化建章立制、强化基础工作、强化队伍建设，着力提升边关治理效能，以优异成绩迎接党的二十大胜利召开。

【政治建设】2022 年硕龙海关加强政治机关建设，坚持"第一议题"制度，把习近平总书记关于疫情防控、安全

生产、意识形态、稳外贸促增长等重要指示批示精神融入具体工作当中，在全年爆发的属地疫情中无人员感染，全年未发生安全生产责任事故。持续深化基层组织"强基提质工程"，开展基层党建"双提升"行动，深入推进2个"书记项目"，1个党委"书记项目"被评选为南宁海关优秀"书记项目"，2个科室参评南宁海关"内控示范科室"，3个支部获评"合格支部"，1篇调研报告获自治区党委2022年区直机关党员干部春节回乡调研报告二等奖。扎实政治机关建设专项教育活动和"学查改"专项工作，搭建"德天讲堂""硕关夜校""支部学堂""钉钉德天e学苑"4个学习平台，开展"基层基础大家谈"20场，查摆政治风险隐患6个，制定并完成整改措施12条，切实增强党组织政治功能和组织功能，夯实支部基础。以"党委带头学、党团跟进学、个人主动学"全面深入学习宣传贯彻，党委理论学习中心组专题学习13次，党委委员宣讲5次；开设党的二十大精神学习专栏，撰写个人心得体会97篇；开展知

识竞赛、书画创作等多种形式活动，营造人人参与的浓厚氛围；依托党员工作室和政策研究小组平台，开展推动硕龙口岸建设、中越德天（板约）瀑布跨境旅游合作区建设的课题研究，相关经验做法被海关总署网站刊发。持续巩固"海关重点项目和财物管理以权谋私"专项整治和以案促改工作成果，持续开展纪法教育和警示教育，组织全员深化学习，组织举办"纪法讲堂"、廉政主题党日、廉政党课等10次，制定并完成以案促改整改措施20条。以巡察整改为契机，推进各项工作落实落地，建立了长效机制4项，全年完成整改88项，2项长期整改措施有序推进。坚持"一把尺""一张单""一盘棋"原则，统筹做好干部提任、晋升工作。抓好人才培养，全年组织干部职工25人次参与专项工作、支援一线和跟班学习。坚持日常管理监督，强化作风养成，党委委员带队开展内务规范和"挑毛病"工作检查，全年开展准军队列训练6次，内务检查19次，内务管理、会风会纪、酒驾醉驾防范工作进一步夯实。选

树典型，发挥引领作用，年内获南宁海关表彰奖励17人次，综合业务科获评崇左市"青年文明号"。

【业务建设】2022年，硕龙海关与中国移动公司签订反走私信息宣传业务，进一步扩大反走私宣传覆盖面，提升边民法治意识。健全与水口海关缉私分局协作配合机制，深化与地方公安、边检、税务部门的多方协作形成合力，参与崇左市公安海关税务联合作战中心，签署合作备忘录，共同营造良好营商环境。认真落实服务广西高水平开放高质量发展20个项目、服务广西实体经济发展10项措施、优化口岸营商环境18条措施；举办线上线下关企政策宣讲6次，解答企业各类咨询100余次，深入企业开展大走访大调研，实施"暖企"工程；创新业务"云办理"模式，完成4个"办实事"项目，助企纾困相关做法获广西机关党建网刊发，切实为企业办实事、解难题。全年申报进出口货物44.5万吨、货值6.7亿元，同比分别增长73.7%、35.8%，关区企业外贸进出口值41.1亿元、同比增长1.3%。推进"双随机、

一公开"监管全覆盖和常态化，减轻企业负担。切实强化通关时效压缩力度和措施，进口通关时间为 3.12 小时、同比压缩 33%，出口通关时间为 0.22 小时、同比压缩 88%，均低于关区平均时间。强化税收征管成效显著，累计入库税款 6645 万元，同比增长 113%，实现翻一番。参与地方政府关于岩应通道建设规划设计方案、查勘及研讨工作，配合地方政府加快推进口岸建设。2022 年 4 月 26 日，国务院批复同意硕龙公路口岸扩大开放为国际性口岸并扩大开放岩应通道，为国际性常年开放公路客货运输口岸。

【政务及后勤保障】2022 年，硕龙海关日常行政运转顺畅，办文办会、信息宣传、值班应急、政府信息公开和信访等工作有序开展。推进建章立制工作，全年制定制度机制 11 项，完善工作流程 21 个，进一步强化内控管理，规范制度执行。强化预算执行和绩效管理，严格落实"过紧日子"要求，重点保障民生项目。全年，开展队伍调研 2 次，及时解决群众关心的事项 8 项；完成过渡性办公生活区搬迁工作，推动县城周转房交付使用，建好各类文体协会，完善健身房、解压室等设施设备，进一步改善工作生活环境。

龙邦海关

【概况】龙邦海关源于1952年南宁海关在靖西县设立的工作组。1953年，靖西工作组改称靖西支关，下设平孟、岳圩2个办事处。1985年，南宁海关下文将岳圩、龙邦和平孟支关改称为海关，正科级建制。1991年，改称为南宁海关驻靖西办事处。2002年，靖西办事处调整为正处级机构，全称中华人民共和国龙邦海关。同年9月成立龙邦海关缉私分局。龙邦海关负责百色市（除那坡县外）11个县（市、区）的海关监管业务。关区点多、线长、面广，边境线长152千米。关区内设有国家一类口岸1个（龙邦）和原二类口岸1个（岳圩），互市区（点）4个，监管现场4个。

2022年，龙邦海关全面贯彻党的二十大精神，坚持以习近平新时代中国特色社

▲2022年9月23日，南宁海关所属龙邦海关关员对关区首票整车出口业务开展查验作业

会主义思想为指导，落实"疫情要防住、经济要稳住、发展要安全"工作要求，着力抓好政治建设，落实全面从严治党主体责任，统筹抓好口岸疫情防控和促外贸稳增长等工作，用忠诚和担当谱写龙邦海关发展新篇章。

【政治建设】2022年，龙邦海关将学习贯彻党的二十大精神和习近平新时代中国特色社会主义思想作为主线贯穿始终，开展党委集中学习37次，中心组理论学习13次，结合实际工作深化学思践悟；全面深入学习宣传贯彻党的二十大精神，突出"头雁"效应，在示范带动上下功夫，

开展党委理论学习中心组专题学习研讨 10 次，研提贯彻落实具体举措 11 项，示范带动全关上下持续提升"政治三力"和"八种本领"，各党支部以主题党日活动、"大巴流动讲堂"等形式，组织党员干部学原文、悟思想，学习宣传贯彻 30 余场次，撰写心得体会 50 余篇。建设好"书记+科长""支委+班子""专家+骨干" 3 支队伍，创建"巴士讲坛"，充分利用口岸上下班通勤时间，在通勤中巴车上开展移动党建、业务学习宣讲，促进党建业务深度融合，深化党建品牌创建。高效推动"海关重点项目和财物管理以权谋私"专项整治，筑牢廉洁自律防线；推进清廉海关建设，通过文化倡廉、讲堂授廉、家庭助廉、谈话心廉等，筑牢廉政防火墙。与派驻纪检组建立工作协作机制，协助引导纪委委员、支部纪检委员发挥作用，多名执法一线科长拒收企业赠送的红包以及水果，风清气正环境不断形成。树立鲜明导向，营造拼搏进取氛围。年内，针对口岸急需紧缺岗位资质需求，组织口岸一线人员疫情防控专业能力培训 45 期，共计 451 人次。

【业务建设】2022 年，龙邦海关配合、推动地方加快龙邦口岸升格为国际性口岸并扩大开放至那西通道的基础设施建设。推动完成旅检现场的初步验核并报自治区申请预验收，完成那西货运通道监管场所营运主体的变更。推动场所改建，扩增甩挂区面积至原有的 2 倍，恢复业务后口岸进出境车辆由单日 2 辆次上升到最高 102 辆次。口岸业务恢复以来，共监管出境车辆 4097 辆次，其中重车 2032 辆次；监管入境车辆 4084 辆次，其中重车 575 辆次；监管出入境车辆较 2021 年同期增长 213.85%，其中重车增长 100.08%。推行边民互市贸易"整进整出+集中申报""落地加工"通关作业模式，优化边民互市贸易监管流程，关区备案边民合作社 14 家，参与边民 10739 人，全年进口互市商品 3.52 万吨，货值 14.6 亿元；严格做好进口冷链食品的检验检疫监管，指导地方联防联控机制设立进口冷链食品集中监管仓，10 月 3 日恢复冷链进口后，进口互市冷链商品 1.16 万吨、货值 6.1 亿元，保障关区进口冷链食品加工企业原料供应；推动进口食品农产品"先放后检、定点加工"，支持落地加工商品在可控前提下简化包装、标签，首票海运进口互市商品顺利通关并开展落地加工，全年已开展业务的落地加工企业共计 15 家，互市商品落地加工共计 599 批，货量 2.031 万吨、货值 9.49 亿元，落地加工量占比达到 76.8%。全年共监管货运量 8.3 万吨、同比增长 102.4%，货值 4.9 亿美元、同比增长 104.2%。全年报关单接单 2743 票、同比增长 88.1%；累计税收入库 3167.44 万元、同比增长 1.76 倍；签发各类原产地证书 1171 份，涉及金额 1.05 亿美元；新增备案企业 58 家；完成核查作业 36 起。全年百色市与 RCEP 成员方进出口额达 353.6 亿元，占全市外贸总值的 91.7%，其中与老挝、菲律宾、新加坡进出口值大幅增长，同比分别增长 21.8 倍、1460.6 倍、6.7 倍；与韩国、澳大利亚、新西兰外贸进出口值分别增长 3.1 倍、3.0 倍、2.0 倍。

【打击走私】2022年，龙邦海关缉私分局共立案查办涉嫌走私、违规案件共34起，案值约1.15亿元。其中刑事立案14起，案值约1.15亿元。刑事拘留73人，执行逮捕59人（批准逮捕50人）移送审查起诉13起85人，法院一审判决14起38人、二审裁定2起12人。完成"GN"系列案件5起，总局一级挂牌管理案件数1起。行政立案20起，案值约28.75万元。现场查获涉案货物主要为穿山甲鳞片、犀牛角、海马干、冻品、新冠检测试剂、燕窝等。加强关区走私态势掌控，发挥情报主导作用，加大情报经营力度，立足海关监管区查处走私违法、犯罪活动，对重点走私货物以常规检查、机动查缉等方式全力呼应配合。贯彻落实习近平总书记重要指示批示精神，严厉打击濒危物种及其制品走私取得良好成效，年内侦办5起涉嫌走私珍贵动物制品案件，抓获犯罪嫌疑人11名，查获涉嫌走私穿山甲鳞片248.518千克、犀牛角8.22千克、海马干14326尾，涉案物品案值共计4526.89万元，其中

"GN2237"走私穿山甲鳞片案已列为署局一级挂牌管理案件。向关区内龙邦海关、平孟海关通报案件移交情况，定期召开风险研判会议，助推完成年度量化指标任务。"全员打私"百日会战中，刑事立案5起，批准逮捕5人，移诉在办案件5起，分局全员打私"百日会战"各项指标均已超额完成。参加"亮剑·靖边""亮剑·清边靖海"专项行动，多次走访，主动作为，结合关区实际，提出了多项意见建议并被采纳。主导推动与靖西市公安局、靖西边境管理大队、靖西烟草专卖局建立了四方反走私情报联合研判机制，并成立了四方反走私情报研判中心。机制建立以来，各部门共联合开展7轮次"边境清扫"滚动打击，共抓获走私活牛等违法犯罪嫌疑人200余人，关区非设关地走私规模明显减少，四方反走私情报联合研判机制成效显著。全面巩固教育整顿"回头看"工作，坚持以上率下、全面从严的基本原则，以全警实战大练兵为抓手，高质量推进执法规范化建设。在已开

展的比武项目中，龙邦海关缉私分局在法制条线列隶属分局第四名，侦查查私条线、演讲比赛等均进入决赛，充分体现了分局民警业务技能水平的提升。

【政务及后勤保障】2022年，龙邦海关精简文件控制发文数量，切实提升政务信息及新闻稿件质量，拍摄的全国海关"百名优秀执法一线科长"事迹短片在海关总署传媒平台轮播；提升值班应急工作质效，高效、准确做好疫情动态、处置工作等值班信息报送，报送值班信息16期，多篇值班信息获海关总署、南宁海关采用；加强政务公开工作，梳理编制本关政务公开事项目录、完善政务信息公开指南、建立政府信息公开审查机制和政策解读机制，主动参与关区首批海关领域基层政务公开标准化、规范化试点；落实"过紧日子"要求，创建节约型机关，保障海关业务改革发展有力；关心关爱一线关员措施落实到位，加大民生保障投入，安装新能源充电桩，提高智能便民设施保障水平。

平孟海关

【概况】平孟海关前身为龙邦海关监管四科，于 2020 年 11 月 19 日升格为正处级海关，位于百色市那坡县平孟镇，关区为那坡县全境，边境线长 207 千米，是南宁关区隶属海关中边境线最长的海关之一。关区地势复杂，条件艰苦，监管难度大。平孟口岸与越南高平省河广县朔江口岸相对应，是国家一类陆路边境口岸，也是广西最西端的陆路口岸。平孟海关现有 3 个作业现场，分别为平孟口岸一般贸易监管货场、平孟口岸边民互市点、平孟口岸旅检现场。关区现有报关备案企业 104 家，无特定资质备案企业。驻地所在的平孟镇红色文化浓厚，是平孟起义所在地，有天池哨所、弄平炮台红色教育基地。平孟镇经济发展外贸依存度高，主要依靠外贸推动，经济综合

▲2022 年 4 月 10 日，南宁海关所属平孟海关关员开展病媒生物监测

实力居那坡县第二，乡村振兴成效显著，边民生活水平持续提高，年人均外贸收入 3600 元以上。2022 年，在平孟海关及各方面共同努力下，平孟口岸全年共监管边民互市进出口货物 1.44 万吨，货值 8.35 亿元，基本和 2021 年持平。进口商品以腰果、胡椒为主，出口商品以糖化酶、瓷砖、棉布等为主。

【政治建设】2022 年，平孟海关始终把政治建设摆在首位，深入学习宣传贯彻党的二十大精神。新一届关党委于 2022 年 11 月 7 日到任后，研究制订学习宣传贯彻方案，党委中心组带头分 10 个专题开展 7 次学习研讨，党委委员深入开展进支部、进企业、进边民、进乡村"四进"学习宣讲，先后与平孟海关青年理论学习小组、南宁海关驻村第一书记，以及龙邦海关、百色市商务局、平孟边检站开展联学共建，带动全

关党员、干部兴起学习热潮，推动党的二十大精神在边关一线落地生根、深入人心。党委认真开展"第一议题"学习近40次，联系实际研究本关具体贯彻措施，以督办项目形式推进落实。深入开展政治机关建设专项教育活动，广泛发动开展"基层基础大家谈"，梳理岗位政治要求105个，查摆政治风险隐患29项，形成长效机制9项，向南宁海关"我来献一策"专栏报送各类意见建议51条，位居关区前列，政治机关意识进一步增强，"两个维护"的政治自觉更加坚定。党委定期研究全面从严治党工作，认真分析研判"三大风险"以及意识形态领域隐患，每周深入一线科室蹲点调研、检查督导，全年党委委员参加各支部组织生活40余次，带头开展批评与自我批评，敢于"红脸出汗"，直击问题，解决问题，有力推动主体责任落细落实到"最后一公里"。

【队伍建设】2022年，平孟海关坚持党管干部，坚持好干部标准，大力培树实干担当、实绩突出的优秀干部，干部队伍不断加强。动态推进岗位交流6人次，切实做到人岗相适、人尽其才。顺利完成第一批"换防式"交流4人次，人才配备更加科学合理。推荐青年干部到南宁海关跟班学习、集中工作9人次，开展"每周一课"17次、青年理论学习7次，充分激发青年队伍干事创业精气神。深入推进清廉海关建设，党委班子带头严守纪律、改进作风，旗帜鲜明支持派驻纪检组工作，加强与地方纪委监委、口岸联检部门开展廉政共建，通过关企座谈会、下企调研等各种场合反复宣讲海关廉洁纪律，促进共建清廉海关、清廉口岸。落实以案促改工作，深入开展纪法教育、警示教育，制发严格饮酒管理"五项规定"，严明队伍纪律作风，得到南宁海关领导批示肯定，干部队伍教育持续深入。推进廉洁文化建设，年度平孟海关1名干部获评县级"最美清廉家庭"称号，1项文学作品获评海关总署"清风国门"廉洁文化创意作品文学类三等奖，廉洁氛围更加浓厚。

【海关监管】2022年，平孟海关严格落实"疫情要防住、经济要稳住、发展要安全"重要要求，全年监管边民互市进出口1.44万吨，货值8.35亿元，为地方经济发展稳住了经济发展大盘。落实食品安全"四个最严"要求，开展风险监测和监督抽检19批次，开展国门生物安全监测12批次，布点实蝇监测15处，捕获实蝇标本269头，持续扎紧国门安全防线。监管领域查发办理案件24起，其中简快案件16起，涉检案件8起，提前一个月完成全年10起企业核查作业任务；查发问题企业7家，注销企业4家，下达核查整改通知书整改企业2家，通关锁定企业1家，海关监管秩序保持稳定。始终将安全生产扛在肩上、抓在手上，实行节假日必查、平时动态检查机制，党委委员带队深入口岸监管区、关员办公生活区开展安全生产大检查13次，先后发现问题隐患25个，全年安全管理平稳有序。

【疫情防控】2022年，平孟海关严守国门疫情防控关口，制订实施"一口岸一策、一场景一策"方案，细化"人、物、环境"各环节防控措施，开展疫情防控培训及实操演练7轮次；一线同志克服气候炎热、远离家人等困难，先后有 29 人次参封闭环管理；关领导"走进口岸封管区" 3 人次封闭 19 天；同步强化"挑毛病"机制落实，视频监控和现场检查发现问题 48 个，得到南宁海关认可 37 个；并落实关心关爱举措，及时优化口岸疫情防控措施，有效减轻一线人员工作负荷，保持了全年疫情防控不松劲，未发生感染情事。

【政务及后勤保障】2022 年，平孟海关持续加强综合保障能力，聚焦解决干部群众最急最忧最盼的现实难题，强化统筹推动，筹措用活资金，充实后管力量，及时为全体干部职工配齐生活设施设备，高效率完成食堂环境火食改善、深水井开挖竣工、水电管网维护升级、备勤楼全面启用等民生工程，加快推进内部道路通化硬化，大院面貌焕然一新，办公生活条件明显改善，干部职工获得感、归属感持续增强。

贺州海关

【概况】贺州海关成立于 2018 年 12 月 24 日，位于贺州市八步区，关区范围为贺州市八步区、平桂区、钟山县、昭平县、富川瑶族自治县。下设 3 个科室。业务特点是以进出境货物检验检疫监管、税收征管、原产地证签证、企业管理与核查、打击走私为主。

2022 年，贺州海关坚持以习近平新时代中国特色社会主义思想为指导，贯彻落实党中央、国务院各项决策部署，围绕"抓基层、打基础、守底线、创佳绩"工作思路，紧扣贺州建设东融先行示范区、面向粤港澳大湾区发展战略，统筹做好疫情防控和服务外贸稳增长，各项工作稳中有好取得新进展、新突破。

【政治建设】2022 年，贺州海关突出落实"第一议题"制

▲2022 年 2 月 13 日，南宁海关所属贺州海关关员到关区供港蔬菜基地开展监管

度，强化党委中心组示范引领作用，全年共开展理论学习 68 次，党委委员共讲授党课 10 次，先后邀请贺州市委宣讲团成员开展专题宣讲 2 次。深入学习贯彻落实党的二十大精神，组织召开 12 次党的二十大专题中心组学习，党委委员共撰写心得体会和调研报告 19 篇，2 篇获关区政治工作专报刊发。推动支

部标准化规范化建设，组织 3 名党支部书记及 2 名党务干部参与党务干部岗位练兵；构建"5＋2"新模式推进"内控示范科室"创建工作；"金钥匙"东融工作室获评关区 2020—2021 年度党员工作室示范点。全年发展预备党员 1 名，预备党员转为正式党员 2 名。持续选派 1 名关员驻村参与乡村振兴工作，3 名

关员获广西脱贫攻坚（乡村振兴）工作荣誉证书，1名关员入选参评第一届广西乡村振兴突出贡献奖集体和个人名单。牢固树立"一盘棋"理念，选派1名关领导、1名科领导参与市疫情联防联控应急值守工作，选派4名青年关员支援边境疫情防控一线工作，政治执行力不断增强。聚焦"海关重点项目和财物管理以权谋私"专项整治工作"两个领域"17个重点项目，查阅近千份资料发现并整改问题7个。开展逐一谈话18人次，收集原汁原味问题22个，全面理清当前非执法领域存在廉政风险问题隐患。认真开展以案促改工作，查摆出在管党治党主体责任落实、权力运行制约、干部日常管理等5个方面9个问题，形成以案促改工作问题清单。推动巡视巡察整改落地见效，认真对照海关总署巡视反馈意见举一反三开展对照检查，共检视出4方面15个问题，研究制定具体整改措施23项，已全部整改完成。加强新时代海关廉洁文化建设，制作"廉洁修身，廉洁齐家"文化宣传栏，举办1次干部职工家属"清廉好家风·家廉万事兴"座谈会，组织家属签署"家庭助廉洁"承诺书24份，关员自行创作的3个作品入选海关总署"清风国门"廉洁文化创意作品。坚持开展"内务规范强化月"活动和"强化纪律作风建设"专项整治工作，共对上下班打卡异常率高的8名关员运用"第一种形态"进行提醒谈话。扎实开展形式主义、官僚主义专项整治工作，共排查出存在问题3个，制定整改措施6条。坚持新时代好干部标准，全年选拔科级领导干部2名，晋升职级2名，做到"让有为者有位"，激励干部队伍进一步担当作为。全年新增51人次获得7类专业资质，11人次获得嘉奖、优秀共青团员等荣誉，干部队伍履职能力得到进一步提升。

【业务建设】2022年，贺州海关关区进出口总值为26.0亿元，同比增长22.5%，连续3年保持2位数增幅，其中出口新鲜水果达2.5亿元，同比增长24.8倍。全年共受理进出口报关单636票，同比增长1.2倍，其中进口报关单44票、出口报关单592票，签发各类原产地证书646份、货物总值2923.1万美元，同比分别增长1.5倍、1.9倍，为企业减免税款146.2万美元。完成进出口货物检验检疫1487批次、货物总值5.8亿元，同比分别增长43.0%、78.8%。促进跨境通关便利化，全年进口通关时长为5.57小时，优于关区的11.65小时；进口提前申报率97.22%，高于关区平均水平。

【业务改革】2022年，贺州海关实践进口食品原料下脚料后续监管模式改革，采取"台账+远程影像辅助+抽查"模式，取代海关执法人员批批到企现场监督销毁。改革实施以来，实现减少下厂次数30余人次，监管效能实现优化，得到企业充分认可。高质量实施RCEP，全年开展贺州高质量实施RCEP新闻发布会、关税减让政策及通关便利化措施"关企面对面"，签发RCEP原产地证16份、货值32.5万美元。贺州市对RCEP成员方进出口总值达到10.8亿元，同比增长28.4%，占贺州市进出口总值的41.5%。对照全年安全生产工作要点，常态化开展安全风险隐患排查，围绕15个重点领域检查发现的 12 个问题均已按期整改完成。高质量开展"口岸危险品综合治理"百日专项行动，与应急、交通运输、商务部门共同督促企业完成出口危险货物无专用仓库问题的整改，解决企业出口危险货物包装、通关（检测）时效等问题 3 个，共检出不合格出口危险化学品及其包装 13 批次。

【反走私综合治理】2022 年，贺州海关持续开展"国门利剑 2022"联合行动，确定涉检申报不符、食品企业管理不规范等作为主要涉检案件工作方向，高度关注涉税商品、农产品等走私，严防关区出口危险化学品伪瞒报，严厉打击"洋垃圾"、象牙等濒危物种及其制品走私。全年，完成办理非涉检简快案件 2 起、涉检普通程序案件 1 起、涉检简快案件 5 起。

【供港澳蔬菜】2022 年，贺州海关开展供港蔬菜样板间建设，研讨南宁关区供港蔬菜出境通关流程、申报规范、检验检疫监管制度，工作建议得到南宁海关相关职能处室的高度重视。上报创新供港蔬菜监管模式调研报告 2 份，得到南宁海关关长王昧冰批示。年内，指导 1 家企业完成备案，新增 7 家供港蔬菜种植基地，5 家出口食品原料种植场备案，供港澳蔬菜海关监管模式创新改革工作成效得到贺州市领导的充分肯定。共取得 21 批次、137.1 吨、货值 135.7 万元的供港蔬菜外贸数据，实现广西供港蔬菜通关数据零的突破。

【政务及后勤保障】2022 年，贺州海关下大力气抓信息与新闻宣传工作，在各类计分媒体上稿 42 篇次，全年总分 511 分；推进基层政务公开建设，全年顺利完成基层政务公开标准化、规范化（第二批）试点工作；法治建设稳步推进，全员 90 分以上通过广西普法考试，优质完成双百任务，认真自查并完成制度执行情况检查 9 个问题的整改；扎实做好机要保密和档案管理工作，进一步规范机要室和档案室基础建设，在署级档案室创建工作中获海关档案综合管理"署二级"；高效做好财务保障工作，顺利完成资产信息化登记，首个完成隶属关层级信息化盘点，年度财政拨款预算执行达 100%。

梧州海关

【概况】梧州海关于1897年6月4日建关，现位于梧州市万秀区西江四路5号，关区为梧州市（三区：万秀区、长州区、龙圩区；一市三县：岑溪市、苍梧县、藤县、蒙山县），监管作业场所包括李家庄码头作业区、赤水港作业区、梧州国际快件监管中心、梧州综合保税区。业务特点是监管业务种类较齐全，主要有一般贸易和加工贸易货物监管、来往港澳小型船舶监管、快件监管、出入境卫生检疫、进出境动植物检验检疫、进出口食品检验和进出口商品法定检验等。进口货物主要以未锻轧铜及铜材、再生金属原料、机电产品、燕麦、盐渍生牛皮为主，出口货物主要以机电产品、农产品、食品、化工品为主。梧州海关内设办公室、综合业务科、物流监控科、监管

▲2022年4月11日，南宁海关所属梧州海关关员对特色出口香料八角进行属地查检

一科、监管二科、监管三科、监管四科、监管五科、企业管理与核查科、统计分析科、财务科、技术科、人事政工科13个科室，另有1个事业单位综合技术服务中心。

2022年，梧州海关坚持以习近平新时代中国特色社会主义思想为指引，深入学习贯彻党的二十大精神，围绕南宁海关"抓基层、打基础、守底线、创佳绩'工作要求，夯实基层基础，提升履职能力，推动各项工作稳中向好并取得新的突破。至2022年连续17年保持"全国文明单位"称号，"同心圆"党建品牌获评全国海关党建示范品牌。

【政治建设】2022年，梧州海关深入学习党的二十大精神，制订学习贯彻落实方案，确

保学习到位、落实到位。严格落实"第一议题"制度，党委"第一议题"学习59次、中心组学习6次、中心组（扩大）学习会4次，各党支部"三会一课"专题学习200余次。深入开展"学查改"专项活动和捍卫"两个确立"、做到"两个维护"、强化政治机关建设专项教育活动，各党委委员开展专题学习研究38次，到科室检查、调研及跟班141次，发现问题6个并全部完成整改。党委班子在加强自身建设同时，高度重视支部党建工作，推动成立综合技术服务中心党支部，强化党建引领队伍建设，制订梧州海关党建高质量发展统筹考核实施方案、提升党支部组织生活质量指导意见等管理制度加强考核指导，党委班子带头参加双重组织生活，监督检查支部组织生活的规范性，搭建与党员群众对话的平台。推进党建"强基提质工程"，"同心圆"党建品牌获评全国海关党建示范品牌。党委、机关纪委、支部和科室一体推进"三不腐"工作，干部队伍党风廉政情况良好。完成"海关重点项目和财物管理以

权谋私"专项整治工作，排查并整改问题15个，制定防控措施12条，修订规章制度2项。扎实抓好以案促改，关党委召开7次会议研究部署，制定整改措施27项并落实。开展纪法教育和警示教育，做实常态化教育管理工作。开展海关廉政文化建设，2篇家风、廉政短文获南宁海关政治工作专刊采用，10部书画摄影作品在关区廉洁文化作品评比中获奖。开展特约监督员进海关活动，运用监督执纪"第一种形态"进行提醒纠偏。成立机关纪委，与南宁海关党委派驻纪检组建立联合研判机制形成监督合力。抓紧抓实准军事化建设，强化内务轮值督查制度运用，严密组织队列训练。调整优化科室职能，按标准选优配强干部。强化教育培训工作，完成全员培训学时学分双达标工作，完成疫情岗位资质培训考核3轮，获得岗位资质59人次。培树各类先进典型，16名党员评选为"季度之星"，119人次获各种表彰和奖励，13个集体获得厅局级以上奖励，其中3个集体获省部级奖励。

【业务建设】2022年，梧州口岸申报进出口货运量72.7万吨，同比增长31.0%。其中，进口37.6万吨，同比增长80.7%。出口35.1万吨，同比增长1.2%。监管运输工具636艘次，同比下降3.9%，其中，监管进出境船舶606艘，监管境内转关船舶30艘。严格开展动植物疫情防控，筑牢国门生物安全关。强化进出口食品安全监管，有效落实食品安全"四个最严"重要指示。强化商品检验监管，狠抓安全生产和口岸危险品综合治理"百日专项"行动工作。强化再生金属监管，持续完善机检典型图像，对涉嫌固体废物的再生金属联合职能部门和技术中心实现"远程讨论+实时指导"，有效提升现场查验效能。聚焦综合治税新格局、执法能力新进步、税收改革新举措3项重点工作，加强税收形势研判和风险防控，强化审价归类，深化税收征管方式改革，统筹通关便利与依法科学征管。全年累计入库税款15.01亿元，同比增长69.6%，创历史新高。

【新冠疫情防控】2022年，梧州海关贯彻党中央"疫情要防住"要求，组织开展新冠

疫情防控岗位资质培训和应急演练，修订完善疫情防控工作方案，做好封闭管理场所和封闭关员监督管理。从紧、从细、从严、从实抓好内部防控工作，开展防护服穿脱等应急演练 10 余次，定期开展全员核酸检测，常态化开展疫情防控检查和安全检查 10 余次，落实"吹哨人"预警工作机制，堵塞安全漏洞，妥善处置梧州"9·5"疫情。全年口岸登临检疫和船员采样 54 艘次，核酸采样 172 人次，结果均为阴性，守住外防输入关口。

【业务改革】2022 年，梧州海关创新进出口农产品监管改革，供港澳鲜鸡蛋产品、进境动物生皮检疫监管、出口竹木草制品检验检疫模式 3 项改革获南宁海关批准并有效实施，企业获得感增强。撰写海关要情获得中共中央办公厅、国务院办公厅采用 9 次，获得中央领导批示 1 次；协助南宁海关向自治区党委、政府报送广西外贸信息 6 篇，获得自治区领导批示 3 人次；向梧州市委、市政府报送外贸专报 12 篇，得到市委主要领导批示 2 次，为地方发展提供海关智慧。制定落实梧州海关支持梧州外贸高质量发展的 16 条措施，持续压缩口岸通关时间；梳理 RCEP 梧州优势产业商品目录"三张清单"，助力企业充分享惠；建立加工贸易疑难问题"清单式"解决机制，为企业高效便捷办理海关手续。派员加入梧州市综合保税区规划建设指挥部，及时发现和解决综合保税区监管体系建设过程中遇到的问题，推动梧州综合保税区于 2022 年 10 月 10 日通过联合预验收。

【打击走私】2022 年，梧州海关缉私分局围绕南宁海关缉私局党组提出的"高质量创新发展提升年"的各项工作要求，强化打私专业能力建设，落实智慧缉私工作要求，运用大数据思维，充分应用情报经营分析法，保持打击走私高压态势，聚焦重点，深入开展打击走私"国门利剑 2022""百日行动""以打促税"等专项行动，严厉打击濒危物种、淫秽书籍、固体废物等走私违法犯罪行为，服务和促进地方经济健康发展，彰显缉私担当与作为。全年，查获进口固体废物情事 8 起、禁止进口旧机电产品 1 起、不合格产品 12 起；共立案各类走私违法犯罪案件 23 起（其中，行政立案 18 起、刑事立案 5 起），案值达 2.1 亿元，涉税约 450.1 万元。其中，"GN"系列案件 2 起，海关总署缉私局一级挂牌督办案件 2 起。查获国家 Ⅰ 级保护动物高鼻羚羊角 1918 根，鳄鱼皮 3 张，淫秽书籍 540 本等走私货物一批，拘留 14 人，取保候审 8 人，逮捕 12 人，移送审查起诉 6 案 30 人，法院作出生效判决 4 案 11 人 2 单位；审结行政案件 17 起，案值约 22.3 万元，涉税约 2.73 万元，罚款 41.69 万元，处罚单位、个人当事人 18 人次，收缴"大飞" 4 艘及违禁物品一批。

【反走私综合治理】2022 年，梧州海关缉私分局向梧州市、贺州市地方党政机关汇报打私工作 4 次，多次与梧州、贺州两市打私办召开座谈会，共同研究打击治理对策、开展反走私"五进"宣传活动等，推动反走私综合治理工作走深走实。与梧州市打私办多次就梧州市反走私综合作战指挥中心项目进行研讨会商并达成共识，全面提升梧州市反走私监控、预警、指挥整体效能。加强与检、法机关联动，与梧州市人民检察院、法院召开各种案件研讨会、座谈会10余次，解决疑难问题，提升案件办理质效。与梧州市公安局、烟草专卖局等执法部门探索联合打击策略，共同打击走私以及相关的洗钱、逃骗汇等违法犯罪活动，签订联合工作机制、备忘录3份；与公安、市场监管等部门开展冻库清查等联合整治行动，参与4艘"三无"船舶认定工作，联合销毁走私卷烟71400支，开展粤桂执法合作联合行动，推进反走私综合治理大格局。全力以赴做好党的二十大安保维稳、一级加强勤务、安全生产等各项工作，确保安全稳定。联合梧州海关、梧州市打私办等单位到梧州市富祥社区、怡景市场、梧州职业学院等地深入开展反走私"五进"宣传活动，营造良好的反走私社会氛围。在相关新媒体平台发表14篇报道。

【政务及后勤保障】2022年，梧州海关政务运行高效顺畅，压缩发文、办会数量。督查内控、信息宣传、政务公开、文电管理、机要保密等工作成效明显。牵头制定《出口六堡茶加工规范》《六堡茶出口规范》，完善六堡茶标准体系。地方财政支持的再生金属实验室完成建设并投入使用，检测时长缩短一半以上。强化财务预算统筹管理，"三公"经费呈连年下降趋势，获评"节约型机关"称号。加强南站交流干部和单身职工宿舍建设、办公楼外墙大理石脱落修缮、15楼会议室修缮、电梯安装等项目的管理和推进。后勤管理分中心加强食堂、车辆、大院、招待所等各方面的管理，有关保障运转顺畅。

桂林海关

【概况】桂林海关于 1979 年经国务院批准成立，1981 年 3 月正式开关，位于桂林市七星区骖鸾路 21 号，2018 年 4 月进行机构改革，与原桂林出入境检验检疫局合并，改革后下设 1 个副处级机构，13 个科室和 1 个事业单位。桂林海关业务关区包括桂林市 6 城区、市郊 10 个县和一个县级市，关区面积 2.78 万平方千米，下辖桂林两江国际机场航空港口。承担税收征管、打击走私、口岸管理和对出入境货物、交通工具和人员履行检验检疫等管理职能。主要业务有进出境旅客行李物品监管、一般贸易和加工贸易监管、减免税管理等。

【政治建设】2022 年，桂林海关党委自觉用习近平新时代中国特色社会主义思想武装头脑，在思想上、行动上始终与党中央保持高度一致。

▲2022 年 4 月 28 日，南宁海关所属桂林海关关员对出口鲟鱼进行采样检测

把学习贯彻党的二十大精神和习近平总书记重要指示批示精神作为党委会、形势分析例会、中心组理论学习会"第一议题"，召开党委理论学习中心组专题学习 2 次，党委委员在基层党支部领学 10 次，赴关区企业、乡村振兴帮扶单位宣讲 4 次。制订专题学习方案，明确 17 项重点工作、5 项重点内容及 5 项重点要求，各党支部开展研讨 30 次、讲授党课 14 堂，采用"线上+线下"联动、"在职+退休"联学、"党员+群众"联享，征集学习心得体会 200 余篇，在《中国国门时报》等媒体发表文章 18 篇；实现学习贯彻全覆盖、无死角，队伍政治素养不断提升。高标准完成"智慧党建"试点任务，"书记项目"获得南宁海关通报表扬。组织党支部书记及党务干部参

加全国海关系统基层党建"双提升"行动党务干部岗位练兵活动。全员满分通过考核，1篇经验文章在关区发表。细化党建高质量发展统筹考核要求，激发基层党支部创新争优活力，监管一科党支部被评为关区"四强"党支部，综合业务科获评关区"内控示范科室"，推进"强基提质工程"取得实效。扎实开展政治机关建设专项教育活动，建立"个人自查、科室排查、党委审查"三级销号式风险排查机制，梳理56个岗位政治要求136条；班子成员赴基层一线、政府企业部门调研60余次，查摆政治风险隐患24个；对照"学查改"专项工作、政审查"三级销号式风险排查机制，梳理56个岗位专项教育活动要求排查问题4个；制定整改措施13条并全部完成整改。建立长效机制4项，修订完善相关制度措施10余项，基层战斗堡垒作用日益凸显，政治机关建设形成新局面。扎实开展"严履职、强管理、转作风"专项教育整顿。针对南宁海关对桂林海关涉案财物处置不及时的通报及12360海关热线作风投

诉的情况，第一时间开展队伍作风专项整治；召开党委专题民主生活会，查摆问题28个，提出整改措施65条；开展提醒谈话7人次，批评教育5人次，通报批评1人次，3人作出深刻检查；修订规章制度11项，切实汲取深刻教训，转变工作作风。健全绩效考核体系，建立月度小结和季度考评相结合的日常考评机制，把日常检查情况纳入干部考核范围，与年度评先评优挂钩，让监督考核体系真正深入"神经末梢"。全年提任科级领导干部13人，管理七级岗位1人，晋升职级14人，充实基层管理队伍。选派11名干部支援边关，派出8名干部赴机场海关跟班学习，安排旅检科室12人支援其他科室及专班工作，培养骨干专家型人才。用心服务老干部工作，组织开展光荣退休仪式1次，走访慰问13人次、座谈20人次，获得离退休干部一致好评。组织集中观看警示教育片，督促跟进学习关区违纪违法案例通报。党委书记及各党支部书记讲廉政党课14次，组织撰写思考分析材料130余份。多形式征求对党委

班子意见建议5条，党委委员开展谈心谈话61人（次），收集建议意见38条，班子成员之间互相提出批评意见32条；党委班子层面查找问题24个，制定整改措施71条；班子成员查找问题74个，制定整改措施126条。教育关员主动配合开展家庭家风教育，共同净化生活圈、朋友圈、社交圈，面向家属征集廉政文化作品，筑牢家庭廉洁防线，全方位营造风清气正的政治生态环境。

【业务建设】2022年，桂林海关对近300家出口食品、果园、养殖种植场等特殊资质企业实施"量体裁衣"，全年关区经认定的出口（供港）农产品示范基地量居广西第一；制作新增企业出口查检业务指南，落实农产品"提前预约、即检即放"出口前监管模式，将待检时间由24小时缩短至1小时，大幅提升农产品通过便利程度。全年，关区共出口农产品8.08亿元，同比增长48.7%。建立工作专报机制，向桂林市委、市政府报送16篇海关工作专报，回应地方外贸咨询50余次，持续深化关地沟通联系机制。开展"一产一企

一研究"，指导企业充分应用RCEP政策等减税降费和税收优惠政策，报送高质量税政调研建议11条，减免税建议8条；指导关区2家重点企业分别成为广西医药业和纺织业首家经核准出口商，签发中国—新西兰升级协定生效后全国首份原产地声明。全年签发原产地证书6250份，享惠约1.28亿元，自助打印率达75%。其中签发RCEP原产地证185份，货值1419.4万美元，享惠约290万元。指导推动桂林（荔浦）保税物流中心（B型）选址动工，指导该项目入选桂林产业振兴工程。落实海关AEO企业优惠措施，解决AEO企业实际困难15次，培育新增1家企业成为海关AEO企业。创建"出口竹木草制品检验检疫监管样板间"列为关区重点敏感产品"样板间"，全年开展远程视频查检276批次，压缩通关时间48小时。全年查发并办理简易程序、快速办理程序案件45起。开展红火蚁等外来有害生物监测共36次，查发处置红火蚁疫情1起。检疫查验进出口货物520批，签发、拟制各类证单1718份，抽样

送检45批，检测结果均为合格，全年未发生境外通报等舆情事件。审批进境加工粮食201批次，监管进境粮食48.6万吨，同比分别增长18.9和23.4%。落实食品安全监管"四个最严"要求，送检样品11批次，检验60项次，累计收集报送食品安全信息261条，海关总署采用1条。监测出口危险货物包装282批次，检出不合格10批次，其中9个查发案例获评海关总署典型查发案例；指导解决关区危险品包装扎口、标识及仓储不规范等问题7个，国门安全风险防范能力不断加强。根据关区疫情发展形势，动态调整内部防控规定，发挥新冠病毒检测实验室功效，共检测人员核酸12222人次，承接关区核酸检测业务，帮助企业开展核酸检测1178人次，商品检测328管次。组织赴蓬莱村入户调研2次，详细调研了解脱贫户罗汉果种植情况及销售情况，帮助制订蓬莱村罗汉果种植可行性方案；主动为桂林毛竹山村葡萄种植产业提供质量检测服务，为乡村振兴战略作出新贡献。

【打击走私】2022年，桂林海关缉私分局全面贯彻总体国家安全观，深入开展"国门利剑2022"联合行动，缉私工作取得新成果。全年，刑事立案9起，案值5890万元；推进积案侦破1起并申报为"GN"系列案件；逮捕5人、取保候审9人，移送审查起诉7起8人，法院判决2起2人，有罪判决率达100%；行政立案13起，案值367万元，办结11起、罚款3.03万元。贯彻落实习近平总书记重要指示批示精神，严厉打击涉枪涉爆涉毒及非法出版物走私等违法犯罪活动。全年，办理走私精神药品案件7起，缴获各类精神药物1736.47克；侦破涉嫌走私淫秽物品案件5起，查扣淫秽书籍（卡片）4304本（张）。立足主阵地严打监管渠道走私案件。联合邕州海关、南宁邮局海关等破获2起低报价格走私普通货物、物品案，查证涉案案值4123万元；成功侦破"2019·8·10"涉嫌走私免税品案，打掉走私团伙1个，案值1063万元。全力以赴推进全员打私工作。关局协作配合，全员打私绩效考评列关区第二名。深化反走私综合治理。主动向地方党

政领导汇报，持续加强与市县打私办、各打私成员单位联系配合，参加桂林市打私情况调研、工作座谈会、行业专项整治6次，开展"进校园、进社区、进村屯"、"6·26"禁毒等主题宣传活动，在相关信息载体上发表推送5篇次。加强技战法研究，提升情报线索处置绩效。报送2篇专题情报分析简报，向桂林市公安局和北京、济南、海口等缉私局推送情报线索。

【政务及后勤保障】2022年，桂林海关持续改善民生福祉，克服经费紧张等困难，推进老旧宿舍区改造及物业规范化管理，翻新办公大楼墙面，注重建章立制，有序推进事业单位绩效工资改革。

玉林海关

【概况】玉林海关于 2019 年 1 月 29 日正式挂牌成立，位于广西玉林市教育东路 128 号，关区范围为玉林市。内设 5 个科室（办公室、综合业务科、监管科、企业管理与核查科、业务监督科），下辖 1 个事业单位（综合技术服务中心）。承担关区进出口关税及其他税费征收管理、出入境卫生检疫、出入境动植物及其产品检验检疫、进出口商品法定检验、企业管理、保税监管业务、核查、主动披露、业务数据采集、数据核查、分析研究、统计数据对外提供、片区督审监督工作等职能。关区出口商品主要有服装、机电产品、陶瓷、中药材、水产品（罗非鱼制品）、芒竹编制品、食品等；进口商品主要有镍湿法冶炼中间产品、机电产品、农产

▲2022 年 11 月 4 日，南宁海关所属玉林海关关员对出口中药材进行现场监管

品（主要为香料和粮食）、蓝湿牛皮等。

2022 年，玉林海关坚持以习近平新时代中国特色社会主义思想为指导，深入学习宣传贯彻党的二十大精神，按照党中央"疫情要防住、经济要稳住、发展要安全"的重要要求，统筹疫情防控和促进外贸稳增长，强监管

优服务、守国门促发展，以实际行动助力建设玉林'四强两区一美'两湾先行试验区，圆满完成了各项工作。全年玉林外贸保持持续增长态势，外贸进出口总额达到43.4 亿元，同比增长 11.6%，进出口规模创历史新高；规范申报审核 1516 份，货值10.3 亿元；税收入库 1557.43

万元。进口整体通关时间为11.16小时、比2017年压缩92.34%，出口整体通关时间为0.17小时、比2017年压缩99.89%；进口提前申报率和出口提前申报率分别达到77.7%和80.58%。

【政治建设】2022年，玉林海关制订学习宣传贯彻党的二十大精神工作方案，按照时间节点精细化推进。党委书记作为第一责任人，靠前指挥、带头示范，党委成员发挥辐射效应，以自身学习行动引领全关深学实学，结合关区实际，关党委成员撰写心得体会11篇，做到以知促行。通过参加海关总署、南宁海关、地方宣讲会，召开党委扩大会、中心组学习、支部党员学习会等形式，引导干部职工深学细研、学深悟透；微信群及时推送"学习强国"专题报道等学习资料；充分利用板报、LED屏、横幅、党员文化墙、宣传栏等载体，开设"学习二十大精神"专栏专题；组织干部职工立足岗位职责，聚焦推进玉林"四强两区一美"两湾先行试验区建设等方面写心得谈感悟，形成"人人学

习、人人知晓"的学习氛围，学习宣传贯彻工作有力度、有声势、有成效。认真落实"第一议题"制度，围绕关区"抓基层、打基础、守底线、创佳绩"的工作思路，进一步推动党建与业务的深度融合。严格执行民主集中制，严格落实"三重一大"等事项集体研究决策制度和重大事项请示报告制度，提高决策规范性、科学性。认真对照查摆问题，形成整改工作清单，明确责任人、责任科室、整改措施、完成时限等具体事项，针对查摆出的4个方面7项主要问题，制定了17条整改措施并全部完成整改。采取措施认真整改纪检组会商联系单、监督建议书提出的问题，实现同频共振，同向发力。依托"守护舌尖""增香"等党建品牌工作室，强化党员干部先锋模范作用发挥；推进党建标准化规范化建设，严格落实"三会一课"、党委委员双重组织生活和基层支部联系点等制度，全年各支部开展集中学习78次、支部书记讲党课26次；对标对表"四强"党支部建设要求，全面补短

板、堵漏洞、强弱项。年内，监管科党支部成为关区第二批"四强"党支部，实现支部建设由建在科上迈上了强在科上的新台阶。聚焦"抓好班子、带好队伍"目标，重塑干部职工对班子的信心。按照"一把尺""一张单""一盘棋"的要求，做好选拔任用和职级晋升工作；及时了解干部职工的思想动态、工作和生活上的困难和对工作和单位的意见建议，解决干部职工重点关注的问题，把对干部职工的关心关爱工作落到实处。

【业务建设】2022年，玉林海关组织开展应急处置桌面推演2次，严格人员出差出行，在"百名科长百日督查"现场检查中，为关区未发现问题的海关之一。对关区安全生产工作开展排查12次，发现隐患问题28项，均已完成整改。开展消防安全演习，全体人员消防安全意识，提高安全防范及自救能力。梳理关区出口危险品种类、企业分布等情况，无检验不合格情况。组织开展进出口危险货物及其包装培训考核。3人通过考核，通过率达

100%，关区并列第一。对检查出的不符合项，认真制定整改措施并全部完成整改。年内，玉林海关全员打私绩效考评得分首次进入关区前十，其中移交线索成刑事案件数实现零的突破。全面优化营商环境，深入关区各县市区及重点企业走访调研，研究解决企业通关过程中遇到的难点、堵点；持续深入落实各项税政改革，针对关区企业特点举办规范申报、"自报自缴"、"两步申报"等业务培训；强化服务重点税源企业，指定专人担任关企联络员进行"一对一"的帮扶；进一步理顺通关工作流程，吸引属地企业回流报关。

【服务地方发展】2022 年，玉林海关与玉林市商务局、市场监管局共同出台进一步深化药食同源商品进口改革 10 条工作措施；该项改革在2022 广西优化营商环境"十大先进典型示范案例"中综合评分排名第三，为关区、玉林市唯一入选案例；推动需求量最大的豆蔻成为 2023年药食同源新增品种；撰写的《广西玉林市药食同源改革赋能　推动香料产业升级发展》获国务院优化营商环境专题组全国优化营商环境简报刊发，全国宣传推广。全年玉林市中药材香料进出口5.1 亿元，同比增长 34.1%。落实海关总署、南宁海关关于简化审批层级、优化审批流程的规定，推动海关作业时间较以往缩短 50% 以上，加工贸易业务全部实行电子化审核，全面实现"让数据多跑路，让企业少跑腿"。全年加工贸易进出口 6.9 亿元，同比增长 27.9%，占同期进出口总值的 15.9%。推动玉林唯一保税仓——福达保税仓顺利通过验收并投入运营，指导保税物流中心（B 型）和玉林国际陆港（玉林铁路港）海关监管作业场所申建。全年，玉林纺织服装出口 7亿元，同比增长 29.7%；水产品出口 2.2 亿元，同比增长69.3%；同期，日用陶瓷、竹芒编产品分别出口 4.3 亿元、1.2 亿元。主动靠前服务，细化绿色通道保障方案，指定业务专家"一对一"精准指导，强化与口岸海关、航空公司协调对接，实现"提前申报""7×24 小时"预约通关等便利化措施叠加效应，助力鲜活产品通关零延时、零滞留，蚕种、鸡苗实现首次出口。依托"互联网 + 海关"模式，助力企业"零接触"办证。全年签发各类产地证 3210 份，货值 2.26 亿美元；关税优惠金额 753.67 万美元；受理出境检验检疫申报 2710 批，货值 6.4 亿元，缮制检验检疫证书 1895 份。开展"关企面对面"，到北流、福绵等进行宣传贯彻，提高企业对 RCEP 政策的了解；通过海关智能审单系统自动审核，提高便利化程度。全年玉林关区对 RCEP 贸易伙伴进出口 13.9 亿元，增速达 80.5%。协调铁路部门，首次开行中国玉林—越南同登国际货运列车；加强与口岸海关联系配合，优化通关流程，不断提升通关效率；深入企业宣传指导，让更多企业在家门口实现国际铁路联运货物出口。全年出口 8902.4 万元，同比增长 36.6%。

【政务及后勤保障】2022 年，玉林海关强化信息宣传、政务公开、值班应急、机要档案等工作，做好上传下达，各项工作有序开展和第一时间办理。全年玉林海关 77 篇新闻报道被《中国国门时报》、《广西日报》、玉林电视台等各层级媒体和"南宁海关发布"等新媒体转载采用，展示了玉林海关在切实提升监管效能、推动地方经济高质量发展等方面的工作成果。财务管理规范有序，在持续做好疫情防控物保障和内部疫情防控工作的同时，扎实开展"海关重点项目和财物管理以权谋私"专项整治，压紧压实责任，排查存在风险隐患并实施整改，修订制度2个。

贵港海关

【概况】 贵港海关成立于1994年1月1日，当时关区为原玉林地区（包括现在的玉林市及贵港市），随着2010年南宁海关驻玉林办事处成立，关区仅限贵港市。内设7个科室和1个事业单位（后勤管理中心），办公地址位于贵港市港北区中山中路336号及429号。贵港口岸属于国家一类开放口岸，现有海关监管区1个（罗泊湾），公共保税仓库1个（贵钢集团公共保税仓库）。贵港海关主要承担西江航道往返港澳小型船舶及所载货物的监管任务和属地监管任务。贵港口岸主要进口商品有机电产品、农产品、皮革，主要出口商品有胶合板、水泥及水泥熟料。贵港市主要进口商品有铁矿砂、农产品、机电产品，主要出口商品有机电产品、体育用品、鞋靴、木制品、基

▲2022年3月17日，南宁海关所属贵港海关关员在贵港市港北区政府举办RCEP政策宣讲

本有机化学品。

【政治建设】 2022年，贵港海关严格落实"第一议题"制度，建立党委带头学、中心组专题学、各支部深入学的"第一议题"学习制度，党委会及重点工作督查例会开展"第一议题"学习37次，召开党委理论学习中心组集中学习会17次，各党支部开展"第一议题"学习103次。深入开展政治机关专项教育，党委成员带头讲专题党课9次，开展法律法规、党规党纪等集中学习研讨16次，形成理论文章、心得体会60余篇。深入开展党的二十大精神学习，研究制订关党委和

党委理论学习中心组学习宣传贯彻方案，党委集中开展了十个专题学习，围绕"12个必""38个深入思考"，征集55篇党员干部心得体会，向南宁海关发布、"关馨"及地方媒体推送新闻稿件4篇。

【基层党组织建设】2022年，贵港海关深化"强基提质工程"和基层党建"双提升"行动。细化优化党建统筹考核制度体系，实施"书记项目"，贵港海关"基层书记谈责任"访谈片被南宁海关清风讲堂及"关馨"收录；为每个党支部配齐南宁海关每季度党建重点工作指引的必读书目，特别是党的二十大精神学习的相关书目，供全体党员学习、阅读；持续推进"四强"党支部建设，8个党支部全部通过合格支部考评，综合业务科党支部获南宁海关第二批"四强"党支部。规范"三会一课"开展，规范"智慧党建"录入，做好党建基础工作自查自纠，确保"党组织设置不到位、改选换届不及时、基本组织生活不落实、党费收缴管理不规范"等基本问题见底归零。做好发展党员工作，全年机关党委指导2名发展对象所在党支部推动接收为预备党员的相关工作，按规定程序按进度完成接收预备党员工作。

【党风廉政建设】2022年，贵港海关积极落实"三不腐"工作要求，开展以案促改工作，聚焦管党治党主体责任落实、警示教育、专责监督、对"关键少数"监督、选人用人、权力运行制约、日常管理、家风家教8大方面，结合实际梳理11项具体任务，党委会开展纪法教育9次、警示教育10次。打造"荷城廉石"品牌，组织廉政作品展览，邀请党风廉政建设方面的专家到贵港海关讲警示教育廉政党课，营造廉洁文化氛围。1名关员家庭光荣入选关区"勤政廉洁最美家庭"。坚持深入基层一线、关区企业进行调研，了解群众关心的热点、难点、堵点、痛点问题，聚焦问题导向，察实情、出实招、求实效，形成调研报告4篇。统筹做好专项教育、专项整治、以案促改、巡视巡察整改等工作，通过集中清查"回头看"全面梳理，60个问题、17项风险隐患，24项整改任务已全部完成整改，汇编整理供港澳活猪、简易程序和快速办理案件等12个重点业务领域操作手册，梳理实操性业务流程图12张。

【干部队伍建设】2022年，贵港海关坚持党管干部原则，坚持德才兼备标准，坚持在执法一线、防疫一线锻炼、考察、识别干部，大力推动职务晋升与职级晋升进入良性循环，团结一心、干事创业氛围渐趋浓厚。持续深入开展准军事化纪律部队建设，组织队列训练，组织常态化的内务作风纪律检查24次。充分发挥工会"员工之家"职能作用，不断丰富职工8小时外的文体生活，有效提升职工的归属感及幸福感。强化干部队伍资质储备，全年共组织294人次参加海关总署、南宁海关举办的各类培训，自主举办各类培训班8次，选派2名支部书记参加基层党支部书记学习宣传贯彻党的二十大精神暨综合能力提升专题培训班。截至2022年12月31日，贵港海关全员具备至少1种相关资质。

【内控机制建设】2022年，贵港海关构建"1+2+X"内控管理模式，以流程管理和节点控制为重点，在动、植、食、商检验检疫领域创新开展多元化内控管理，打造属地查检高质量"内控示范科室"。被选为典型科室在关区内控会议上做代表发言，一篇经验分享文章被广东分署督审情况交流采用，在南宁海关政治专报、强国号、南宁海关发布、督审司内控动态栏目各发表1篇内控文章。党委班子坚持每月应用HLS 2017内控平台制发联系单，应用HLS 2017内控平台核查问题436个，补证287次，补征税款17次，报送专项监控分析报告7篇，被海关总署采编信息1篇。

【业务建设】2022年，贵港海关坚持量质效并举，加强税收分析调研，挖掘税收潜力，落实税收便民措施，确保应收尽收。针对口岸主要税源商品铁矿砂、水洗羽毛（绒）及口岸新增商品糖浆、槟榔开展风险研判，报送税收风险参数8条。共接受报关单申报1954票、同比下降13.1%，其中进口报关单1067票、同比下降15.3%，出口报关单887票、同比下降10.3%。入库税收累计2.08亿元、同比下降26.96%，其中关税149.39万元、同比下降61.04%，进口环节税2.07亿元、同比下降26.50%。年内，贵港海关智慧卡口建成投入使用，利用H986设备对进出境集装箱实施100%先期机检，利用三级监控中心加强口岸监管区及其他监管场所的日常规范管理。继续推广"抵港直装"和"内地装运点装船后再运抵监管作业场所进行海关申报"模式，降低大宗散装低值货物出口费用和成本，促进关区水泥、石灰粉等货物的出口。监管进出口货物157万吨、同比下降19.1%，其中进口146万吨、同比下降15.4%，出口11万吨、同比下降47.4%。口岸实体进出口货运量为98307吨，其中进境6692吨、出境91615吨，采取"抵港直装"模式及"内地装运点装船后再运抵监管作业场所进行海关申报"模式合计43260吨，占进出口货运量的44%，为企业节约装运成本约72万元。全年，贵港海关合计实施属地查验1363票，出具证单2412份。加强进境粮食后续监管，办理关区企业进口粮食检疫审批296票，后续监管关区企业进境粮食126.6万吨，梳理进境粮食后续监管流程图，打造关区进境粮食调运"样板间"。加强加工贸易管理，加工贸易进出口值为11.7亿元、同比增长7.5%。加强供港澳活猪监管，依托AR远程可视化查验平台，共监装供港澳活猪312批次合计35576头，货值8439.6万元。加强重点特定资质企业培育，指导年产9万头活猪的广西桂垦西江牧业有限公司万鑫种猪场顺利通过供港澳猪场资质考核；指导广西瑞泰坤生物科技有限公司顺利通过考核成为广西首家注册登记出口宠物饲料和出口欧盟宠物饲料企业；指导平南威阳种养专业合作社顺利通过出口水果果园及其包装厂注册考核，成为关区17年来首家。加强企业信用管理，保利高塑胶制品（广西）有限公司入围全国首批AEO企业观摩名录，成为广西仅有的2家企业之一；与农业农村部门联合考核，成功推荐3家企业成为广西供粤港澳大湾区和出口农产品示范基地企业，帮助企业获得政府财政补助。加强核查促规范作用，办结58起核查作业，稽查需求完成7条。

【优化营商环境】2022年，贵

港海关深化"放管服"改革，行政审批事项全部实现网上办理，"多证合一""证照分离"改革有效落实，企业注销实现"一网通办"服务，受理行政审批事项15起，行政审批保持"零超时""零差评"。新备案进出口收发货企业135家、变更30家、注销32家，受理出口食品生产企业备案核准2家，受理出境竹木草制品生产企业注册登记申请7家，受理供港冰鲜猪肉养殖场备案2家、出境水果包装厂注册登记1家、出境新鲜水果果园注册登记1家。受理出口检验检疫申报4094批次，同比下降13%，共签发各类检验检疫证书1523份。运用全景平台强化通关时间超长报关单监控核查，通关效率持续提升，进口"提前申报"率为93.87%，出口"提前申报"率为86.29%，"两步申报"率为56.54%；进出口整体通关时间分别为5.29小时、0.26小时，比2017年分别压缩97.07%、98.72%。共签发原产地证书622份，签证金额2.18亿元，关税优惠约1433万元。对供港澳活猪及圣诞树出口实施"集中检疫、分批核放"的新

监管模式，降低抽批率达80%。全年，贵港海关密切与地方政府工作联系，经过各方共同努力，贵港市外贸达到48.2亿元，同比增长5.5%，再创历史新高，增速居广西14个地市的第八位，其中进口20亿元、同比下降18.6%，出口28.2亿元、同比增长33.7%。制定出台支持贵港市高水平开放高质量发展20条措施，市政府听取专题工作汇报8次，3方面举措被贵港市纳入促进企业纾困解难恢复发展政策篮子。加大RCEP政策应用宣传力度，整理贵港市重点商品进出口RCEP"三张清单"，举办8场RCEP政策宣讲活动，超1000名政企人员参会。将RCEP"三张清单"相关内容转化成具体应用场景模型，保利高塑胶制品（广西）有限公司成为贵港首家RCEP项下"经核准出口商"，圣诞树出口额创新高达到近8亿元；推动新能源电动车项目研究成为南宁海关组织的RCEP"三张清单"推广应用揭榜挂帅专项工作落地应用典型案例，新能源电动车成功打开东盟市场，并且首次在贵港口岸申报出口。深化

保税仓库"边进边出"监管模式改革，保障贵港市工业龙头企业贵钢集团供应链稳定，入库134.7万吨，出库151.4万吨，全年为企业节约经营成本385.9万元。

【安全生产】2022年，贵港海关聚焦"7+21"项重大、系统性风险，一体推进系统性梳理、体制性预防和应急式处置，做到重大风险有预判、有预警、有预案、有预演。建立"吹哨人"预警机制，2名关员分别对基建安全、码头货物存放安全提出风险警示。抓好国门生物安全，处理携带检疫性病害粮食4批次计3.4万吨，在进境粮食检出杂草和昆虫608次合计71种类。开展供港澳养猪场日常性非洲猪瘟、药物残留、饲料添加剂的抽查抽检，检测结果均为阴性。开展外来有害杂草及实蝇监测，共发现外来有害杂草假高粱1285株、长芒苋111株、实蝇81024头。多次组织开展国门生物安全走进校园活动，取得良好社会效果。抓好危险化学品属地监管，结合海关总署"口岸危险品综合治理"百日专项行动工作要求，深入企业开展危险化学品管理

相关法律法规宣传贯彻，增强企业安全生产主体责任意识，共同查摆安全隐患，及时消除潜在风险，检出不合格松油 5 批计 53.7 吨，检出不合格危险包装 10 批次，检出不合格医疗器械及化肥 12 批次。其中，贵港市杰新香料有限公司生产的丙位松油烯出口危险货物包装使用鉴定不合格案例，被海关总署商品检验司采用。

【疫情防控】2022 年，贵港海关作为贵港口岸"外防输入"核心责任单位，全面准确及时贯彻落实国家的防疫方针、最新防疫政策，持续修订完善口岸卫生检疫操作标准及操作流程，加强一线人员专业技能实操训练，不断完善与地方防疫部门的联防联控工作机制和应急管理工作机制，共同守护国门卫生检疫安全。关党委班子统筹谋划、靠前指挥，3 名班子成员先后深入口岸一线封控区跟班作业，掌握一线实情，共发现风险隐患 8 项，提出意见建议和整改措施 15 条。充分发挥"挑毛病"工作组作用，进一步提高口岸卫生检疫日常规范作业水平，共开展 14 轮登轮检查，对 27 人次开展

封闭管理，实现零感染。在海关总署"百名科长百日督查"专项行动中，贵港海关节假日开展不定时动态人员定位排查、利用微信小程序在海关人员集中居住小区全覆盖开展疫情排查 2 项具体工作作为亮点工作上报。

【打私工作】2022 年，贵港海关组织开展"国门利剑 2022"行动及全员打私"百日会战"，实施涉检案件办理职能调整改革，建立海关与缉私分局联合风险研判会议机制。每月发布风险研判清单，提出 15 条风险隐患，全员打私绩效指标全部完成。全年，贵港海关缉私分局刑事立案 6 起（其中，海关总署缉私局一级挂牌督办案件 2 起，"GN"系列案件 3 起），刑事拘留 14 人，执行逮捕 11 人，拘传转取保候审 9 人，直接取保候审 1 人，移送审查起诉案件 7 起 20 人，总案值 10346.83 万元，均为非涉税案件。有罪生效判决 4 起 15 人。行政立案 24 起，案值 1586.45 万元，调查终结 16 起，查获涉嫌走私的高鼻羚羊角 1251 根、犀牛角 4.51 千克、枪支附属物品 1857 个、气动力步枪 1 支、铅弹 46 枚、

淫秽书籍 380 册、国家管制的一类精神药品安非拉酮 €660 颗等物品一批。案件数量、类型及查获涉案物品种类均创历史新高，为党的二十大胜利召开营造安全稳定的社会环境。

【大案要案侦办】2022 年，贵港海关缉私分局侦办的"5·14"走私羚羊角案通过加强证据共享，涉案走私羚羊角由原来的 576 根增加至 1016 根，案值由 4608 万元增加至 5488 万元。该案已移送审查起诉，并被海关总署缉私局批复为一级挂牌督办案件。自主经营查发的"6·17"走私羚羊角案通过多种手段确定证据链条；同时通过与检察部门的沟通交流，使其认可该分局的侦查方向和证据构成，该案涉嫌走私羚羊角金额从 71.46 万元增加到 457 万元，并上报南宁海关缉私局列为"GN"系列专案。"2022·2·19"周某某等涉嫌走私珍贵动物制品案 2 名犯罪嫌疑人补充移送审查起诉，该案案值由 3944 万元增加至 4401.415 万元。与贵港市公安局技侦支队共同建立联合研判室。充分依托地方公安大数据资源，服务科

技强警智慧缉私，共同开展案件侦办和大数据建模分析，为全面掌控关区走私态势和拓展案源打下坚实科技手段基础；同时加大外脑使用，大胆尝试网络攻防等在智慧缉私中的实战应用。

【政务及后勤保障】2022年，贵港海关办文、办会、办事水平及效率得到进一步提升，档案与保密管理规范有序，政令畅通，执行有力。全年，重点工作督办按时完成率达100%，政务信息被上级机关平台采用88篇次，新闻稿件被媒体采用110篇次，参与关区社会舆情监控政务值班24次，有效扩大了贵港海关工作的社会影响。法治宣传有序开展，突出抓好"4·26"海关知识产权保护宣传、"8·8"海关法治宣传日、"12·4"国家宪法日等活动，内部人员学法、守法风气渐浓，规范执法意识得到有效增强，行政相对人对涉及海关工作的法律的熟悉程度及守法经营水平得到有效提升。加强科技保障，加大日常运维检查力度，规范内外网设备安全应用，守牢网络安全底线。年内，贵港海关落实民生工程，组织实施了二区综合办公楼及实验室大楼天面防水修缮工程、一区食堂综合楼及二区附属楼天面防水修缮、一区电动车停车棚工程。严格执行财经纪律，确保各项收支合法合规。规范涉案财物管理，确保账实相符，确保处置及时。充分发挥实验室技术支撑作用，确保日常检验检疫业务有序开展。加强公务用车规范管理，确保良好车况及出行安全。

柳州海关

【概况】柳州海关于1990年正式开关对外办公，目前业务关区含柳州和来宾两市。2022年，柳州海关以习近平新时代中国特色社会主义思想为指导，以强化政治机关建设为统领，努力提升海关工作服务地方经济建设的针对性和有效性，为推动地方高质量发展高水平开放贡献了海关力量。

2022年，柳州海关监管进出口货物总值299.2亿元；监管进出境船舶47航次，检疫监管入境船员87人次，实施口岸入境人员新冠监测及抽样检测24人次。全年，审核进出口报关单1134份，签发检验检疫单证2474份，入库税收3.49亿元；签发各类原产地证书4872份，签证金额14.9亿元。全年，开展企业核查作业7起，立案查办各类走私违法犯罪案件30

▲2022年3月8日，南宁海关所属柳州海关关员在柳州螺蛳粉生产企业开展核查工作

起，案值3.2亿元，其中完成侦办"GN"系列走私大要案1起，案值1.45亿元。

【政治建设】2022年，柳州海关认真学习宣传贯彻党的二十大精神，共召开党委理论学习中心组学习专题研讨会16次、分组研讨4次，组织全关专题学习会2次；党委委员深入基层党支部作专题党课宣讲7次；举办"学习

贯彻党的二十大精神"知识竞赛1次；围绕"政治意识大家谈""基层基础大家谈"，班子成员深入一线与普通党员谈心谈话23人次，统一思想、提高认识，把政治要求贯穿到工作的方方面面。开展"以身边案警示教育身边人"专题警示教育月活动，组织全体党员观看警示教育片，组织干部职工投稿关区

政治工作专报开设"传承好家风，培育好作风"专刊，共投稿9篇，采用1篇。严格准军事化管理，坚持每月2次内务管理联合监督检查，不断增强队伍战斗力。坚持正确的选人用人导向，严格开展领导干部选拔任用及干部职级晋升工作。年内，综合业务科党支部被评为南宁关区"四强"党支部，并获得全区"青年文明号"窗口称号，柳州海关继续保持"全国文明单位"称号。

【业务建设】2022年，柳州海关推广"提前申报""两步申报"等措施推动通关时间持续压缩，全年进口整体通关时间5.84小时，出口整体通关时间0.49小时。出台柳州海关支持RCEP政策落地见效促进重点产业进出口业务发展的实施方案，设立"RCEP"服务专窗，根据"一产一策"为企业制定实际案例模型，推动产业与RCEP深度对接，帮助企业抢抓机遇扩大出口。开展AEO政策宣传，培育柳州钢铁股份有限公司通过海关AEO认证。通过开展柳州海关"惠政策、扶产业、走出去"服务企业活动，聚焦企业进出口面临

的突出困难和问题收集意见建议34条，细化出台了柳州海关支持柳州高水平开放高质量发展20条措施和支持柳州汽车产业高质量发展6条措施。做好入出境船舶及船员的全流程卫生检疫监管、核酸样本采集送检等工作；规范做好"四类"人员、入境后船员换班下船、移泊维修、停靠港内等情形的转运移交及后续监管相关处置工作。全年一线高风险岗位人员开展封闭管理8轮次，封闭管理19次。开展柳州口岸生物有害因子突发事件应急处置演练，进一步完善了柳州口岸生物反恐应急处置机制，提升柳州口岸监管环节面对突发事件应急处置能力。首次与南宁海关技术中心合作开展国门生物监测及外来入侵物种普查，共完成4次实蝇监测采集，对关区9家企业开展杂草（红火蚁）踏查监测和外来入侵物种普查。加强对进境粮食的检疫查验，依法依规开展进境粮食后续监管工作，有效堵截外来物种非法入境渠道，全年监管进境粮食约23.28万吨。对625头进境种猪实施隔离检疫监管，累计送检2052份样本，

并对12头因伤病死亡或检出检疫性传染病的种猪进行规范处理。加强进出口食品安全监督抽检风险监控，全年完成对6类产品的监测检测共计352项次。完成对关区出口酵母类产品、米面制品类（柳州螺蛳粉）、茶叶类、糖类等食品化妆品检验检疫工作，其中柳州螺蛳粉出口申报前监管340批，货值1084.5万美元，同比增长31%。强化对出口危险化学品及危险货物包装的检验监管。全年，共监管危险化学品1072批次，货值1.29亿美元，同比增长178.3%。年内，关区首次出口动力锂电池，全年共监管出口动力锂电池84批次，35351台（套），货值约3.7亿元；检验进口工业品19批次，货值695万美元。年内，柳州海关正式与柳州汽车检测有限公司开展技术合作，双方就国家进出口汽车检测重点实验室（柳州）和国家汽车质量检验检测中心（广西）在共建汽车及零部件检测技术发展研究服务平台、开展汽车技术研究、建设拓展检测能力、制定标准等领域进行合作达成一致。通过合作双方实现一体化发展，

有效盘活柳州海关汽车重点实验室仪器设备，提升发展后劲，拓宽业务范围，为地方汽车产业发展发挥海关应有的作用。

【打击走私】2022 年，柳州海关缉私分局保持打私高压态势，深入开展"国门利剑2022"联合专项行动，共查案 23 起，其中行政立案 14 起，刑事立案 9 起。刑事案件完成刑事量化考核立案指标（4 起）的 225%；批准逮捕 3 人；完成"GN"系列案件 1 起；查发两起监管渠道案件，"2021·12·2"涉嫌走私进口橡胶木木板案，案值约 1.45 亿元，涉税约 886 万元，走私橡胶木单板共计3202 柜约 14 万立方米，抓获犯罪嫌疑人 6 名。三江县生态园茶业有限公司等伪报贸易性质走私茶叶案，案值3.14 亿元，涉嫌偷逃税款4665 万元，涉案回流茶叶1715 吨，涉嫌骗取出口退税7152 万元，抓获犯罪嫌疑人31 名，打掉犯罪团伙 1 个，现场查获涉及走私茶叶约 6吨；行政案件完成自查案件 5起；协查外单位抓获涉案人员 5 名，完成关区内、外单位协查案件 31 起；调取证据

材料 56 份，协查内容涉及全国兄弟缉私局 15 个。全年，柳州海关案件线索移交 31条，办理案件 15 起；河池海关办理案件 7 起。推进反走私综合治理成效明显。该分局联合柳州市打私办、地方公安、市场监督等部门对 10家冷冻仓库进行突击检查；联合河池海关、河池市打私办清查关区市县冻库 20 多家。与柳州市打私办、柳州公安局经侦支队联合开展反走私宣传进企业暨普法活动；与跨省通道环桂南丹六寨公安检查站等建立联系配合工作机制。全年共争取地方打私补充经费，为近年来最多缓解缉私办案经费。与柳州市烟草专卖局签订联合打击烟草走私违法犯罪活动工作办法，形成跨部门联动、跨领域协作的"大融合、大联动、大治理"反走私综合治理格局；海关、公安、税务、银行同心发力，合成作战成果显著，成功办理的三江县生态园茶业有限公司等伪报贸易性质走私茶叶案，为柳州分局成立以来侦办的第一起涉及走私、虚开增值税发票、出口骗退税案件。

【政务及后勤保障】2022 年，

柳州海关进一步完善日常督办工作机制，将各级领导的指示批示落实情况、上级重大决策部署工作任务情况列入重点工作督查例会专题汇报，并通过制发督办单，建立督办工作台账，加强跟踪问效。持续推进落实中央八项规定精神，组织开展强化纪律作风建设工作和形式主义、官僚主义专项整治工作，重点加强对窗口作风的提升，从严整治酒驾醉驾问题、整治会风文风及检查调研方面存在的问题。立足关区产业特色开展新闻宣传，全年在新闻媒体上开展宣传报道 52篇（次），其中被中央级媒体采用 11 次；组织举办"关企面对面"活动 1 期，下企业调研和开展 RCEP、企业信用培育、海关知识产权保护等政策宣讲，有力宣传了海关服务地方发展的措施和成效，树立了良好的海关形象。加强政府信息公开工作，全年主动公开各类政府信息 132条，未发生投诉举报、复议、诉讼等情况；回应群众咨询、接听 12360 海关热线，人大提案办理答复率达 100%。年内，柳州海关全面落实预算绩效管理，继续推进事业单

位财务管理改革，不断规范涉案财物管理，协助持续推动柳州海关缉私分局技术业务用房基建项目开展；着力克服财政预算保障水平下降、资金紧缺等不利因素影响，全面履行各项财务保障职责，为柳州海关事业发展提供坚实财务保障。

河池海关

【概况】河池海关成立于2019年1月29日，位于河池市金城江区江北东路401号，关区范围为河池市9县2区（金城江区、宜州区、环江县、南丹县、罗城县、天峨县、东兰县、巴马县、凤山县、都安县、大化县），属于属地型海关。内设办公室、综合业务科、监管科3个科室。关区外贸三大特色为有色金属矿产品进出口、藤芒编制品出口、茧丝绸出口业务。其中，南方有色集团是关区主要外贸企业，其进出口值占到全市外贸总值的八成以上。此外，出口产品还有手机、玩具、乙酸乙烯酯、三乙基硅烷、特色火麻、矿泉水、冷冻蚕蛹、特色水果、碳酸钙、桐油、蜂蜜等，产品出口全球40多个国家和地区。

2022年，河池海关坚持以习近平新时代中国特色社会主义思想为指导，深入学习宣传贯彻党的二十大精神，铸忠诚、担使命、守国门、促发展、齐奋斗，落实"12个必"重点工作，按照南宁海关党委"抓基层、打基础、守底线、创佳绩"的工作思路和"严紧实"工作要求，加强政治机关建设，严把国门安全，服务地方外贸。2022年外贸进出口总值59亿元。其中，出口19.7亿元，同比增长3.6%；进口39.1亿元，同比下降2.5%。

【政治建设】2022年，河池海关严格落实"第一议题"制度，党委、各党支部研究贯彻落实习近平总书记重要指示批示精神41次。系统学习宣传贯彻党的二十大精神，第一时间组织传达学习，研究制订学习宣传贯彻方案，按照1个总体要求、10方面重点内容，细化12项工作安排压实责任分工；发挥"头雁"效应，党委召开中心组专题学习会14次，党委委员深入各支部开展宣讲。利用楼道、大院宣传栏等打造宣传矩阵，更新宣传栏30幅，在关内营造抬头可见、随处可学的浓厚学习宣传氛围，全关共向南宁海关专栏投稿20余篇。统筹推进疫情防控、巡察审计整改、专项整治、安全生产等重要工作，分析研判风险隐患，形成河池海关38个岗位的政治要求清单，排查出政治风险88项，完成各类问题整改12项，完善制度1项。完善河池海关党委贯彻落实"三重一大"决策制度实施办法等2项制度规范，党委建设和管理进一步强化。年内，开设"党员领讲"党课堂，"思想理论学用讲坛"7期，各党支部召开党员大会、主题党日 57 次，政治生日 1 次，开展志愿者服务活动 1 次。开展党建高质量发展统筹考核，推动基层支部持续加强支部基础工作，三个党支部均获评"合格支部"，"青春有色"工作室获南宁海关嘉奖，并被列为关区首批党员工作室示范点。

【队伍管理】2022 年，河池海关统筹科级领导班子建设需要，坚持"小步快跑"，成熟一个，使用一个，开展近年来力度最大的干部选拔任用工作，科级领导干部职数空缺率下降 12.5 个百分点，平均年龄下降 1.1 岁。输送 7 人次到海关总署、南宁海关及口岸一线接受工作历练，抽调到海关总署的党员参与编写的要情被中共中央办公厅、国务院办公厅采用 2 篇，被海关总署采用 2 篇，2 名支援一线关员成为疫情防控骨干，综合业务组获评一星级全国青年文明号，覃婧获评广西食品安全工作先进个人，吴光耀获评关区优秀共青团员。制订全面从严治党重点任务分工方案并细化 5 方面 23 项任务 45 条措施，制定印发任务分工表。全年，专题研究全面从严治党工作 2 次，不断增强党委"亲自抓"的意识和工作自觉。按职责分工履行全面从严治党主体责任，管好班子、带好队伍，完善管思想、管工作、管作风、管纪律的从严管理制度；主动接受派驻纪检组监督，与派驻纪检组开展会商 3 次，高度重视派驻纪检组的建议，共向派驻纪检组反馈联系单 5 份。持续抓办公秩序和内务规范。强化通报检查，切实增强全关规矩、纪律意识，用好考核指挥棒作用，优化月考核指标量化管理，杜绝科室推优搞平均主义、轮流坐庄，树牢"优胜劣汰"的鲜明导向。

【业务建设】2022 年，河池海关提升监管能力，新增 4 人获高级签证植物检疫官、动物检疫现场专家查验岗、进出口危险货物及其包装检验监管等查验资质。执法一线关员均通过了个人防护装备穿脱、新冠病毒采取样 2 项技能考核。实验室顺利通过复评审，完成了 4 个检测项目的扩项，参加的能力验证、测量审核，100% 项目取得"满意"结果，实验室检测能力持续提升。用足用好促进外贸保稳提质海关总署 10 条措施、南宁海关 28 条措施，制定并实施推动河池市开放型经济高质量发展 13 条措施，组织"关企面对面"RCEP 政策宣讲活动等 3 轮次宣传贯彻，充分运用 12360 海关热线、"关企共建微信群"等渠道，畅通与企业的"线上+线下"交流，及时回应企业诉求。制定河池市主要进出口商品及企业 RCEP 可享惠清单，帮助企业锚定重点降税产品。全年，共签发原产地证书 144 份，货值 0.43 亿元，为企业享惠 339.8 万元。其中签发 RCEP 原产地证书 52 份，货值 0.2 亿元。落实"一线三排"工作要求，有效构建对监管作业现场、办公场所、海关实验室等重点领域安全风险防控体系，安全生产专项整治三年行动圆满收官；开展"口岸危险品综合治理"百日专项行动，严格落实出口危险品产地检验。累计查检出口危险品及其包装 104 批，货值 4293.50 万美元，检出一次检验不合格 2 批次。开展国门生物安全监测 17 次。保障进出口食品安全，指导企业调整冷冻蚕蛹申报税号，提高出口退税率 4%，累计查检出口冷冻蚕蛹 188 批，货值 1318.19 万美元。"集矿优化"试点获得海关总署商品检验司批复同意。加强与商检处、钦州港海关的联系配合，统筹调配各科室资源，"7×24 小时"驻厂开展顺势监管。自 11 月 3 日首票货物通关以来，累计监管集装箱 412 个，重量 1.1 万吨，货值 1250.96 万美元。推行出口竹木草远程监管改革、出口生丝"注册登记+远程影像辅助检疫"监管改革，累计受理出境竹木草制品 837 批次、货值 1822.64 万美元，生丝 363 批次、货值 9829.89 万美元。全年税收累计入库 3.21 亿元，同比增长 2.14 倍。

【政务及后勤保障】 2022 年，河池海关强化杀毒软件应用，内网办公终端全年保持 100% 安全率，病毒零感染。加强机房管理、钓鱼邮件防护等日常保障，紧盯关键节点、重大活动期间网络安全事故零发生。经南宁海关评定，河池海关档案室达到"署二级"标准。严格执行中央八项规定及其实施细则，落实"过紧日子"要求，获评"节约型机关""节水型单位"等称号。报关大厅、值班室完成改造，办公条件逐步优化。食堂管理、内部疫情防控等后勤保障服务满意度持续提升。

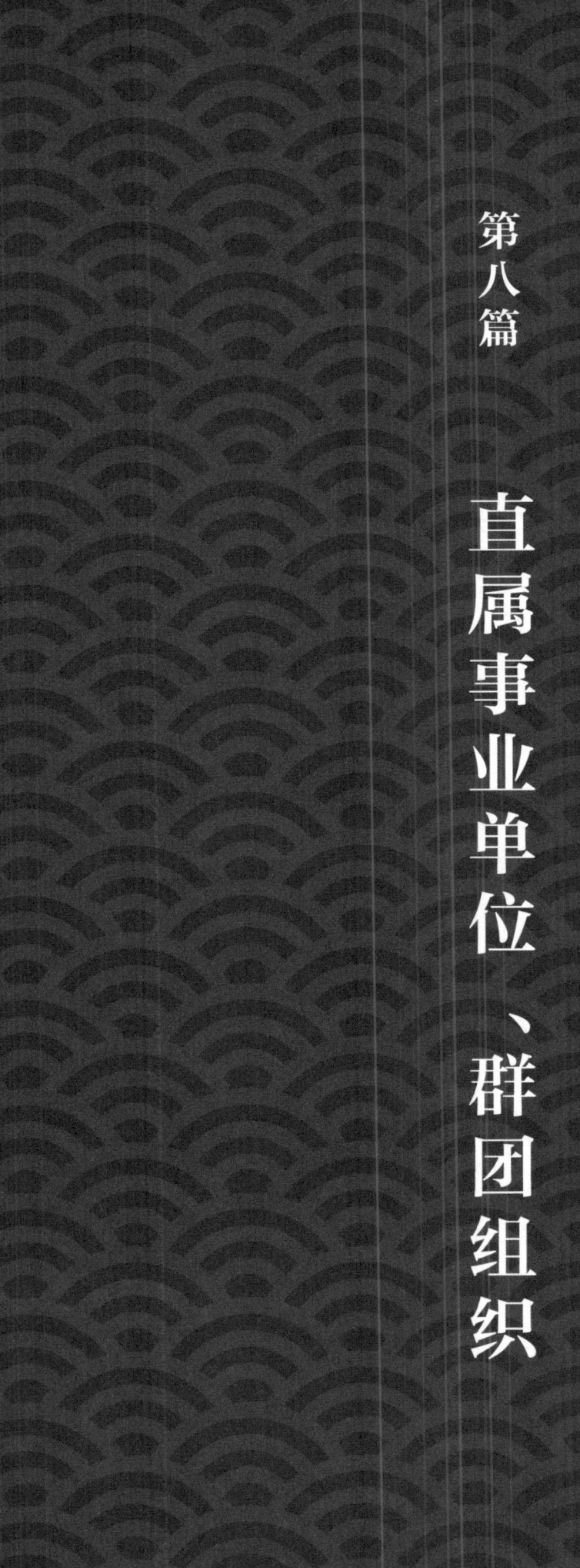

第八篇

直属事业单位、群团组织

南宁海关后勤管理中心

【概况】 南宁海关后勤管理中心是 2019 年 5 月经中央机构编制委员会办公室、海关总署批复设立的具有独立法人资质的正处级事业单位。根据国家机关后勤改革发展的需要，新成立的后勤管理中心继承原关后勤管理中心、原检机关服务中心的所有职能，同时赋予采购执行、基建执行、涉案财物仓储管理、单证及服装仓储管理职责。职责涵盖了职能管理、服务保障和经营创收 3 个方面。内设综合科、财务科、采购管理科、物业管理科、车辆管理科、经营管理科、基建管理科、资产管理科、生活服务一科、生活服务二科（所辖部分隶属关）、生活服务三科（所辖河池海关）11 个科室，管理中柬、滨湖、青山、桃源、五象 5 个办公区域和 2 个控股企业、1 个参

▲2022 年 1 月 27 日，关领导与干部职工一起擀面皮、包饺子

股企业。

【政治建设】 2022 年，南宁海关后勤管理中心制定"第一议题"学习清单，建立"班子领学、骨干宣讲、群众参与"学习机制；扎实开展专项教育活动，梳理政治岗位 9 个、具体政治要求 36 条、政治风险 23 项，政治"三力"得到明显提升；在关区事业单位率先建立党组织参事议事机制，制定支委会加强对

重大问题重要事项政治把关议事清单共 4 个方面 22 项内容，党组织政治功能得到增强；组织开展"三会一课"近 30 次，举办"最美后勤人"事迹报告会、党建联学共建、志愿服务等活动 4 次，巩固党史学习教育"我为群众办实事"活动成果，全面推进党建强基提质。聚焦主体责任，建立落实全面从严治党责任清单，加强对"一

把手"和领导班子的监督；强化宣传教育，从严管理队伍，开展纪法和警示教育22次学习内容50多项，大力推进以案促改工作，运用"第一种形态"开展提醒谈话批评教育6人次，建立干部职工电子廉政档案，开展兼职及投资情况排查，启用钉钉系统进行日常考勤；深入开展专项整治工作，组织申报违规事项43人次，谈话42人次，撰写剖析材料37篇次，梳理问题17项，提出措施建议11条；完善内控机制，制（修）订制度6项，强化企业内控和财务监督管理，修补采购执行、基建管理等非执法领域风险隐患和管理薄弱环节，全部完成巡视巡察整改任务；与派驻纪检组同向发力，建立会商反馈和协助配合工作机制，形成监督合力。

【业务建设】2022年，南宁海关后勤管理中心聚焦门岗管理、公共区域消杀、外包服务人员管控等关键环节，根据疫情形势，动态调整防控管理，完成门岗验放27万人次，核查外来人员1.26万人次，排查基建现场复工人员0.86万人次，开展办公区域消毒19.4万余次，有效处置餐余、生活垃圾109.22吨；科技赋能疫情防控，运用人脸识别系统优化门岗准入管理，严格出差出行和个人防疫管理，完善与服务外商防疫协议，建立"一人一档"台账和服务外包公司员工健康台账，组织核酸检测20次，发放疫情防疫物资45批次；不断完善防疫闭环管理链条，开展督导检查13次，通报整改内部防控措施问题10多项，坚守住机关内部常态化疫情防控屏障。结合安全生产专项整治三年行动，将日常安全生产督导检查与全面拉网式排查相结合，建立安全生产"两张清单"，强化问题风险隐患排查整改，建立安全生产相关制度5项，开展安全警示教育5次，组织2次安全生产专题会议，各类安全培训、排查、演练40余次，层层传导压力、压紧压实责任；确保食堂食品安全和公务用车安全，维修车辆43车次，排除安全隐患2起，使用公务用车1269台次，安全行驶10.67万千米，开展食材检测2批次，为机关办公场所安全运行和管理提供了强有力的保障。

【后勤保障】2022年，南宁海关后勤管理中心践行"我为群众办实事"实践活动，拓宽后勤服务思路，收集意见建议并完成15个办事清单项目，进一步提升物业、食堂用餐服务质量，不断延伸为民服务内涵；办公区维修维护保障效率进一步提高，组织办公区维修保养4380次，协助搬运家具物品644次，完成防雷检测、污水泵线路维修等专项改造工程10多项，有效排除和预防各项安全隐患；公有住房管理进一步完善，梳理形成公有住房资产档案表格备查清单，规范水电等物业费用收取管理；机关节能管理初见成效，有计划开展节能设施设备升级改造，节能降耗成效较为显著，力助南宁海关获评"节约型机关"称号；物业保障有力，高效完成办公区调整搬迁工作，累计完成175车次物资迁移，100多频次办公室用电及家具小维修，桃源办公区等办公区物业管理多次获得单位、社区表扬肯定。

【食堂服务】2022年，南宁海关后勤管理中心实施"4D"管理理念，推进食堂规范化、精细化管理，梳理13项食堂上墙制度和标准程序，强化流程管理，确保各项工作流程有章可循、有序推进。规范食堂服务采购和订餐管理，加强成本控制，运用数据分析优化成本核算方法，提升服务精细化水平；拓展优质服务理念，丰富机关食堂文化建设，举办系列美食制作活动8次、共400余人参与，提供春节熟食预订服务、"爱心年夜饭"70余人次，餐饮质量和满意度进一步提升；圆满完成关心关爱项目，保障休整人员用餐1760人次，为节假日值班、轮战值守人员提供用餐服务2980人次，完成各层次、各类型接待任务37项5560人次。

【基建、采购管理】2022年，南宁海关后勤管理中心打造放心工程、精品工程，完成南宁海关技术业务用房项目竣工验收手续办理、整改、竣工结算款支付、项目竣工档案整理和环保验收等工作，

保障技术中心顺利搬迁；提升基建管理水平，高质量完成缉私局办公楼消防维修工程、滨湖办公区安全防护棚施工工程、办公用房改造工程等南宁海关本级维修改造项目工程17个；规范采购执行，严格落实"三级审批"程序和双人作业管理，建立评审专家库管理、招标代理机构服务评价、采购执行工作通报和问题反馈机制，制订采购规章制度和完善采购执行活动记录资料9项38份，实现采购执行环节工作可查可溯，有效形成较全面的采购执行工作机制；执行南宁海关下达的采购任务149批次，提供采购档案查阅服务56批次、涉及272个项目。落实"过紧日子"要求，强化预、决算工作，加大内部结算服务，缓解中心资金缺口问题，进一步提高财务保障能力。全面清查盘点中心管理的固定

资产，保证国有资产安全、完整和规范管理。

【下属企业发展】2022年，南宁海关后勤管理中心制定"20＋N"创收任务清单，推进东方公司主营项目全年营业收入260.96万元，全面盘活金茶花公司，承接关区物业管理项目取得突破性进展，营收、利润实现双突破；用足关区内部结算，以盘活闲置资产为契机拓宽经营创收渠道。组织召开恒凯公司清算小组会议16次，理清债权债务，梳理清算台账资料，顺利完成恒凯公司注销清算，配合推进中检公司49%产权转让工作；深入推进国企改革三年行动方案，完善企业职工薪酬分配机制，组织下属企业修订完善公司章程6项，明确党组织研究讨论单位重大经营管理事项清单、议事规则，增聘4名企业管理层人员，进一步健全组织架构。

南宁海关技术中心

【概况】南宁海关技术中心主要职责是承担南宁关区行政执法检测保障及对外公益性检测业务。内设综合部、财务部、市场客服部、食品检验所、丝类与消费品检验所、动植物检疫鉴定所、环境安全与归类鉴定检验所、危险品检验研究所（北海）、综合检测一部（负责水口、龙邦实验室）、综合检测二部（负责贺州、贵港实验室）共10个机构；本部现有实验室面积12000多平方米（五象新区技术业务用房10000平方米，青山办公区2000平方米），设备1800多台（套），拥有灵长类实验动物、农产品安全、生丝及丝制品、危险品检测4个国家检测重点实验室，通过认证认可的检测项目达1.3万多项，检测领域覆盖食品、农产品、动植物检疫、濒危物种鉴定、新

▲2022年6月16日，南宁海关技术中心生丝实验室技术骨干到企业开展调研指导

冠病毒检测、生丝、消费品、防疫物资、环境监测、公共场所卫生监测等众多领域；主要资质包括国家级资质认定、CNAS认可、司法鉴定机构、国家食品复检机构、韩国食药厅官方认可实验室、进口冷链食品新冠病毒核酸检测机构、进出口商品检验鉴定机构、环境部指定农用地污染详查实验室、广西危险固体废物鉴定机构、广西

食品药品安全评价人才小高地、广西农产品质量安全检测机构等。

【政治建设】2022年，南宁海关技术中心围绕"抓基层、打基础、守底线、创佳绩"工作思路，全面推行中心班子暨支委会每周"第一议题"、部门周一"第一议题"制度，班子和支委"第一议题"学习34次，部门"第一议题"学习37次；严格落实

"三会一课"制度，支部书记讲党课6次，支委讲党课4次，开展主题党日活动12次；开展党的二十大精神专题学习研讨3次，征集学习心得28篇，形成专题报告7份，媒体采用14人次，发布主题推文3篇；主讲的学习贯彻习近平新时代中国特色社会主义思想海关特色课程入选海关总署第一批5个特色课程之一，1条视频荣获区直机关"八桂先锋"典型事迹片优秀奖；连续两个季度信息宣传在南宁海关机关排名第四，发挥7个党建品牌工作室的引领作用。南宁海关技术中心党支部获评为南宁海关2022年度第二批"四强"党支部及2022年党建培育品牌，1人荣获全国青年岗位能手称号，1人荣获广西五一劳动奖章，1人荣获自治区"向上向善、青年岗位榜样"称号，"赵永锋标准技术规范工作室"荣获关区党员工作室示范点，1人荣获关区"十佳青年标兵"，5个集体获关区专项工作记功/嘉奖，3人获关区专项工作个人嘉奖。深入推进专项教育和学查改整改，扎实开展专项整治工作，完善每月内务安全考核检查制度，建立南宁海关技术中心实验室检测岗位轮岗机制；出台多项内部管理办法，加强实验室耗材使用环节、实验室检测结果的监控管理，有效防止利用采购技术性指标编制、利用检验检测结果进行权力寻租。

【业务建设】2022年，南宁海关技术中心完成执法保障检测任务51393批117931项次，其中检出不合格进境食品、农产品244批；检出固体废物、不合格归类化验法检样品及消费品风险监测样品34批次，检出危险性外来有害生物911种次，检出检疫性有害生物149种次，其中，全国首次截获2种（从美国进境天然木质包装中检出海德堡滑刃线虫，从钦州口岸实蝇监测中检出检疫性有害生物短条果实蝇），广西首次截获3种；从美国进境木质包装中检出检疫性有害生物松材线虫，为南宁关区首次检出。全年，承担完成18500多头进口种猪种牛的52000多项次检测任务，从进境种猪种牛、供港活猪中检出83份多种病毒阳性样本，进境水产品中检出白斑综合征病毒阳性26

项次，对35件疑似象牙制品鉴定出14件现生象牙制品、21件为非象牙制品。2022年1月，南宁海关技术中心正式搬迁到五象新区技术业务用房。年内，新增检测资质971项，特别是在危险废物鉴定、精神药物检测、汽车气囊检测、消毒效果评价等技术领域取得新突破；通过严格考核取得司法鉴定机构资质（环境损害鉴定类）；主持的科研成果分别获得中国检验检测学会科技进步奖二等奖、广西科技进步奖三等奖；主要参与的科研成果分别获得海关总署二级科技成果、广西科技进步奖二等奖；申报1项广西重点研发计划项目，获批1项（茧丝绸项目）中央外经贸发展专项资金；承担的南宁市重点项目《出口沃柑标准体系建设规划》顺利通过验收；主持的3项国家标准、1项行业标准、3项地方标准通过审定，获海关总署批准立项2项行业标准技术规范；获批专利3项；入选农业农村部第三次全国土壤普查首批制样检测实验室（全国海关系统仅4家）；食品检验所获评为广西食品安全工作先进集体；1名专家入选全国纺织标准样品专业工作组成员，1 名专家入选广西危险废物鉴定专家委员会委员，1 名专家当选广西食品安全风险评估专家委员会副主任委员，1 名专家当选委员，1 名专家入选广西科学传播专家团专家；为泰国、老挝、巴拿马 3 个国家 123 名人员开展了食品安全线上援外培训；成功承办全国海关系统濒危野生动物及其制品司法鉴定线上技术研讨会。

【业务改革】2022 年，南宁海关技术中心顺利完成南宁海关危险品技术中心及非事业单位独立法人实验室（龙邦、水口、贺州、贵港）纳入技术中心管理的改革工作；落实南宁海关检验检测实验室运行管理机制改革方案，大力推进大中心改革，已制订钦州港、友谊关口岸检测兜底一揽子方案，初步完成钦州港植物检疫现场快筛实验室组建及运转机制模式、对关区大宗进口活动物统一实行南宁海关技术中心统筹集中检测模式，制定南宁海关技术中心专家定期到口岸一线实验室跟班轮战机制，初步完成大中心运营中心管理架构等，和科技处、河池海关拟定了将河池海关实验室资源纳入南宁海关技术中心统一管理的方案；指导玉林海关实验室通过了化肥检测能力扩项评审，共有 37 类肥料共 233 个项目通过国家级资质认定，解决了关区进出口化肥检测难题。

广西国际旅行卫生保健中心
（南宁海关口岸门诊部）

【概况】广西国际旅行卫生保健中心（南宁海关口岸门诊部）（以下简称"保健中心"）是南宁海关直属事业单位，是广西出入境卫生检疫执法把关的技术支撑和技术保障部门。主要负责出入境人员传染病检测体检、预防接种、国际旅行健康咨询和医疗救助、出入境卫生检疫技术的研究和开发，也是国家卫生健康委员会核准的非营利性医疗机构。保健中心内设5个部门，分别是综合部、门诊部、检验部、口岸工作部、业务发展部；有桂林、梧州、北海、防城港、东兴、凭祥6个分中心，职责职能分别由卫检处以及各隶属海关管理，保健中心负责业务技术指导。截至2022年年底，保健中心有职工约80人，其中事业编人员17

▲2022年8月25日，南宁海关所属保健中心举办猴痘疫情防控和口岸排查培训

人，聘用人员63人；党员11人，设党支部1个。现有国家热带病监测重点实验室（南宁）1个，区域中心实验室2个，以及医学常规实验室1个（包括临检、生化、免疫、微生物、PCR、基因测序等），在履行好法定职责职能的同时，还开展海船员体检、从业人员预防性健康检

查、高职院校学生体检、职业病健康监测体检，以及其他单位团体及个人健康体检。保健中心业务及办公用房约2600平方米，主要大型仪器设备有CT（16排）、全自动生化仪、全自动血细胞分析仪、全自动化学发光仪、全自动酶标仪、荧光定量PCR仪、数码X光机、彩色多普

勒超声诊断仪等。

【政治建设】2022年，保健中心贯彻落实"第一议题"制度常态化，学深悟透习近平新时代中国特色社会主义思想。制定保健中心贯彻落实"第一议题"制度工作措施，把贯彻落实"第一议题"、学深悟透习近平新时代中国特色社会主义思想作为政治任务来狠抓落实，领导班子以下率下作表率，通过"三会一课"、主题党日活动、每周（办公）例会以及线上线下相结合等多种措施抓落实，持续强化政治意识，不断提升政治"三力"。全年，学习贯彻落实"第一议题"制度27次，组织习近平新时代中国特色社会主义思想等政治理论专题学习32次。抓好党的二十大精神的学习宣传贯彻。组织干部职工观看党的二十大会议直播，聆听习近平总书记作大会报告；大会结束后，通过每周例会、"三会一课"、主题党日活动、交流发言谈体会、撰写学习心得体会等形式，及时跟进组织开展党的二十大报告精神、习近平参加党的二十大广西代表团讨论时的讲话精神，以及习近平在党的二十大闭幕

会上、在第二十届中共中央政治局常委同中外记者见面会上的重要讲话精神。全年，共组织学习研讨10次，党员干部谈体会交流发言9人次，收到党员干部撰写心得体会11篇，党员干部100%撰写学习贯彻心得。扎实开展捍卫"两个确立"、做到"两个维护"、强化政治机关建设专项教育活动。组织专题理论学习和研讨共21次，组织干部职工开展"政治意识大家谈""基层基础大家谈""廉洁意识大家谈"大讨论和集体谈心各1次。对照海关总署党委明确的4个重点方面和中心岗位政治要求清单查摆问题共11个，制定整改措施14项，并形成问题整改清单，明确责任岗位、责任人及整改时限，存在问题的整改措施全部在规定整改时间内完成。强基提质，推进党建标准化、规范化。规范落实党内政治生活制度，全年组织召开支委会议13次、党员大会8次，开展主题党日活动12次，讲党课7次，组织联建活动2次，召开专题民主生活会、组织生活会各1次。以系统思维推动"党建+疫情防控网格化管理"，疫情防控

工作"网内有组织、格上有党员"，以党组织堡垒作用和党员干部的先锋模范作用促进党建业务进一步深度融合。推动"旅健先锋"党建品牌、"夏宁新冠检测工作室"提档升级，努力创建"四强"党支部组织。

【纪律作风建设】2022年，保健中心扎实推进"海关重点项目和财物管理以权谋私"专项整治、"学查改"专项工作及"以案促改"专项工作。及时学习传达专项工作部署文件要求，研究制订本中心工作方案，深入查摆不足和问题合计24个，制定整改措施26条，建立台账，明确责任人和整改时限，加强督促检查，推进整改措施按时保质保量完成整改落实。专项工作大大提高了干部队伍全面从严治党和党风廉政建设意识，精神风貌明显改善，有力助推清廉海关建设。以观看警示教育视频、通报学习典型案例、上廉政党课、开展廉政主题党日活动等丰富教育载体，全年进行警示教育共8次，把警示教育贯彻于保健中心工作全过程、全领域，着力构建牢固的思想防线。进一步落实准军事

化队伍管理，组织海关内务规范宣传学习1次，不定期利用一楼宣传荧屏展播海关内务规范要求，开展队列训练，加强日常监督检查，队伍纪律作风持续改进向好。

【业务建设】2022年，保健中心全年共计检测口岸入境人员12267人12267份新冠标本，同比分别增加79.45%、27.29%。全年累计完成口岸送检的其他疑似传染病例41例合计标本102份检测项目127项。检出传染病病原体阳性共6例，其中登革热1例、甲乙型流感病毒3例、乙肝2例。全年累计完成体检5046人次，同比增加3.38%；检出传染病57例，检出率1.20%，其中艾滋病抗体阳性1人、隐性梅毒4人、肺结核3人、慢性乙肝37人、丙型肝炎12人。全年完成出入境预防接种6475人次，同比增长35.44%，其中黄热疫苗接种2078人次，同比增长24.88%。在口岸入境人员中检出奥密克戎变异株BM.1.1.3，为海关系统首次检出。全年累计完成关区入境人员新冠阳性样本基因测序188例，检出德尔塔变异株

9例、奥密克戎变异株179例。首次完成输入性登革病毒全基因组测序，结果为Ⅱ型登革病毒，与东南亚登革病毒株高度同源。是首批参与完成海关总署病原体基因测序平台测试工作单位之一。始终保持"多病同防"敏感性，及早着手储备猴痘病毒检测技术方法，是海关系统较早获得猴痘病毒检测备案资质的单位之一。联合举办关区新冠病毒核酸检测PCR培训、猴痘病毒采样及防控培训5次。参加新冠病毒核酸检测室间质评活动4次，结果均为100%满意。督促组织开展4次实验室生物安全应急演练，有效提升应急处置水平。

【内部疫情防控】2022年，保健中心全年完成关警员新冠核酸标本采集75403人次，累计完成南宁关区关警员新冠核酸检测113358人次、抗体检测273人次，同比分别增长160.59%、下降83.75%。开展关区服务监管场所环境监测，共计检测样本3065份，同比增长81.36%，结果均为阴性。组建新冠疫情防控"挑毛病"小组承担监督责任，党员干部带头担任组长

组员。全年落实"挑毛病"检查制度48次，发现存在问题29个，督促及时整改落实。面对新冠疫情防控带来的影响，保健中心全体职工凝成一股绳，在完成疫情防控工作任务的情况下，克服困难努力开拓经营性服务，超额完成上级的年度收入指标任务。

【政务及后勤保障】2022年，保健中心结合上级规章制度的修订和中心实际，进一步健全中心内控管理制度约15项，涉及"三重一大"决策、采购管理、公车及驾驶员管理、贯彻落实"第一议题"、领导班子工作规则、安全生产管理、疫情防控、聘用人员管理等多个领域，做到以制度管人，工作有遵循。2022年是海关总署部署安全生产三年专项整治的收关之年，全体职工自觉学习贯彻习近平总书记关于安全生产重要指示批示精神，切实抓好安全生产工作的落实。全年组织干部职工学习贯彻习近平总书记关于安全生产重要指示批示精神及安全生产警示教育培训共计3次，深刻领会习近平总书记重要批

示精神要求，深刻汲取教训，增强干部职工安全生产责任意识思想自觉和行动自觉。

健全安全生产管理制度，加强日常安全监督检查，全年监督检查近15次，发现并整改存在的安全风险隐患29个，及时消除风险隐患，防止重大安全事故发生。

中国电子口岸数据中心南宁数据分中心

【概况】中国电子口岸数据中心南宁数据分中心（以下简称"数据分中心"）是经中央机构编制委员会办公室批复、具有独立法人资格的南宁海关直属事业单位。在南宁海关党委的坚强领导下，数据分中心贯彻落实南宁海关党委"抓基层、打基础、守底线、创佳绩"工作要求，秉持"聚焦海关、依托海关、服务海关、促进发展"的理念，致力于发挥海关与社会的信息桥梁纽带作用和海关信息化建设生力军作用，承担南宁关区中国国际贸易单一窗口推广运维、电子口岸专网南宁节点运维保障工作，参与南宁海关信息化技术支撑和地方（口岸）信息化、数智化运营等工作，大力推进"智慧海关、智能边境、智享联通"建设。

【政治建设】2022年，数据分

▲2022年11月16日，南宁海关所属数据分中心开展团队技术研讨

中心坚持以党的政治建设为统领，坚持和加强党的全面领导，持续加强政治建设。认真学习宣传贯彻党的二十大精神，制订了数据分中心学习宣传贯彻党的二十大精神工作方案，把学习宣传贯彻党的二十大精神作为首要政治任务，通过专题学习、开展知识抢答赛等方式，组织干部职工学原文、悟原理、

开展主题发言交流、谈体会，迅速掀起学习宣传贯彻党的二十大精神热潮，深刻感悟"两个确立"的决定性意义，用实际行动践行"两个维护"；坚持"第一议题"制度，先后组织主任办公会、形势分析会近20次，强化政治理论学习，贯彻落实习近平总书记重要指示批示精神；统筹开展"学查改"和专项

教育活动，落实南宁海关党委部署，结合工作实际对专项教育活动制定细化安排表，切实把讲政治要求落实到实际工作中，不断增强政治意识、提高政治能力；主动接受南宁海关党委派驻纪检组监督指导，联合开展数据分中心现行管理体制和风险调研，组织干部职工开展警示教育和纪法宣讲5次，教育干部职工切实防好风险、守好底线、不踩红线；坚持落实中央八项规定精神不动摇，坚持重要节假日前开展廉政提醒，营造起风清气正的良好风气。年内，数据分中心贯彻落实疫情防控各项部署，结合工作实际针对性制定了细化防控措施，确保零感染；切实贯彻落实海关总署、南宁海关安全生产相关工作部署和要求，牢固树立安全发展理念，组织制订工作方案，组织1次专题培训，根据南宁海关部署认真开展安全生产工作排查，落实好安全生产主体责任。深入开展"海关重点项目和财物管理以权谋私"专项整治工作，按要求做好信息化项目排查梳理，组织参加开展专项整治测试、撰写个人剖析材料、检视出

问题并提出改进措施，认真抓好专项整治整改，建立完善相应管理制度，协助南宁海关处室开展专项整治整改，开发了南宁海关非政府采购专家抽取和招标代理机构随机抽取小程序。

【业务建设】2022年，数据分中心发挥信息化建设生力军作用，参与做好南宁关区信息技术保障，助推智慧海关建设。承担开发南宁海关非政府采购专家抽取和招标代理机构随机抽取系统；承接南宁海关缉私局、南宁邮局海关、河池海关、南宁海关技术中心网站等任务；组织做好电子口岸专网南宁节点运维保障工作；协助相关职能处室和隶属海关开展南宁海关智慧采购等近10个项目申请立项前期评估准备工作；做好南宁、凭祥等综合保税区海关信息化平台系统运维；参与完成南宁海关各类信息系统更新升级、系统网络故障异常排查处置、国产终端设备替换、办公区前台设备维修、会议保障，以及网络安全攻防演习、"6·18"和"双11"电商购物节等活动网络信息安全值守；加强沟通协调和盯紧落实，大力拓展

业务，圆满完成全年指导性营收指标。组织做好中国国际贸易单一窗口在南宁关区范围内的相关运维和推广应用。全年，办理新增电子口岸入网企业2800多家，制卡（更新）6600多张，受理企业电话咨询近万个。持续抓好"关银一KEY通"项目推广实施。抓好对已开展业务的13个合作制卡代理点监督管理，强化业务办理合规性和服务质量监督检查，持续优化合作制卡代理点服务水平及提高关区制发卡效率。全年，银行代办网点制卡1221张，同比增长278%，做到让数据多跑路、让企业少跑腿，使进出口企业享受到技术创新与政务改革带来的红利。参与地方国际贸易单一窗口建设，组织加强对地方国际贸易单一窗口客服业务指导工作，客服绩效考核全年满分。

【队伍建设】2022年，数据分中心坚持大抓基层鲜明导向，探索适合数据分中心特点的队伍建设方法。结合实际组织全员开展"基层基础大家谈"，提升队伍政治素养；结合专项教育、专项整治以及财务收支审计中发现的问题和风险隐患，以及党委派驻

纪检组派驻监督中发现的问题，提出防范化解风险隐患的工作措施，修订完善近 10 项制度；强化准军事化队伍建设，参加海关总署、南宁海关培训，制订全年培训方案，开展数据分中心内部专题培训 10 次，客服业务培训 28 次；新增招聘 1 名事业编技术人员，充实技术开发队伍；加强调研学习，强化技术管理，充分参考海关总署数据中心应用支撑平台技术规范和借鉴吸取专业公司成熟经验，初步设计、搭建了具备开源易扩展、技术成熟稳定的信息系统开发框架。

南宁海关学会

【概况】南宁海关学会为中国海关学会的团体会员，在中国海关学会指导下开展南宁关区群众性理论研究、海关系统内的协作研究和对外交流。南宁海关学会由南宁海关管理，是海关内部专门从事政策理论研究的群众团体。南宁海关学会坚持和完善南宁海关党委领导下的学会和行政部门协作机制，推动群众性理论研究的激励机制，发挥海关学会学习研究平台、展示交流平台、成果转化平台的作用，有力地推动关区群众性理论研究活动的开展。

2022 年 11 月 10 日，南宁海关学会召开第七次会员代表大会。南宁海关党委委员、副关长杨保清出席大会并讲话。南宁海关学会理事、常务理事及各学会小组会员代表参加了会议。会议听取了南宁海关学会第六届理事会会长王雅冬所作的南宁海关学会第六届理事会工作报告，审议通过了南宁海关学会第七届理事、常务理事、领导班子成员名单，明确了做好学会下一步工作的要求。

【政治建设】2022 年，南宁海关学会持之以恒学懂弄通做实习近平新时代中国特色社会主义思想，认真学习宣传贯彻党的二十大精神。教育引导广大会员以更高的政治站位、扎实的实际行动树牢"四个意识"、坚定"四个自信"、坚决捍卫"两个确立"、做到"两个维护"。落实海关总署署长俞建华"铸忠诚、担使命、守国门、促发展、齐奋斗"15 字工作要求，坚持党委对学会工作的统一领导，学会及各基层学会小组主动自觉向所在海关党委请示汇报工作，真正把党的领导在学会工作中落地落实，严守政治纪律和政治规矩。

【理论研究和征文】2022 年，南宁海关学会及时跟踪南宁关区征文进展情况，与理论骨干交流写作情况，由秘书处对质量较好的征文进行集中讨论，群策群力打造精品推荐上报，共计向中国海关学会广州分会报送参选论文15 篇（由中国海关学会广州分会从中择优向中国海关学会推荐），报送厅局级领导撰写论文 11 篇。报送的直属海关关领导论文数量在各直属海关中位居前列；在中国海关学会征文评审中入围优秀论文 1 篇，获三等奖 1 篇；在中国海关学会广州分会征文评奖中入围优秀论文 1 篇，获一等奖 1 篇，三等奖 4 篇。

2022 年，依据中国海关学会和中国海关学会广州分会征文主题，南宁海关学会结合南宁关区重点工作和改革任务，围绕立足基层基础，守底线保安全等主题，组织开展了 2022 年度"南疆杯"征文活动。关区各单位部门主要负责同志带头撰写论文，理论骨干和广大关警员参与，形成了群策群力的浓厚研究氛围，围绕主题、结合实际、深入研讨，形成了一批主题鲜明、视角独特、有论有据、逻辑严谨，涵盖党建、队伍管理及各业务条线的理论文章，征集到的文稿总数达 130 篇。广大关警员能够结合学习宣传贯彻党的二十大精神，思考在关区实际工作中贯彻落实党的二十大精神的具体措施，多方位思考如何加强基层基础建设，针对关区复杂多变的反腐倡廉形势创新研究提出廉政风险防控措施，从研究改进边民互市等关区特色监管业务出发提出服务地方开放发展的具体举措，针对广西面向东盟开放合作和经贸发展研究提出海关具体服务举措，结合越南经贸政策的变化研究对关区反走

私工作可能产生的影响并提出应对建议。

【关志编纂和关史研究】2022年，南宁海关学会开展海关关志、海关年鉴的编修撰稿和海关史研究工作。认真整理关志、年鉴资料报自治区地志办、南宁市地志办，按时保质完成《广西年鉴》《广西图鉴》《南宁年鉴》《南宁新百年图录》等撰稿、供稿任务。认真开展海关史研究，整理呈报关区相关老干部口述历史等方面的音像资料，多次参加自治区、南宁市地志办组织的各种工作会议和业务交流。

【组织建设】2022 年，南宁海关学会组织学习海关学会章程和中国海关学会、中国海关学会广州分会相关文件，学习海关总署和南宁海关党委对做好南宁海关学会工作提出的新要求。制定南宁海关学会章程，对会长、秘书长、副秘书长的主要职责进行明确分工。制定印发南宁海关关于规范海关学会管理

有关事项的通知，明确了常务理事、理事等学会领导机构及人员，明确了学会开展工作要重点健全"两个机制"（建立在南宁海关党委统一领导下的学会与行政部门协作机制、推动群众性理论研究的激励机制）、打造"三个平台"（学习研究平台、展示交流平台、成果转化平台）。

【队伍建设】2022 年，南宁海关学会对标海关总署要求、对标全国先进，从重视学习交流入手，加强理论骨干培训，不断提高人才队伍素质。利用参加中国海关学会组织的学术交流、参加中国海关学会广州分会各幅联学会工作会议、参加中国海关学会各基层学会秘书长集中工作等机会，与各兄弟海关学会人员进行工作交流，学习先进经验。选派关区理论骨干参加各类专题培训，更新思想观念、增加知识储备、加强理论修养，不断提高写作水平。

第九篇

荣誉・名录

2022 年南宁海关获评省部级及以上表彰集体、人员名录

全国"扫黄打非"先进集体

南宁海关口岸监管处

2016—2020 年全国普法工作先进单位

南宁海关法规处

一星级全国青年文明号

南宁吴圩机场海关旅检现场

邕州海关综合业务组

钦州海关实验室

防城海关综合技术服务中心实验室

东兴海关监管二科

友谊关海关监管二科

友谊关海关旅检现场

水口海关口岸监管组

桂林海关监管三科

柳州海关综合业务科

河池海关综合业务科

梧州海关综合业务科

第五批民族团结创建示范单位

防城海关

全国优秀人民警察

南宁海关缉私局情报技术处　周　璞

全国消除疟疾工作先进个人

广西国际旅行卫生保健中心　甘　洁

全国青年岗位能手

南宁海关技术中心　李　冰

2022 年南宁海关荣获"光荣在党 50 年"纪念章人员

张正平　　　张叶青　　　黄广博　　　王廷志

2022 年南宁海关获得海关扎根艰苦地区边关工作金质荣誉章人员

彭　丽　　谭劲松　　黄文广　　陈世芳　　黄海宁　　陈君兮　　叶　卫　　许荣兵
杨月红　　李世盟　　李继明

2022 年南宁海关获得海关扎根艰苦地区边关工作银质荣誉章人员

毛汪洋　　何　文　　黄忠癸　　余志兵　　张海洋　　江国治　　农建强　　冼有钦
吴新成　　易宏凭　　覃丹艳　　张晓东　　蒙俊宇　　陈丽玮　　宋海龙　　李春玲
张轶衍　　方　慧　　朱铁兰　　周志明　　林　海　　韦景耀　　施明辉　　张慧玲
卢　进　　陈仕广　　李庆华

2022 年南宁海关获得海关扎根艰苦地区边关工作铜质荣誉章人员

方　辉	李小琴	李瑞生	李志昕	袁雄峰	廖和菁	陆佳佳	黄生媚
张　琦	李　明	张培文	蓝振文	高　旗	赵　煊	黄粤胜	彭建球
李政伦	高　璐	曾志强	段保屹	蔡　睿	许彭梅	李汉忠	杨小奎
孙　瑞	易琳丽	郭力豪	李岐强	莫东生	于同刚	袁甜甜	吴大卫
刘　锋	李　明	周　洋	孙　晓	黄泽华	阮志强	姚光武	韦仕梫
刘红波	谭立军	谢芳芳	赖　慧	康丁旭	何　盛		

第十篇

海关统计资料

2022 年南宁关区进出口商品国别（地区）总值表前 30 位

国别（地区）	进出口		出口		进口	
	金额（亿元）	同比（%）	金额（亿元）	同比（%）	金额（亿元）	同比（%）
合计	7672.1	−9.8	3445.8	−11.7	4226.3	−8.1
越南	2677.0	−21.4	2173.4	−14.4	503.6	−41.8
巴西	399.3	−1.1	34.4	−14.5	364.9	0.3
泰国	388.6	−42.1	192.4	40.7	196.1	−63.3
印度尼西亚	330.2	38.7	46.1	17.4	284.1	42.9
澳大利亚	314.9	0.9	34.2	−24.1	280.6	5.1
中国香港	299.6	−50.8	276.5	−51.8	23.1	−34.9
沙特阿拉伯	235.8	50.1	6.6	139.8	229.2	48.5
秘鲁	234.7	13.4	1.8	114.8	232.9	13.0
美国	231.3	14.7	81.8	122.1	149.4	−9.3
智利	226.7	3.8	4.6	−34.2	222.1	5.1
加拿大	170.4	13.6	2.5	15.1	167.9	13.5
南非	168.3	−0.4	2.7	81.8	165.6	−1.1
中国台湾	153.5	−5.3	20.9	31.4	132.6	−9.3
马来西亚	144.8	−8.9	87.2	−19.6	57.6	14.0
俄罗斯	117.9	97.1	9.7	124.1	108.2	95.0
新加坡	115.3	45.7	95.4	63.8	19.9	−4.7
科威特	107.8	48.3	0.4	104.5	107.4	48.1
刚果民主共和国	89.0	123.1	0.1	−20.4	88.9	123.8
韩国	73.4	17.8	22.4	28.9	51.1	13.5
菲律宾	68.4	36.4	45.5	122.6	22.9	−22.8
墨西哥	64.4	−31.4	6.3	−17.1	58.1	−32.7

续表

国别（地区）	进出口		出口		进口	
	金额（亿元）	同比（%）	金额（亿元）	同比（%）	金额（亿元）	同比（%）
中国	60.2	-29.3	0.0	—	60.2	-29.3
卡塔尔	59.8	97.4	0.3	-17.3	59.5	98.9
阿联酋	57.8	75.1	19.1	721.2	38.7	26.1
印度	57.2	5.7	38.3	6.4	18.8	4.4
西班牙	45.4	82.1	2.9	3.1	42.6	92.0
几内亚	42.5	99.2	0.7	0.9	41.8	102.3
赞比亚	41.0	11.3	0.0	1386.3	41.0	11.2
阿根廷	39.7	50.4	18.4	11.0	21.3	117.0
日本	39.7	-41.9	21.7	-0.1	18.0	-61.4

2022 年南宁关区进出口商品分贸易方式总值表

贸易方式	进出口		出口		进口	
	金额（亿元）	同比（%）	金额（亿元）	同比（%）	金额（亿元）	同比（%）
合计	7672.1	−9.8	3445.8	−11.7	4226.3	−8.1
一般贸易	4042.3	−2.1	1494.8	−1.5	2547.5	−2.4
国家间、国际组织间无偿援助和赠送的物资	0.2	45.0	0.2	45.0	0.0	—
其他捐赠物资	0.2	−69.4	0.2	−69.4	0.0	—
加工贸易	1070.9	−22.3	425.3	−39.6	645.5	−4.1
来料加工贸易	49.1	78.3	33.8	89.7	15.3	57.6
进料加工贸易	1021.8	−24.3	391.5	−43.0	630.2	−5.0
边境小额贸易	774.6	−27.7	761.3	−27.3	13.3	−43.5
对外承包工程出口货物	1.7	−64.8	1.7	−64.8	0.0	—
租赁贸易	0.1	−87.9	0.1	−87.9	0.0	−100.0
外商投资企业作为投资进口的设备、物品	1.7	−42.2	0.0	—	1.7	−42.2
保税物流	1545.3	5.4	730.3	31.5	815.1	−10.5
保税监管场所进出境货物	274.6	−30.3	21.2	37.1	253.4	−33.0
海关特殊监管区域物流货物	1270.7	18.5	709.0	31.3	561.7	5.5
海关特殊监管区域进口设备	7.9	30.4	0.0	—	7.9	30.4
其他	227.3	−48.8	32.0	−54.5	195.3	−47.7

2022 年南宁关区进出口商品分运输方式总值表

运输方式	进出口		出口		进口	
	金额（亿元）	同比（%）	金额（亿元）	同比（%）	金额（亿元）	同比（%）
合计	7672.1	−9.8	3445.8	−11.7	4226.3	−8.1
公路运输	2842.8	−34.7	2324.2	−26.1	518.7	−57.1
其他运输	213.7	−49.5	18.9	−62.3	194.8	−47.8
水路运输	4184.3	20.2	794.8	44.3	3389.5	15.7
航空运输	343.1	73.6	253.2	116.4	89.9	11.4
邮件运输	0.4	−85.8	0.1	−95.5	0.3	−29.4
铁路运输	87.8	100.8	54.6	57.7	33.2	265.3

2022 年南宁关区进出口商品分月度总值表

月份	进出口		出口		进口	
	金额（亿元）	同比（%）	金额（亿元）	同比（%）	金额（亿元）	同比（%）
合计	7672.1	−9.8	3445.8	−11.7	4226.3	−8.1
1 月	565.7	−22.0	223.1	−40.1	342.6	−2.8
2 月	372.0	−14.1	158.9	−14.3	213.2	−13.9
3 月	403.1	−45.6	128.0	−65.1	275.1	−26.5
4 月	497.0	−30.4	149.5	−55.8	347.5	−7.5
5 月	590.8	−18.0	234.8	−26.6	356.0	−11.3
6 月	660.5	−7.5	285.6	−10.1	374.9	−5.4
7 月	658.0	−16.1	305.0	−9.4	353.0	−21.1
8 月	716.1	−3.2	346.7	8.9	369.5	−12.4
9 月	752.8	−0.8	372.2	14.7	380.6	−12.4
10 月	756.5	6.1	409.6	16.4	346.9	−3.9
11 月	836.1	−0.4	411.8	3.7	424.3	−4.1
12 月	863.3	39.2	420.6	53.8	442.7	27.7

2022 年广西与 RCEP 贸易伙伴分贸易方式统计表

贸易方式	进出口		出口		进口	
	金额（亿元）	同比（%）	金额（亿元）	同比（%）	金额（亿元）	同比（%）
合计	3160.0	-1.4	2140.6	24.0	1019.3	-31.1
一般贸易	1102.2	52.9	661.2	140.9	440.9	-1.2
其他捐赠物资	0.1	-63.4	0.1	-63.4	0.0	—
加工贸易	207.2	-6.2	64.4	-28.1	142.8	8.7
来料加工贸易	28.4	118.3	16.7	113.0	11.7	126.4
进料加工贸易	178.8	-14.0	47.7	-41.7	131.1	3.9
边境小额贸易	774.6	-27.7	761.3	-27.3	13.3	-43.6
对外承包工程出口货物	1.9	222.9	1.9	222.9	0.0	—
租赁贸易	0.4	63.3	0.4	63.3	0.0	—
保税物流	842.6	13.0	620.4	152.6	222.3	-55.6
保税监管场所进出境货物	39.3	-35.6	8.5	-57.8	30.7	-24.7
海关特殊监管区域物流货物	803.4	17.3	611.9	171.4	191.5	-58.3
海关特殊监管区域进口设备	5.4	18.3	0.0	—	5.4	18.3
其他	225.6	-48.8	31.0	-54.5	194.6	-47.8

2022 年广西与共建"一带一路"国家（地区）分贸易方式统计表

贸易方式	进出口		出口		进口	
	金额（亿元）	同比（%）	金额（亿元）	同比（%）	金额（亿元）	同比（%）
合计	4168.4	15.6	2405.7	30.8	1762.6	-0.3
一般贸易	1501.7	70.0	906.4	141.6	595.3	17.2
其他捐赠物资	0.1	-66.4	0.1	-66.4	0.0	—
加工贸易	396.0	58.8	82.9	-16.8	313.1	109.0
来料加工贸易	39.8	150.3	26.4	177.6	13.4	109.6
进料加工贸易	356.3	52.5	56.5	-37.3	299.8	108.9
边境小额贸易	774.6	-27.7	761.3	-27.3	13.3	-43.6
对外承包工程出口货物	2.5	243.4	2.5	243.4	0.0	—
租赁贸易	0.5	116.1	0.5	119.3	0.0	-100.0
外商投资企业作为投资进口的设备、物品	0.3	-5.9	0.0	—	0.3	-5.9
保税物流	1266.6	31.9	621.1	151.4	645.5	-9.5
保税监管场所进出境货物	122.9	-50.7	8.5	-58.8	114.4	-50.0
海关特殊监管区域物流货物	1143.6	60.8	612.6	170.7	531.1	9.6
海关特殊监管区域进口设备	0.5	0.3	0.0	—	0.5	0.8
其他	225.6	-48.8	31.0	-54.5	194.6	-47.8